U0823797

Nestlé

创造共享价值

雀巢“味道好极了”的经营秘诀

汪若菡◎著

中信出版集团 · 北京

图书在版编目（CIP）数据

创造共享价值 / 汪若菡著 . -- 北京：中信出版社，2017.11

ISBN 978-7-5086-7817-7

I. ①创… II. ①汪… III. ①食品工业－工业企业管理－经验－瑞士 IV. ① F452.268

中国版本图书馆 CIP 数据核字（2017）第 148722 号

创造共享价值

著　　者：汪若菡
出版发行：中信出版集团股份有限公司
（北京市朝阳区惠新东街甲 4 号富盛大厦 2 座　邮编　100029）
承 印 者：北京盛通印刷股份有限公司

开　　本：880mm×1230mm　1/32　　印　　张：12.25　　字　　数：284 千字
版　　次：2017 年 11 月第 1 版　　印　　次：2017 年 11 月第 1 次印刷
广告经营许可证：京朝工商广字第 8087 号
书　　号：ISBN 978-7-5086-7817-7
定　　价：50.00 元

版权所有 · 侵权必究
如有印刷、装订问题，本公司负责调换。
服务热线：400-600-8099
投稿邮箱：author@citicpub.com

目 录

推荐序一

创建于1866年的雀巢公司是全球最大的食品饮料公司，2016年销售额达到895亿瑞郎。150年来，它经历两次世界大战和数次席卷全球的经济危机，但在多数有据可考的年份里，雀巢的财务状况都很稳健。难以想象的是，这样稳健的企业，它的悠久历史却是无数次跨国并购写就的。雀巢始终保持可持续稳健增长的"秘诀"，就在于其"创造共享价值"的理念，那它又是如何确保这一理念在全球拥有业务的近200个国家和地区落地的?

长远考量。从最初开始，"共赢"就是雀巢的价值观之一。无论在哪里进行经营活动，雀巢都会保持与当地顾客、员工、供应商、社区、政府以及环境的共赢，这也是雀巢高度重视产品质量的根源。以雀巢在中国的咖啡种植为例：1988年，在东莞考察建立咖啡生产厂的同时，雀巢启动了在云南的小粒种咖啡种植。到1997年，雀巢的东莞咖啡生产厂生产速溶咖啡所需的小粒种咖啡豆全部由云南供给。近十年间，从育种、开荒、种植、防治病虫害到咖啡豆粗加工，雀巢从国外选派的专家与农艺师助推了整个云南咖啡产业链的兴起。尽管经历了相当长一段时间的亏损，雀巢的长期战略支撑它坚持下去，建立诚信、开放、平稳发展的农业社区，不断提高农户的管理水平，以使雀巢的原材料质量更高、食品安全更有保障、采购成本更合理。

尊重多元文化和传统。雀巢在全球都采用“集中—分散型”管理模式，“集中”意味着，瑞士总部的权力限定于：制定长期战略和投资、优化供应链管理、进行品牌战略管理、制定质量安全等政策、培养管理人才、推动创新、提供技术和知识支持等，“分散”是指各地区公司 / 被并购企业拥有很大自主权，总部会尽量减少对其的干涉。

雀巢的“本土化”在生产经营方面体现为：各地区公司 / 被并购企业为其所在国 / 地区生产产品，尽可能雇用本土员工，尽可能使用本土原材料。这种管理模式是雀巢能够成功整合被并购企业并长久保持被并购品牌活力的重要原因。雀巢的“本土化”也体现在品牌战略上：雀巢在全球拥有 2000 多个品牌，在中国的品牌包括徐福记糖果、大山矿泉水、五羊冰激凌、银鹭花生牛奶等，这些品牌区域性非常强，也很接地气，看似与国际范儿十足的“雀巢”没有太大关系。这样的品牌与雀巢主品牌之间的关系强弱，取决于当地消费者的需求与喜好，也就是说，为了满足消费者多样化的需求，雀巢可以“隐身”于产品和服务之后，而不会将雀巢品牌强加于被并购企业。

坚持创新。雀巢的创新实践也体现出这家企业的长期战略性和尊重多元性。拥有 5000 余人的雀巢研发体系包括三级研究中心：第一级是总部的雀巢研究中心，有来自 50 个国家和地区的 250 名科学家；第二级是分布在全球的 34 个产品技术中心和区域研发中心，研发人员负责了解和研究所在区域消费者的喜好，结合雀巢的中长期战略，将雀巢研究中心和自身的研究成果转化为产品以及生产这些产品所需要的技术与工艺流程；第三级是在遍布全球500多个工厂里的应用研发单位，这里的研发人员与当地工厂及供应商紧密配合，对工厂和当地消费者的需求做出快速响应。雀巢就是通过这样的三级研发体系不断研发出新产品，保持和巩固其在食品饮料行业的领先地位。

目前，中国企业正在以巨大的热情和速度投入全球化进程，进行跨国收购与兼并。尽管《创造共享价值》一书的焦点并非雀巢的全球化，但雀巢确保"创造共享价值"理念在全球落地的实践却值得中国企业借鉴，包括那些已经、正在和即将踏上全球化征程的中国企业。毕竟，全球化与否，可持续的稳健增长都是每一位企业家追求的目标。

忻榕 博士

中欧国际工商学院副教务长（欧洲事务）

管理学教授，拜尔领导力教席教授

2017年7月19日于上海

推荐序二

本书作者汪若菡是我在清华大学经济管理学院媒体行业 EMBA（高级管理人员工商管理硕士）班的学生，作为资深的媒体人，她花费了大量的时间和精力去考察雀巢公司在中国的生产和经营环节，也让我们有机会深入洞悉一家老牌跨国公司的运作细节，这是非常有意义的一件事。

若菡的采访并不浮皮潦草，从雀巢中国的职能机关、在华的研发中心、工厂系统，到位于黑龙江双城和云南普洱的雀巢农业服务部，她访谈了 100 多位雀巢人。基于这些采访，随着她的视角，我们有机会目睹雀巢特有的“端到端”食品供应链的运作过程。所以，当若菡请我写推荐序时，我非常愿意。

20 世纪 80 年代之前，国人并不知道谁是雀巢，咖啡也不是那个时代的常见消费品。伴随着改革开放，咖啡走入了中国社会，我们知道了那句著名的广告语：“雀巢咖啡，味道好极了！”同时，雀巢咖啡也成为我们生活中的重要消费品。每当我下午上课或者开会的时候，总会有人暖心地说一句：“给您冲一杯咖啡。”绝大多数时候，端上来的就是一杯雀巢咖啡。我们利用咖啡来提神，咖啡也成了生产力。

我一直以为，雀巢咖啡是彻头彻尾漂洋过海的舶来品。直到读了《创造共享价值》这本书，我才意识到原来它就产自我们自己的国家。而且，我也知道了雀巢在种植咖啡豆和生产咖啡产品的过程中，运用了它的“创造共享价值”的理念。若菡的这本书，把一个活生生的雀巢摆在了我的眼前，让我获悉了这个品牌背后的很多故事。

这本书让我知道：雀巢在全球各地都在推行“端到端”的食品供应链模式，所以，我们喝到的速溶咖啡，其原料绝大多数来自我国云南省。更有趣的是，这种供应链与人们所熟悉的“订单农业”和大型农场种植不太一样，雀巢更强调保护小农户的利益。一些农业专家的观点是，多元栽培更能够抵御自然灾害和害虫侵害，还可以改善土壤，并能够让农户得到稳定的长期利益。所以，雀巢在支持小农户加入供应链的过程中，也在不断帮助这些农户提高种植技术，让农民和企业实现双赢。

这本书还谈到了一个有趣的观点：雀巢虽然是一家追求盈利的企业，但它更强调坚持自己的价值观和长远的战略考量，这与它身为食品公司，需要从大自然中“取材”有关。要知道，种植业和畜牧业与大自然的规律息息相关：果树需要几年时间才能结出果实，奶牛也需要三年才能产奶，采用轮耕的土地每三四年是一个劳作周期。如果在这些生产工作中贸然做出短视的选择，必然会遭到大自然的反噬。雀巢尊重自然法则，愿意让自己和自然之间实现双赢——这种双赢实际上更是多赢：企业、农户、消费者、社会，以及其他利益相关者都得到了好处。

总之，摆在我们面前的那一杯咖啡，背后并不简单。

雀巢有这样的视野，不容易。在飞速发展的移动互联网时代，高科技产业遵循的是18个月的“摩尔定律”，这很容易改变人们的态度，诱导企业发展跳出本应该遵循的逻辑和节奏。在农产品生产的过程中，想坚守原本的逻辑更不容易。我常常在想，真正的有机食品现在还有多少？遵循自然规律生产出来的产品现在还有多少？还有多少企业会按照自然界的基本法则，按照企业家起码的良知和价值观，为我们生产令人放心的的食品？

若菡这本书取名《创造共享价值》，这个书名来自雀巢在2008年明确定义的企业价值观，显然，雀巢在日常管理活动中也在努力遵循这一价值观。我在读这本书时，“企业社会责任”一词时不时地浮现脑海。若菡说，她的采访过程，在某种程度上就是探寻“创造共享价值”的旅程。而对于我，读这本书，则是一个逐步体会“价值观”“社会责任”这些词的过程。尽管雀巢并非完美，并且还要在未来的发展中付出更多的努力，但是，我觉得中国的企业管理者，特别是食品领域的企业管理者，都应该读读这本书。假如我国的企业都达到了雀巢的水平，就会有更多的中国企业成为世界级的产品供应商。

若菡告诉我，她在采访中发现，由于瑞士企业特殊的“性格”和独特的成长历史，雀巢原本的价值观和经营之道与“创造共享价值”这一理念就比较吻合。而最近十年，在明确这一价值观之后，无论在制定中长期战略还是日常管理运营上，雀巢都会根据这一理念来做出选择。“创造共享价值”已经成为雀巢新的经营理念。这也是为什么，若菡要进行深入考察，用一本书来讲述雀巢故事的原因。她坚信，这对中国的企业管理者会有启发。

读了这本书，我认同她的看法。所以，我建议更多的企业管理者读一读这本书，当有更多的企业成为世界“500大”企业的时候，我们需要更多的世界“500强”企业、世界“500优”企业。凭什么？我们要凭产品，凭价值观，因为只有具有伟大价值观的企业，才能成为卓越的企业，成为令人尊敬的企业。

宁向东

清华大学经济管理学院教授

2017年8月于北京

推荐序三

作为拥有150多年历史、业务遍布世界各地的全球最大食品饮料公司，雀巢致力于提升生活品质，贡献于更健康的未来。雀巢通过自己的业务活动，为社会带来积极影响，这主要体现在它帮助个人和家庭生活得更健康、更幸福，帮助建立繁荣的社区，以及为我们的子孙后代保护地球资源。

雀巢的根本信念是，通过为股东和整个社会创造价值，实现业务的长期成功。这种带来长期积极影响的做法被称为“创造共享价值”。

创造共享价值的理念始终贯穿于雀巢150多年的发展历史。2006年，雀巢集团正式提出“创造共享价值”的理念，以确认、实施和管理能够将长期经济效益与社会效益结合起来的发展战略。

雀巢在华的投资和运营同样受这个理念的指导，一些得到公众高度认可的案例包括雀巢在黑龙江双城、山东莱西和内蒙古额尔古纳的奶区建设，以及雀巢在云南普洱的咖啡种植推广。无论在哪里，当地的农户都与雀巢农艺师密切合作，接受培训和技术援助，从而提高原材料的质量和产量。30年来，经过与当地政府、农户和其他业务伙伴的合作，雀巢主导的这些活动对当地产生了非常积极的影响．改善了人们的生活。

更重要的是，在产业链上游采用这种战略使雀巢能够全面地保障原材料的可靠性和安全性，对确保产品质量和赢得消费者的信任来说，这一点至关重要。

对雀巢来说，中国是一个非常重要的、充满活力的市场，消费者对营养、健康和幸福生活的期待日益增长。作为在全球广受欢迎的家用品牌，雀巢具有独特的优势在满足这一需求的同时，实现我们的企业目标，即提升生活品质，贡献于更健康的未来。

罗士德

雀巢大中华区董事长兼首席执行官

2017年7月于北京

| 第一章 |

熟悉而又陌生的雀巢

你知道雀巢吗?

乍一听上去，这是个很容易回答的问题。

对大多数中国消费者来说，“雀巢”这一品牌和它的鸟巢标志绝不陌生——这个瑞士企业已经进入中国近 30 年，任何人在自己的一生中都有可能吃过或者用过雀巢的产品。

仅从雀巢中国的官网上看，不算合资品牌，雀巢自己的产品就涵盖了十几个领域：传统的奶制品及婴幼儿营养品、饮用水、烹调产品、谷物食品、咖啡、饮品、巧克力威化和糖果、冰激凌、食品工业原料、专业餐饮、宠物食品，还包括近些年雀巢投入大量精力研发的特殊医学用途配方食品等。

正是这些深入中国，乃至全球消费者的日常生活，丰富到近乎“琐碎”的几千种产品：从早餐麦片、婴幼儿配方奶粉、瓶装水、冰激凌，到杂货店、超市中随处可见的宝路薄荷糖、红黄两色的脆脆鲨、餐桌上的美极鲜味汁、快餐店中的雀巢咖啡与冰爽茶等，林林总总汇聚在一起，奠定了雀巢全球最大食品生产商的地位。

但是，如果继续向消费者发问，他们对日常可见的“雀巢”——这个源自瑞士的食品公司究竟了解多少：比如，雀巢在中国到底生产和销售了哪些产品？还有哪些大家耳熟能详的本地或外国品牌其实也是雀巢大家庭的成员？

能准确回答出这些问题的人，可能就要比知道“雀巢”的人少得多了。

雀巢瑞士总部

这种“迷惑”绝非只出现在中国——全球消费者在谈及雀巢时，多少都有些类似的感受：他们中的很多人虽然已经与雀巢的产品相伴多年，甚至跨越几代，却仍旧很难清楚地描述出“雀巢”在自己日常生活中出现的频率到底有多高。

例如，日本的年轻人可能会认为，他们习惯在考试前买来当

“幸运物”吃的奇巧巧克力是本国产品，因为它碰巧有个和日语中九州方言“一定取胜”发音相近的名字——KitKat。在日本，奇巧巧克力推出过300多种口味：除了日式传统的抹茶、芥末和紫薯味等，甚至还有清酒口味的（在2015年情人节投放市场）。据日本当地电视台报道，奇巧巧克力一直是中国游客在日本最喜欢购买的“本地特产”之一。然而事实上，奇巧却是雀巢旗下不折不扣的英国品牌。

也许是因为包装使用了中国人喜欢的红黄两色，或是一开始中国香港的粤菜厨师喜欢使用美极鲜味汁，而雀巢恰好将美极的生产厂建在了新加坡和中国广东东莞，很多中国消费者会误认为美极是东南亚或来自中国香港的品牌。关于美极，同样的“误解”也发生在欧洲，很多德国人都认为美极鲜味汁是本国货，但事实上它是几乎和雀巢有着同等悠久的历史（美极诞生于1884年）的瑞士品牌。

在过去的150年里，除了人们耳熟能详的奶制品、咖啡、冰激凌、糖果巧克力、调味汁、饮用水等领域，雀巢一度或者直到现在，在功能性食品、罐头、冷冻冷藏食品、加州葡萄酒和餐饮业等满足普通人“口腹之欲”的领域都进行过大规模的并购与研发投入。

雀巢还在特殊医学用途配方食品方面投入了大量的资金与精力，它致力于为一些特殊人群，包括存在吞咽困难、失去食欲，或者是在各种病理生理状态下需要肠内营养支持的人，提供“特殊食品”。

此外，早在2001年，雀巢就已经成为全球最大的宠物食品生产商之一了。

在“吃吃喝喝”之外，雀巢还涉足了眼部护理、皮肤健康产品等领域——比如，在屈臣氏超市和天猫商城都有出售的“丝塔芙”（Cetaphil），这样价格亲民、主打无刺激、针对敏感肌的法国护肤品品牌其实也是雀巢的产品。在雀巢的历史上，它还曾长期和欧莱雅集团（对，就是那个以生产美妆、护发用品闻名的法国公司）交叉持股。

雀巢拥有几千个产品品牌，涉及领域如此之广，足够让中国，乃至全球的消费者们感到“迷惑”了。

如果我们将有关雀巢的问题从产品扩展到经营管理，那么陷入“迷惑”的人可能就更多了：从1990年在中国建立第一家工厂开始，雀巢中国到底是怎样成长为一个拥有34家工厂（包括合资公司在内）、5万多名员工的企业的？它是如何管理这一庞大的组织的？

同样是为消费者服务，雀巢在中国的策略与卡夫、达能这样的跨国公司对手有什么不同？雀巢是怎样做到在中国销售的90%以上的产品都在本地生产的？作为一家企业，它是用什么方法，几乎是从零开始，推动了中国云南省的咖啡种植或黑龙江省双城地区的奶牛养殖业的？

这些问题再延展下去，势必涉及雀巢公司本身——作为一个成立于1866年的瑞士公司，雀巢是怎样成长为全球第一大食品生产商的？

到2016年，雀巢已经运营了150年，除了两次世界大战，它还经历过几次席卷全球的经济危机，然而在多数有据可考的年份中，雀巢的财务状况都属健康、稳健。从20世纪80年代开始到现在，雀巢的规模和经营管理优势更是明显。在《财富》（*Fortune*）杂志公布的2016年世界500强企业排行榜中，雀巢排名第66位。在竞争越发激烈的这30多年中，雀巢是怎样依靠创新能力和战略眼光保持这一优势的？

即使是在食品行业，在雀巢的竞争对手里，能准确回答出这些问题，了解其独特经营理念，最终能够描述出雀巢这一跨国公司全貌的人，也可以说是少而又少。

雀巢为什么特别？

归根结底，正是雀巢本身所具有的特点——产品多样性、规模庞大、历史悠久以及瑞士公司独特的企业文化和管理方式，造成了上述种种“迷惑”的发生。

隐藏在产品之后

首先，由于诞生在瑞士，雀巢从一开始就是一个真正全球化的公司——瑞士本国市场太过狭小（瑞士人口只有大约839万），所以雀巢有超过95%的销售额都来自国外。出于对全球市场的理解，雀巢一直反对食品的“均质化”，它认为大多数食品仍具有鲜明的地域性特点，因此顺理成章地在各地采用了多品牌战略。

“雀巢”这一主品牌的形象在历史上有过多次变动，它真正被清晰、准确地界定下来是在20世纪80年代——时任雀巢CEO（首席执行官）的汉穆·茂赫[①]决定让雀巢致力于成为食品领域里最大的公司。为此，他提出重新使用最传统的鸟巢标志。这个图案来自

①　汉穆·茂赫（Helmut Maucher），1980—1997年担任雀巢公司首席执行官，卸任后就任雀巢集团董事长一职。

公司创始人亨利·雀巢（Henri Nestlé）的家族徽记，Nestlé 在德文里是“小小鸟巢”的意思。茂赫认为，这个标志能传递出安全、营养、健康和温暖的感觉，“对于一个在婴幼儿食品和营养食品市场上占有很大份额的公司来说，是最合适不过的了”。

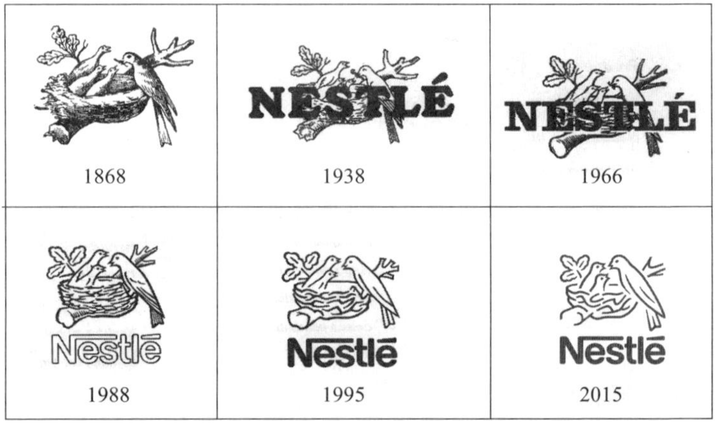

1868—2015 年雀巢公司的标志变迁

之后，历任雀巢 CEO 都像茂赫一样，在雀巢的整体品牌战略中反复强调了“安全、营养、健康和温暖”的含义。主品牌“雀巢”同时也是咖啡、婴儿食品、牛奶和冰激凌等著名产品的独立品牌。在其他领域或者地区，雀巢的很多产品品牌固然都具有鲜明的地方特色或历史渊源，但它们都统一在主品牌塑造出的整体形象之下——这些品牌和“雀巢”之间的关系到底是强是弱，最终是要根据消费者的喜好和需求展现出来的。

例如，在中国糖果市场稳居前列的徐福记、在云南市场深受欢迎的大山矿泉水、广东人喜欢吃的冰激凌品牌“五羊”、以花生牛奶闻名的银鹭、中国鸡精市场知名品牌太太乐和在西南市场讨人喜欢的豪吉——这些在中国消费者印象中亲切、熟悉、接地气，看上去与国际范儿的“雀巢”没有太大关系的本土品牌，其实也是雀巢大家族的成员。

而对热衷于寻找健康、精致生活方式的中产消费者来说，很少有人会意识到，代表法式风情的巴黎水（Perrier）、来自意大利北部口味独特的圣培露（S. Pellegrino）等充满异国情调的著名气泡果汁品牌，其实早就是雀巢水业务单元中的重要成员了。

通过庞大、完善的销售网络，雀巢还创造出了许多像奇巧巧克力、美极鲜味汁、宝路薄荷糖、金牌咖啡这样的全球性的“国民产品”。

从某种程度上说，为了满足消费者多样化的需求，雀巢仿佛将自身“隐藏”在了多样化的产品和服务的背后。

隐藏在规模与历史之后

其次，雀巢是一个体量极为巨大、历史极为悠久的公司。

经过了150多年的发展，在雀巢拥有的几千种产品和众多品牌中，有近30个被称为“10亿瑞郎[①]级别”（能为雀巢每年带来10亿瑞郎以上的营收）的大品牌。正是因为有这样的一些特点，几乎没人能将这家公司的历史用简单几句话就概括清楚。

在《财富》杂志公布的2016年世界500强企业排行榜中，雀巢排名第66位，与它同为综合性食品公司的百事排在第127位，亿滋国际（由卡夫分拆出来的独立公司）排名第352位，达能则排在433位。截至2016年12月31日，雀巢全年销售收入达到895亿瑞郎，

① 1瑞郎≈7元人民币。——编者注

在 80 多个国家和地区中共建有近 500 家工厂，有超过 33 万名员工。

即使多数优秀的瑞士企业都以历史悠久著称，拥有 150 年历史的雀巢也是其中的佼佼者。在这 150 年的发展过程中，雀巢的历史是由无数次合并与收购写就的——也就是说，雀巢一直在内外部环境的不断变化中保持着均衡、稳健的发展。

食品界公认，瑞士人的一大成就是牛奶加工——从中世纪起，他们就精通防止牛奶腐坏的灭菌技术，将其加工成了美味可口的奶油与奶酪。而创始人亨利 · 雀巢正是基于牛奶和粮食，研发出了著名的“雀巢婴儿奶麦粉”（Farine Lactée）——他试图用这款产品降低当时婴幼儿因为营养不良等原因造成的高死亡率。随后，雀巢又推出了可溶性婴幼儿奶粉，这些产品因其营养理念和质量，让雀巢在欧洲迅速打开了市场。

雀巢公司的第一次合并发生在 1905 年，对方是同为瑞士企业的英瑞炼乳公司，新公司保持了“雀巢”的名称并扩展了业务。无论是从产品形态还是产能上，雀巢都满足了第一次世界大战前后人们对易保存的奶制品的需求。为了保证在“一战”期间生产的顺利进行，雀巢并购了一些美国公司，并开始在澳大利亚建厂——这时，它已经开始有了跨国公司的雏形。“一战”之后，雀巢并购了凯雅等一系列巧克力公司，并在 1938 年开发出了著名的雀巢速溶咖啡。

雀巢公司创始人亨利 · 雀巢

雀巢第一款产品——婴儿奶麦粉

尽管经历了两次世界大战和著名的经济大萧条，但相比其他同时代的欧洲公司，雀巢的成长要顺利得多。其中的一个重要原因是，雀巢是瑞士公司——瑞士在两次世界大战中都保持了中立，未被战火殃及，雀巢也因此获得了更多的发展机会。另外，雀巢是食品企业，无论是战争时期还是和平年代，无论是经济萧条还是增长强劲，人们都不能不吃东西——人类对食品的需求始终是刚需。

在两次世界大战之间，雀巢一直在持续开发和生产奶制品、婴幼儿食品和巧克力等产品。出于发展战略的考虑，为了保证产能和正常经营，雀巢也一直在美国、澳洲和其他受战争影响较小的区域进行并购或修建工厂——等到第二次世界大战结束时，雀巢已经成长为一个在五大洲都有工厂的全球性公司了。

第二次世界大战结束之后，全球经济逐渐复苏，雀巢在原有的乳制品、婴幼儿营养品和巧克力等业务领域上添加了烹饪产品和著名的速溶饮品（以雀巢速溶咖啡为主）两个快速增长的品类，进入了稳健的发展时期。到 20 世纪 60 年代，雀巢开始试图通过并购进行多元化发展，快速扩张自己的版图。在欧洲，雀巢先后收购了美极等品牌和公司，用于扩充自己在食品行业的实力。另一方面，它也在全球收购了矿业、酒店、餐饮、葡萄酒、罐头食品、眼部护理等各式公司——这是雀巢大发展的时期，它的利润和销售额都在快速增长。

但是，到20世纪70年代中后期，雀巢遭遇了第一次石油危机带来的全球性经济发展放缓。另外，它在多个市场都遇到了激烈竞争，整体业绩增速放缓。如前文所述，到20世纪80年代，时任雀巢CEO的汉穆·茂赫认定，必须停止无节制的多元化，他为雀巢重新锁定了战略目标，决定将公司扩建成为全球第一大食品企业。

茂赫此举的关键之处在于，他清晰地认识到，雀巢必须在业务上更为专注，并着眼于食品饮料市场的中长期战略。比如，除了传统的牛奶、巧克力等产品，雀巢一定要抢先进入一些最有潜力的领域，例如水、早餐谷物、宠物食品等。在这一战略的驱动下，1996年，雀巢通过收购、合并等一系列方式变成了“全球最大食品公司”，获得了充分的规模效应。

雀巢董事会和茂赫的后两任CEO——包必达[①]与保罗·薄凯[②]都继续推行了这一战略。

无论是茂赫，还是包必达和薄凯，他们三个人都坚持了规模化这一方向，并在继续通过并购扩大规模的同时，不断重组优化雀巢的管理与生产架构。他们从中长期战略的角度不断重新评估那些被雀巢并购的企业与品牌——一边买入符合雀巢未来发展战略的企业，一边卖掉不赚钱（例如蔬菜水果罐头、乳酪等）和将要不赚钱

① 包必达（Peter Brabeck-Letmathe），1997—2008年任雀巢公司首席执行官，2005年4月至2017年4月担任雀巢集团董事长。

② 保罗·薄凯（Paul Bulcke），2008—2016年任雀巢公司首席执行官，于2017年4月起担任雀巢集团董事长。

的企业。一些可能阻碍雀巢未来业务的行业也被放弃了。比如，因为有专业餐饮品类，雀巢最终决定放弃自己经营连锁餐厅，因为雀巢专业餐饮的主要客户就是餐厅——这样一来，看上去就像雀巢在跟自己的客户竞争。

另外，包必达和薄凯在各自的任期内，都致力于提高资源利用率和降低生产管理成本，推动了各种创新，让雀巢能够通过优质的产品和服务迅速地满足消费者的需求。

正是这些举措，使得雀巢能够在这30多年里逐渐进入管理革新、降本增效，保持价格和品牌竞争力的良性循环。从20世纪80年代开始至今，雀巢的业绩维持了30多年的稳定增长，公司的销售业绩以每年接近5%的速度递增——考虑到在过去10年中，世界人口平均增长率尚不及2%（并且一直呈下降趋势），作为一个食品公司，长期维持着5%左右的增长（2015年、2016年没能达到5%）算得上是相当稳定、健康的了。

隐藏在管理之后

要驾驭这样一个庞大的组织，雀巢采取了一种极为灵活的组织结构和管理模式——这是一种被称为“集中—分散型”管理的方式。

“集中”是指雀巢瑞士总部决定重要的战略决策和基本政策，“分散”则意味着各个地区市场在执行层面拥有很多自主权，尤其是在市场营销和服务创新方面。

很多管理专家认为，这种管理模式也是雀巢在并购大量企业后能够成功整合它们，并且保持这些外来品牌活力的原因之一。

雀巢瑞士总部鸟瞰图

在150年的历史中，雀巢很少在收购上做出灾难性的错误判断。它为进入某个领域而进行并购时，选择的对象基本都是财务健康、有技术创新能力、品牌形象良好的企业。而雀巢在自己的企业价值观中，承诺要“尊重多样性的文化和传统”，也允许并购企业拥有相当大的自主权——雀巢并购的大多数品牌由此得以顺利延续，甚至扩展了自己的发展之路。例如奇巧巧克力，这个1938年诞生的英国产品，已经通过雀巢庞大的销售网络变成了全球销售量第三的巧克力品牌。

从一开始设计管理结构时，雀巢的管理者就决定采用一种谦逊和服务的态度来推动管理。总部的权限被限定于：制定长期战略，决定重要的投资；优化各个地区工厂和供应链的管理与分布；对品牌战略进行管理；制定生产、质量安全系统等一系列管理系统的政策和规则；培养优秀的管理人才；自上而下地通过研发体系推动创新，并制定各种规则鼓励各地机构创新；为分布在各个区域的工厂、机构提供技术和知识的支持等。

在对价值观和长期战略达成共识的基础上，雀巢总部会尽量减少对地方公司的干涉。总部会制定行事的原则与规则，并且推动整个集团的合规。但是，在面对当地复杂多变的市场环境时，各地雀巢分公司都有直接根据消费者的口味和饮食习惯做出反应的权限。

雀巢采用的这种"集中—分散型"管理模式，在欧洲公司中更常见。欧洲公司的管控以价值观多元化著称，它们不会将短期业绩当作公司运营的唯一追求，而是更提倡用"长远眼光"看待业绩与公司竞争力。与之相反，美国公司则更看重股市的表现，因此更强调管理者的掌控力，倾向于在目标市场中推出标准化的产品。虽然，这两种模式并无优劣之分，但相比统一管理的美国公司模式，雀巢在各地的分公司拥有的自主权之大是相当惊人的，这也给它们带来了长盛不衰的创新能力。

雀巢的各个区域市场，比如传统的欧洲市场、广阔的拉美与北美市场，以及新兴的"亚大非"（亚洲、大洋洲、非洲）市场，由于业务增长率和市场成熟度各不相同，各自拥有很多区域化创新和互相借鉴的机会，做法也是千差万别的。

当然，这也许也是各地消费者和竞争对手，对于雀巢"到底怎么做管理"略感"迷惑"的缘故之一。

为什么要研究雀巢?

实现"集中—分散型"管理，乍听起来非常简单，其实这对经营者提出了几乎是管理学上的最高要求。

首先，经营者必须建立全体员工普遍认可的统一的价值观和行为准则，并且确保它们真正被接受和遵守——否则，整个企业将变成一盘散沙。其次，要真正能够做到尊重各地的风俗习惯以及差异性，否则就无法对各地消费者做出快速和贴心的响应。最后，也是最重要的一点，管理者必须坚持以人为本。“人”是这种结构的公司中最重要的一环——人将生意和公司联系在一起，也是产品质量和食品安全的真正防线；只有激发员工的创新能力和对工作的热爱，才能既快速响应和服务消费者，又能为员工创造出一个愉悦的工作环境。

有“管理学大师”之称的彼得·德鲁克（Peter F. Druker）曾经描述过自己对现代组织的看法：“现代组织必须是稳定的破坏者。”在当今竞争激烈的世界里，如果没有创新，一味求稳，产品、公司和组织很快就会因老化而被淘汰。

但德鲁克也强调，组织越是期望成为变革的领导者，就越是有必要在快速变革和连续性之间保持平衡。因为在当前的工作环境中，企业需要依靠不在同一地点工作的员工协调完成工作。这样一来，“企业的核心基础——使命、价值、绩效与成果的界定都需要连续性”。

乍一听上去，德鲁克等管理学家所描述的这些品质，几乎是自相矛盾的，或者说高度理想化的——开放性的创新思维、迅速应对多变的市场、注重文化多样性，与保持长期承诺、价值观稳定、现实主义的复杂气质到底能不能在一个企业身上兼而有之？符合管理学家期许的，这种相对理想的企业组织形态是否存在？

答案是肯定的。

雀巢正是在这些看似矛盾的品质中取得了平衡，形成了自己独特的竞争力。在其150年的历史中，它一再利用自己的特殊之处，克服环境带来的阻力，不断扩张。尤其是从20世纪80年代开始至今，在竞争越来越激烈的食品市场，雀巢以如此巨大的体量，让自己的业绩维持了30多年的稳定增长。

但是，想理解、复制雀巢成功的基因或者说商业模式，并不是一件容易的事情。

根据雀巢在企业文化、管理和组织结构上的种种特点，对外经济贸易大学国际商学院教授范黎波把雀巢归纳为“韧性企业”——他曾经针对雀巢的管理和企业价值观做过多年研究。

“韧性企业有两个特点：一是行事有原则，受长期战略驱动；二是能在日常运营中表现出很好的创新力和灵活性。

“就拿雀巢在黑龙江双城和云南普洱的投资来说，雀巢早期在中国经历了相当长一段时间的亏损，如果没有长期战略在背后支撑，换了其他的企业早就不干了。但它最终还是一步步推动了中国奶业和咖啡种植业的发展，把生意做起来了。”

有明确的原则，受长期战略驱动，是韧性企业的第一要素——雀巢在中国的运营和它推崇的“做业务时不忘长远眼光”的企业价值观是一致的。另外，“作为上市公司，雀巢有一套规范、精细的公司治理与管理体系，并不是靠一个人拍脑袋做决策或者几个人就能改变的——它始终强调管理合规，这一点没有变过”。

“开拓中国或者全球其他市场时，雀巢并不完全只依靠自己的品牌和产品，它会收购有影响力的本地品牌，再很好地把它们整合进来。它始终表现出了足够的灵活性。”在范黎波看来，进入中国几十年，雀巢中国在业务上绝非一帆风顺，无论是其招牌的婴幼儿奶粉、巧克力威化、糖果、冰激凌还是饮用水、宠物食品等业务，都或多或少地在不同的时间节点上遇到过困难。

“韧性企业并非十全十美不犯错误，关键在于它有长期战略，同时也有改变自己的能力。一件事做得不好或者犯了错误，这种企业会在不违背原则的情况下去对业务模式进行创新和修改，甚至会毅然决然地选择放弃。

“要知道，‘韧性’并不是固执，这一点是很难把握的，这是来自雀巢企业文化基因中的东西，也是其他企业很难复制的。”

范黎波认为，无论是长期策略上的坚持，还是应对现实的灵活感，雀巢的企业文化和价值观都带有很明显的食品企业特点——食品企业所面临的市场，是高度竞争的自由市场，雀巢在任何领域都不乏强劲的对手，因此必须演化出应对消费者需求变化的灵活性。但是，在快速应变的同时，食品企业必须注重安全性和质量，也要有长远的眼光。单从生产上看，它们不可避免地要从大自然中取材，无论植物还是动物的生长周期和产出量几乎都是固定的，如果贸然做出短视行为，必定遭到大自然的反噬。

另外，管理学界公认，雀巢具有瑞士企业的鲜明特色，比如具有开放性，尊重多元化，既有坚韧不拔的意志，又不乏企业的创新精神。保罗·薄凯曾经不止一次说过，雀巢创始人亨利·雀巢本人的性格特点是雀巢企业文化的重要组成元素——“务实、灵活、喜爱学习，保持开放思维和重视人与人之间的相互尊重”，这些品质其实也是瑞士企业家的典型性格。

尽管可以认定，雀巢同时拥有瑞士公司和食品企业的普遍特征，但无论管理学家，还是食品企业，凡是和雀巢打过交道或对其感兴趣的人，都一致同意——雀巢确实是“非常特别的”。

“雀巢让人敬重的地方，在于它对商业利益的看法并不短视，并且一直如此。经过了一系列演变，它的企业价值观最终落到了创造共享价值上，这里既包括正常的商业企业盈利，也包含企业社会责任的部分，”中国食品工业协会专家委员会副主任单绍骏说，“这并不是说雀巢从不犯错误，但是它有稳定的价值观，做事情也有自己的节奏，所以才持续经营150年。反观国内，从2008年的乳业危机开始，发生了这么多食品安全事故，很多企业起起落落，都是在商业上过于急功近利造成的。

“雀巢最重要的一个特点就是擅长制定中长期战略，食品行业本身的特点是薄利多销，而且跟人们的口味变化紧密相关。在这个行业能够做得好的企业必须有前瞻性，雀巢就是这样，它不是对市场亦步亦趋，而是能在产品和管理上不断创新，培育和引领消费文化。”

无论是管理学科盛行，还是近些年来兴起的关于创新的种种研究，它们的意图都是相同的——学者们都在通过一系列研究，想证明好的管理方法、商业模式，以及个人或企业的创新能力是源于行为技能的，并不完全依靠一两个卓越的领导人，特别好的运气或是成功的基因。这意味着，只要通过正确的学习和训练，一个企业领导者就可以有效地提高自身的管理与创新能力，并且能够在关键时刻做出正确的抉择。

而彼得·德鲁克更是一再强调说：“管理是一种实践，其验证不在于逻辑，而在于成果，其唯一的权威就在于成就。”

因此，研究和理解雀巢公司的价值观和经营方法，本身就是一件有意义的事——作为全球最大的食品公司，它已经成功运营了150年，并且在众多国家和地区中得到了消费者的喜爱与信任。

“国内市场上出现的很多食品安全问题，其实是企业本身的价值观和管理出了问题——注重安全和质量对食品企业来说，本应是不言自明的，”单绍骏说，“政府固然要将法规制定得清晰、实际，并且监管到位，但总想要小聪明的企业是做不长久的。

“研究雀巢的管理和运营经验，也许对那些想做百年老店的中国企业来说有重要的借鉴意义。”

如何理解雀巢

“研究一个公司，其实就像去了解一个人一样。”范黎波说。如果探究了对方的出身、生长环境和人生观形成的原因，就能充分理解这个人的性格和现实中的所作所为，并能正确预测出他面临问题时会做出的选择。

同理，要想理解雀巢，就必须对它诞生于哪里，经过了怎样的发展，企业价值观是如何形成的，即对企业“性格”的成因有所了解。

作为全球最大的食品公司，雀巢的企业价值观究竟是什么，涵盖了哪些方面？当这些价值观被传递到全球每一个雀巢员工身上，它会像雀巢管理者所希望的那样，让员工们接受并认可，做到“知行合一”吗？

一个企业的价值观其实就是它坚信不疑的东西，这是它做出每一个决定或面对激烈竞争制定中长期战略的基石。就像一个人知道自己“想成为什么样的人”一样，企业价值观是知行合一中的前者——“知”。

对雀巢的价值观，它的几任 CEO 在不同场合都有一些总结和概括。

汉穆·茂赫将雀巢的工作与管理原则归结于三个主要信念：“发展并且持续地运用技术知识，做业务时不忘长远眼光，随时考虑‘人’的因素。”

在重申了企业必须有长远眼光与对产品负责的态度之后，包必达说：“我们要把雀巢从一个普通的食品公司转变为一个真正关心消费者健康和生活的公司。”

保罗·薄凯则说：“雀巢的战略是通过倡导营养、健康和幸福生活的理念提升人们的生活质量，我们希望用基于科学的创新来推动这一过程。

“所以，我们必须非常连贯地为执行这一战略而自律。”

这种一以贯之在雀巢历史中的“知”，是企业赖以制定行为规则，以应对突如其来的挑战与商业环境变化的出发点。经过几任 CEO 和管理人员的努力，雀巢将“知”细化并具体地落实下去，最终成为雀巢员工“人手一册”的 10 条指导性业务运营原则，也就是“知行合一”中如何“行”的规则：

1. 营养、健康与幸福生活
2. 质量保证及产品安全
3. 消费者沟通

4. 业务活动中的人权

5. 领导力及个人责任

6. 工作场所的安全与健康

7. 供应商及客户关系

8. 农业及农业社区发展

9. 环境可持续性

10. 水管理

雀巢的这10条业务运营原则，基本囊括了三大方向，与管理者提炼出的企业价值观是高度一致的：坚持用“长远眼光”经营业务（包括对产品和服务的认知与定位）；保持对“人”的关切与尊重（既要照顾好消费者、员工，也要这样对待供应商）；对业务可持续发展许下承诺（对环境以及整个供应链都要承担起相应的责任）。

到目前为止，上至未来业务方向相关战略的制定，下至每个员工面临日常问题做出的选择，都必须符合这10条运营原则及其包含的细则。

“企业价值观应该植根于公司日常的经营活动中。”保罗·薄凯在接受采访时说。在企业价值观方面，雀巢希望得到员工由衷的认同，而不是强行灌输——但是在现代企业管理中，仅有认同是远远不够的。在经营管理层面上，雀巢强调的是合规，通过大量的经验积累，雀巢的管理者们逐渐在企业内部建立起一套严格的行为管理规范。

几乎所有的员工和观察者都提到，雀巢之所以能够推行“合规”，取决于两点：首先，它很注重将数据、案例、各项制度和流程积累在自己的管理系统中，并且不断对其进行维护和完善——全球各地的员工在技术、管理方面遇到的绝大部分问题，都能找到相应的规定和解决方案；其次，雀巢不但有稳定的价值观，还有一套严谨的方法论，能使得“合规”在全球 80 多个国家和地区，超过 33 万名员工中尽量不走样地推行下去。

这使得这个庞大的跨国公司在全球各地的分公司里都能够保证自己的产品、品牌和行事原则的一致性。但同时，正如茂赫、包必达和薄凯所强调的那样，雀巢又是一家在决策方面尽量分权，呈现出多样性的跨国公司，“在食品和饮料方面，没有‘全球消费者’的概念，这是我们坚定的信念之一”。

“对一个活生生的企业来说，其实并不存在所谓完美的终极状态或制度。企业必须根据周围环境和所处阶段的变化，不断对自己的管理与战略进行调整和修修补补。”范黎波说，“面对激烈竞争，企业只有用‘变化’才能应对快速变化的市场。”

“雀巢运营了 150 年，而且是全球最大的食品企业，它内部肯定存在‘体制刚性’，这种刚性存在于全世界每一个历史悠久、制度完善的企业里。它有可能表现为庞大机构中的官僚主义，也有可能是人们不再自主思考，只会墨守成规，因此失去了对用户的需求做出及时反应的创新能力。”范黎波说，“而雀巢真正有意思的地方，是它根据自身特点，创造了一种看上去似乎有点自相矛盾的企业文化，既能保证合规，又能自己改变自己。”

要理解这种企业文化的来源、它们是如何成就了雀巢，以及在中国这种企业文化演变成了何种特质，就必须从头开始，追溯雀巢的“血统”、历史、价值观和它始终希望保留和发扬光大的某些特质，并且持续观察它发展和成长的整个过程。

来自瑞士的 DNA

几乎所有的观察者，无论是管理学家、竞争对手，还是雀巢的员工都认定，雀巢是很典型的瑞士企业，因此它的“气质”中有瑞士企业的共性：有长远眼光，尊重多元文化，重视并且鼓励创新。

哈佛国家发展中心研究员 R· 詹姆斯 · 布雷丁（R. James Breiding）在长期研究瑞士企业后，写了一本书叫《创新的国度》（中信出版社于 2014 年 3 月出版），他试图在这本书中总结瑞士企业的“成功定律”。作为一个多山、资源匮乏的欧洲小国，瑞士为什么能够在近百年的时间内，一跃成为全球最富裕、经济最发达的国家之一，并且孕育了雀巢等诸多知名企业？

为此，布雷丁梳理了 14 个行业中著名瑞士企业的发展史，这些行业包括食品、钟表、旅游、制药、金融等——不光是雀巢，瑞士还诞生了诸如斯沃琪（时尚手表品牌）、罗氏制药等其他行业的佼佼者。

通过这些研究，布雷丁得出的结论之一，就是瑞士企业的竞争力有很大一部分都来自瑞士的国家特色和历史渊源。

瑞士在近现代之前曾经非常穷，原因是它的大部分国土在阿尔卑斯山区，基本上以小规模农业经济为主——除冰雪、水源和山地景色之外，瑞士国土内可供人类维持生计的自然资源十分匮乏。这种恶劣的生存条件促使瑞士人在公元 14 世纪之前就进入欧洲，靠勤奋、聪明才智和劳力谋生。瑞士人不但性格坚韧，善于融入当地社会，还会尽最大努力提高资源利用率——瑞士企业家勇于开拓进取、推崇职业精神，以及量入为出的性格就是这样逐渐形成的。

从历史上看，瑞士从来没有过集权传统，它（现在的瑞士）和法国、意大利、德国、奥地利、列支敦士登接壤，光是官方语言就包括法语、德语、意大利语、拉丁罗曼语 4 种——这种局面是由多个不同文化、宗教信仰的地区经过漫长的时间，逐渐融合而成的。

有这个前提，瑞士成了近现代欧洲国家中第一个建立民主制度的国家，而且是少数采用纯粹联邦制作为政治体制的国家。联邦制的精髓在于：联邦政府及其组织代表联邦，按联邦的意愿行事；联邦的成员政府则代表并按照联邦各地方的意愿行事。如今的瑞士由 26 个州级民主政府和近 3000 多个市镇级民主政府构成，州政府执行联邦政府以及自己制定的政策，但它们所拥有的权限并非联邦政府授予，而是原本便归其所有——州政府也会积极参与联邦政府的决策。

联邦制特别适合多元文化社会，在这种体制下，瑞士每个州都保留了自己的政体和重要的独立决策权，这使得各地不同的政治、文化、宗教信仰和历史都能得以发展。

瑞士也由此形成了能够接纳欧洲移民的多元化氛围。在近现代，不同历史时期因为各种理由被迫离开家园的欧洲移民纷纷进入瑞士，他们中一些积极进取、与瑞士人性格相容的人选择了留在这个国家，重新开创自己的事业——雀巢的创始人亨利·雀巢就是德国移民。由于早在 14 世纪以前，瑞士人就以“国际化”和“职业化”著称，在近现代更是涌现了很多在欧洲或美国创业的企业家——雪佛兰品牌的创始人路易斯·雪佛兰（Lewis Chevrdet）就来自瑞士。这种频繁的人才双向流动，为这个国家带来了知识、文化、技术和资金等领域的不断更新。

也正是因为这样，瑞士人很早就意识到，能否提高联邦政府的效率和效益，在大国环伺中得以发展，很大程度上取决于这个国家中的不同社会群体间是否存在开放、互相尊重、互相包容和共赢的心态。

而瑞士的历史、政体与文化氛围，最终给众多瑞士企业带来了潜移默化的、不可磨灭的影响。

开放、尊重带来的创新

雀巢采用的“集中—分散型”管理模式，其实与瑞士政府采用的联邦制十分相似：总部具有开放性与服务精神；除制定统一标准和管理原则外，较少对各地进行管制，尊重各个区域市场的差异化选择与独创的商业模式；并且致力于推动公司内部跨越国界和区域的交流。

事实证明，只有这种管理制度，才能让雀巢在保持全球最大食品企业规模的同时，不失去灵活机动的反应能力。

雀巢在公司内部会通过推动各种培训计划，让不同国籍的员工有规律地在各个区域之间转换岗位或参与培训——区域市场的管理、技术人员可能来自不同的国家。在雀巢中国的任何一个办公室、农艺服务站或工厂中，不同国籍的员工在一起工作，都是件司空见惯的事。

这种人才流动和融合并未仅仅局限在区域市场内部或文化相似的国家之间，比如，雀巢日本就特意和遥远的西非雀巢建立了持续的海外人才交流关系。日本员工要去的是被称为“可可之乡”的加纳，那里的文化氛围和亚洲相差甚远。但雀巢日本股份有限公司

CEO 高冈浩三认定，只有用开放的心态去“充分认识两个完全不同的国家”，才能获得更多创新的能量，积累更多经验和体会。

雀巢在公司内部刻意营造了与瑞士国内存在多元文化群体类似的气氛——这一做法让拥有截然不同的知识、经验和思维方式的员工有了双向流动、相互理解和学习的机会。这种“类瑞士”的文化氛围，带来的最直接好处就是激活了分公司与区域市场的创新能力，最终给各地消费者提供了最贴心的服务。

就拿同在亚洲的日本市场来说，雀巢日本的管理和销售就与中国及亚洲其他市场有非常明显的差异。

尽管在对产品质量、生产、品牌、零售渠道、供应商的管理上，雀巢全球都有严格的一定之规，但雀巢总部非常鼓励和尊重区域市场的商业模式创新。为此，高冈浩三还特意写了本书，叫《像雀巢一样赚钱：雀巢的盈利架构》（北京时代华文书局于 2016 年 9 月出版），在其中生动、详尽地介绍了很多雀巢日本推出的特殊商业模式。

高冈浩三在书中写道：“随着时代的推进，原本方便、轻松的东西已经变得不方便了，当你注意到这一点时，就是新的商业模式诞生的时候。”

高冈浩三是雀巢日本培养起来的第一位日本籍 CEO，他和自己的团队一直以善于创新闻名。仅用咖啡销售举例来说，日本在近十几年里，一直面临着人口减少、老龄化、经济收缩的局面。在一般人看来，这绝对是食品企业的危机——因为这样一来，人们购买和消耗食品的总量会持续下降。但是高冈浩三和日本的销售市场人员却创造性地采用了雀巢“咖啡大使”这一独特方式，让雀巢咖啡在日本企业中实现了 B2C（商对客）的增量销售。

“咖啡大使”的销售原理非常简单，在企业中招募义务的“咖啡大使”（个人），然后免费将雀巢特意为之开发的冲泡“雀巢金牌速溶咖啡”的咖啡机送入“大使”所在企业，放置在办公室的一角。大使从雀巢日本公司购买咖啡粉，再从喝咖啡的同事那里收取费用。这些咖啡比便利店和咖啡馆中售卖的咖啡便宜，同时因为可以在办公室随意饮用，不但方便了员工，激活了企业内部的社交气氛，还会让大使们因此获得“为他人服务”的成就感。

细想之下，这种创新的销售方式几乎在日本之外的其他任何亚洲市场（包括欧洲与美国市场）都无法顺利推行，因为它是根植于日本极为特殊的地域文化之上的：首先，日本公司员工的流动性很小；其次，日本人非常提倡讲秩序和“为他人服务”，绝大部分人都会自觉缴纳费用；最后，日本社会中咖啡文化盛行，咖啡早已成为像茶一样普及的饮品。

在这种社会背景和饮食习惯之下，由于单身人士和两人家庭数量激增，能够单杯饮用的奈斯派索（Nespresso）胶囊咖啡机在日本也大受欢迎。有鉴于此，雀巢日本还在 2013 年推出了全球第一款胶囊式泡茶机——SPECIAL.T。

有调查数据表明，在日本平均每人每年喝掉超过 300 杯咖啡，相比之下，每个中国人平均一年喝的咖啡还没超过 4 杯。因此，雀巢中国在咖啡销售方面的做法与日本是截然不同的。

在 20 世纪 90 年代刚刚开拓中国咖啡市场的时候，雀巢为中国推出了特制的速溶咖啡“雀巢咖啡 1+2”。这是因为当时的中国消费者对咖啡并不熟悉，“他们希望像吃方便面一样方便地喝咖啡，喜欢大量加糖加奶”，并且非常在意速溶咖啡的性价比。

随着中国人对咖啡的兴趣逐年增加，雀巢中国也将奈斯派索胶囊咖啡机等产品作为速溶咖啡的升级版引入国内。但是仍旧和在日本市场不同，雀巢中国必须用自己独特的方式推进速溶咖啡的销售。

在沃尔玛这样的超级零售卖场都在备受房租、人工等成本困扰的时候，2016 年 11 月 11 日，淘宝、天猫商城的总交易额超过了 1207 亿元——网购几乎成了中国人最喜欢的购物方式之一。

“中国的电商形态太特别了。”雀巢大中华区电子商务总监王雷说。确实，在全球都很难找到像淘宝、天猫这样的电子商务平台——以它们为代表的几大电商占据着一个国家网络购物 70% 以上的市场份额。“而雀巢本身的管理体系是开放型的，对推动电子商务这样快速、灵活的创新会很有利。”

作为雀巢中国执行层面的一员，王雷的体会是，瑞士总部的电商加速团队非常善于总结各个市场的先进经验，他们会形成一套指导性的策略和原则，也会给各个市场提供技术与经验支持。

但是，一旦王雷和同事们仔细、充分地说明了中国的特殊情况，在具体操作层面，瑞士总部“会尊重各个市场的选择”。

人是最重要的

之所以能够尊重和容纳差异化，是因为雀巢秉承的大原则十分清晰——以人、产品和品牌为先。

雀巢中国乳品与营养技术副总裁陆明曾是雀巢黑龙江双城工厂历任管理者中的第一位中国籍厂长——双城工厂是雀巢在中国建立的第一个乳制品厂。作为全国最了解雀巢管理原则与生产质量标准的人之一，陆明说：“雀巢在自己的管理与领导原则里开宗明义地讲，人、产品和品牌是最重要的，好的制度固然有其用处和必要性，但是要让位于对人的尊重和对产品质量的重视——这一原则贯穿了雀巢的整个历史，从来没有变过。”

产品质量一直是雀巢品牌竞争力的重要组成部分，其质量管理体系早已成为同行和管理学家研究的对象。亨利·雀巢本人特别重视产品质量，从一开始，他就在实验室里雇用了化学家，对两种最重要的原料牛奶和粮食进行质量控制——这既是雀巢研发网络的雏形，也是其著名的质量管理体系的根源。

对产品质量的重视其实也是源于对人，即对消费者的关注。而雀巢在管理原则里强调的“人”，既包括消费者，也包括员工和各环节的供应商。

对人的关注，再加上瑞士企业原本特有的谨慎，最终形成了雀巢企业文化中最独特的一点——高度重视安全。

对安全的重视，首先体现在雀巢分布于全球的各个工厂和办公室的外观上——无论是在办公区域还是工厂，楼梯扶手上永远贴有提醒员工上下楼梯时扶好扶手的标签。

水厂、液体奶或奶粉生产厂、冰激凌厂等生产工厂，虽然生产的产品各不相同，但都有着井然有序、整洁的外部环境与严格的现场管理：工厂内各种安全警示标志齐全到位；人行道和车行道有严格的区分；员工们始终在不断进行和安全生产有关的设备改造与流程革新。

雀巢工厂里还有很多关于安全的细节和标志是外来者不会注意到，却是通过培训和制度，让员工铭记脑海中的。

“双城工厂里有几个风向标，它们可不是装饰品。”双城工厂工程部经理潘旭说，奶粉厂有可能发生的事故包括氨泄漏，员工们都接受过相关培训，如果遇到这种情况，疏散的时候要迎着风走（氨会被风吹走），这就是风向标的作用之一。

“仔细观察的话，你会发现工厂很多通道的门外都画着一条黄线，这是在提醒员工这扇门是冲这边开的，平时没事不要站在这里，否则里面有人开门出来，外面的人就会被撞到。”

云南大山饮品有限公司的“云南山泉”生产厂厂长张兴在自己的办公室也穿着橙色的反光背心——这本来只是在几个特定区域，比如仓储和物流区内必须要穿的。张兴解释说，之前有员工没有在规定区域中穿上这种背心，发生了一次小事故。所以他索性带头起到表率作用，好时刻提醒经常在特定区域出入的人都要穿上反光背心。

“在雀巢的安全标准里，只要出现员工因工出了事故，第二天不能来上班的情况，就已经是大事了。”雀巢大中华区安全健康环境（SHE）总监龙沛湘说。顾名思义，SHE 部门有很大一部分职责就是要与各个部门通力协作，保障员工在日常工作中的人身安全。“比如，雀巢的工厂里有很多时候会用到热蒸汽，员工操作不当，手被热蒸汽烫伤了，去医务室看一下，医生帮你抹个烫伤膏，这种程度的安全事故就需要输入管理系统里上报了。”

就像雀巢质量管理体系一样，SHE 部门有关于环境和员工职业健康安全体系的认证。他们的 KPI（关键绩效指标）之一，就是“百万工时可记录工伤事故数”，目的是要管控对员工安全产生造成危害的重大风险，例如工伤、交通事故等。SHE 部门的员工还会和其他部门的同事一起，定期通过日常系统中收录的事故记录（比如员工烫伤手）进行分析和总结，找出在生产区域和办公室中降低事故率的改进办法。

“在特定区域里，比如物流区和生产区，员工都要穿鞋头上镶有钢板的安全鞋和相应的防护衣物，就算再热、再重、再麻烦也照穿不误，连来访者也必须遵守这一规定。”云南山泉生产厂的 SHE 部门负责人杨松绿说，“雀巢工厂还有一个规定，就是在一些特定区域里不能看手机。道理也很简单，只顾看手机，员工就可能滑倒或者没看到对面过来的叉车和人。所以如果真的需要打电话，大家可以到特定的安全区域去打，然后再收起来。”

事实上，不管是不是 SHE 部门牵头，雀巢的工厂（包括合资公司的工厂）每年都在持续推行和安全生产有关的改进，大大小小的项目，从改造设备到工艺流程不一而足。例如，双城工厂在 2014 年把工厂内所有的 220V 交流电传感器全部换成了直流电 24V 的。

“做这个改造，是考虑到万一从事危险作业或心脏有问题的员工碰到 220V 的电流，会存在风险，”潘旭说，“工厂里原本就有一些传感器是 24V 直流电的，整个改造花费不算太高，还彻底消除了安全隐患。”

这类改造在外人看来可能会有些“过于谨慎”了。但是上至厂长、SHE 与各个生产、管理部门，下至普通员工，大家的看法都很一致：“小地方不注意，就可能引发大的事故，如果（事故）危及人，到时候后悔都来不及了。”

雀巢对安全的要求也延伸到了供应商身上。

“从 2014 年起，雀巢对于运输安全这件事越来越重视，”雀巢大中华区集团采购部主任韩朔说，“所以选择供应商或做审核的时候，我们会把保障道路安全和负责任的采购指导原则这两方面的要求结合起来。”

保障供应链安全也是SHE部门的职责之一。“雀巢工厂生产的产品从生产线下来，会直接运到工厂或分销中心的仓库，我们要保证这一段流程上的事故率降低，”龙沛湘的同事，雀巢大中华区供应链安全经理冯自卫说，“而这些产品通过分销中心或经销商向超市或零售店和合作伙伴配送，这个过程中的安全雀巢也是要逐渐管控到位的。”上至道路安全，下至仓库人员或理货员不慎受伤，都会被录入雀巢“百万工时可记录工伤事故数”等指标中——“这其中不仅包括雀巢员工，也包括在现场的第三方合作伙伴的雇员”。

冯自卫也会和雀巢的客户，例如肯德基、沃尔玛这样的企业分享雀巢的安全理念。

“比如说，肯德基物流分销中心的安全负责人会来和我一起探讨雀巢安全体系的管理经验，”冯自卫说，“这种交流对我们来说是一个相互学习的机会。一旦事故率下降，整个公司损失也会减少。无论怎样，只要能让员工在工作中降低受伤的概率，或者把严重的伤害变到轻微，这都是一件好事。”

“在很多场合，你一眼就能把雀巢的员工从人堆里挑出来，”龙沛湘说，“只要是雀巢的员工，无论在哪里，上下楼都会下意识地扶楼梯扶手，坐车的时候，即使坐在后座他们也会系上安全带。”

“只要是雀巢负责组织的公众活动，一定会有专门的人在会议开始前告诉与会者需要注意的安全事项，并且要求在场人员遇到紧急情况跟着他（她）疏散。”雀巢中国公关总监何彤说，这些负责现场安全的雀巢人一定会事先亲自检查所有的紧急出口或安全通道。“这些习惯几乎已经成为雀巢员工的第二天性了，他们也会很自然地把这种安全意识带回到家庭生活里。”

对人的尊重和关注并不仅限于保障员工和消费者的人身安全，也有助于推动企业在日常运营上的创新。

雀巢日本 CEO 高冈浩三在推崇业务创新时一再强调，要围绕“顾客”重新思考和组合产品与服务。高冈浩三谈及的“顾客”是广义的概念，“要根据行业和所处部门来考虑，不是只有消费者才是‘顾客’”。他认为供应商、合作伙伴甚至公司内各部门的员工都是“顾客”，都是活生生的人——都需要雀巢认真对待，并站在对方的角度来重新思考他们的需求痛点。

在雀巢日本的一项创新中，高冈浩三想要压缩库存费用，并削减从营业仓库到批发商仓库的运输费。他采取的具体措施就是不再像以前那样，把工厂生产出来的产品放到雀巢的营业仓库里，而是直接运入批发商仓库。但这不是雀巢单方面推动的变革，高冈浩三更希望那些大型批发商能与雀巢一起尝试这一改变。他的想法是，这些大型批发商因为提供了大量产品的储存及物流服务，也能随之进行新商业模式的探索。这样一来，它们也有可能在电子商务时代获得更多商机。

“只有提高整个供应链和行业的价值，才有利于提高自己公司的盈利能力，”高冈浩三说，这并不是雀巢自以为是、单方面的架构变更，“我们需要不断地、耐心地进行交流，让批发商也意识到这是在时代洪流中不得不做出的改变。”

无论外在形式和方法如何不同，雀巢在各区域和国家的创新始终是围绕对“人”的重视来进行的。

在商业社会里，瑞士公司之所以被公认为并购时的首选雇主，是因为它们的文化倾向于尊重被并购的企业——这一点也体现在雀巢在中国市场进行的各项合资活动中。

一方面，雀巢将“合规”的要求和自己特有的价值观明确地传递给了合资企业，但另一方面，它也会尊重这些本地合作伙伴在产品和品牌上的核心竞争力。这使得在糖果和点心市场上深受欢迎的徐福记、广东人心爱的本地品牌“五羊”、生产极富中国特色饮料花生牛奶的银鹭、四川的豪吉以及中国鸡精市场的知名品牌太太乐，都最大限度地保持了自己的产品特色。

保罗·薄凯更是简洁地总结道：“雀巢的全部企业文化都可以翻译成一个词——尊重。”

将眼光放长远

瑞士与法国、意大利、德国、奥地利、列支敦士登这五个国家接壤。它的国土面积只有 4.128 万平方千米，相比之下，法国的国土面积是 67.28 万平方千米，意大利是 30.13 万平方千米，德国是 35.74 万平方千米。

大国环伺、资源紧缺，这种生存环境从一开始便培养了瑞士人防范风险的意识。瑞士人一直非常谨慎，他们知道风险不仅来源于现时困境，更容易蕴含在成功和机遇之中。

瑞士有直接民主的传统，任何瑞士公民都可以发起意图修改法律的全民公投，前提条件是要在 18 个月内拿到至少 10 万个有效签名——瑞士有 800 多万人，这样来看，发起全民公投的门槛其实不高。为了真正增强民主机制，瑞士人计票时并非单纯算人数，而是让人数较少的组织的公民投票比人数较多的组织的公民投票有更高的权重。通过法律和制度层面的设计，瑞士公民能够在各种层面参与各类事件的决策，并拥有最终决定权。

2016 年 6 月 5 日，瑞士人在全民公投中以 78% 的反对票否决了“无条件基本收入”（Unconditional Basic Income）的提案——瑞士是欧洲首个就全民保障性收入计划进行投票的国家。这一法案是针对瑞士财富分配不均和就业机会减少提出的，提出者主张无须任何理由或资格，凡是瑞士人，成年者每月无条件获得 2500 瑞士法郎的收入，儿童每月获得 625 瑞士法郎。

大多数人投反对票的理由很简单，每年给 800 多万人发钱，据估计，成本将是目前联邦政府年度支出（670 亿瑞士法郎）的 3 倍——“羊毛出在羊身上”，这些巨额开支需要通过提高税收或者用通货膨胀去实现。这样做不仅会推高物价，更会“养懒人”——既不符合自由市场的经济规律，也不利于瑞士的长远发展。

而且，相比欧洲其他国家，瑞士目前的就业率很高，瑞士人认为完全没有必要在本国推行这样一个过于激进、风险过高的实验。

瑞士人每年会进行三四次全民公投，除此之外，他们针对各种提案的投票也非常频繁。小到延长假期，大到全民福利议案，瑞士人已经习惯了利用投票的形式来消解“极端主义”或是“一劳永逸”的解决方案。他们的反复投票其实是一种日常演练，用民主的方式确认大多数中立人士的意愿与力量，并鼓励民众对各种提案进行自主思考。

2015 年 6 月，瑞士人还针对一项由左翼政党提出的“向超过 200 万瑞士法郎的遗产收税”的提案进行了公投。

瑞士左翼政党认为瑞士财富分布严重不均，想借此机会阻止财富向少数人集中。另外，他们也希望用高额遗产税的收益补充养老金系统的不足。但是国会中的大多数右翼党派成员维护各个州的自主权，因而反对这项建议。

反对者还认为，如果通过了这一新税制，会加重瑞士人的税收负担，因为这样一来，瑞士人就要上三重税：所得税、财产税和遗产税——瑞士本来就是欧洲少数几个征收财产税的国家之一。尽管这样做可以补充养老金系统的不足，但从长远看不利于整个经济的发展。对于代表瑞士中小企业利益的瑞士工业联盟来说，这项提案更是威胁到了许多家族企业的未来。而且不少人认为，这项建议存在不公正性，比如说，一个人继承了 199 万瑞士法郎的财产，可以不必缴税，而四个人继承了一份 210 万瑞士法郎的财产则必须缴税。

最终，在 2015 年 6 月公投时，瑞士人以 71% 的反对票，否决了“征收遗产税”的提案。

在过去的几年内，瑞士人已经否决了很多类似的全民提案，比如：为了合理控制工资差距的“1 ∶ 12”提案（要求一个企业最高管理人员的工资不能超过最低薪员工的 12 倍）、关于设置最低工资的提案（设置最低工资是否会影响就业在经济学界始终是个争论不休的话题），以及关于停止百万富翁税务特权的提案。早在 2012 年，瑞士人还以 67% 的压倒性优势否决了“6 周带薪假期”的提案——不是瑞士人不喜欢带薪假期，而是他们认为这一福利应该归劳资双方自愿协议，不该由政府越俎代庖。

这些投票结果相当生动地勾勒出了瑞士政体，或者说瑞士人思维方式的特点：瑞士社会绝非十全十美，财富分配不均、老龄化等问题日益凸显，必须通过各种方式改进；但瑞士人性格谨慎，不喜欢剧烈、动荡的变革，也不相信改变可以一蹴而就；在从提案提出到表决的整个过程中，各党派（瑞士有30多个党派）和利益群体的呼声都必须得到充分体现；州与政府，各个利益群体之间都存在博弈关系，只有形成共赢或妥协的局面，才能推动各项事务的进行；绝大多数瑞士人在经过思考后都选择了维护自由市场经济，尊重企业家精神，警惕极端主义（无论这些提案来自左翼还是右翼政党）。

据统计，有近80%的瑞士人在基于自由市场经济的商业环境中工作，也许，这是瑞士人能够将眼光放长远，并且能做到居安思危的主要原因。

一直以来，雀巢为人称道的“长远眼光”，其实是一种在短期利益和长期目标中取得平衡的能力，这与瑞士人的性格特点相吻合——无论在国际政治还是商业活动中，瑞士人都是以谋求平衡而闻名的。

和瑞士人一样，雀巢认为自己绝非完美，但它不喜欢一蹴而就，而是强调持续改进，“尽量防止出现急剧的一次性的大变化”。

雀巢的历任CEO都推崇长期性的思考方式，注重长期利益和可持续发展。他们总是提醒员工：“要赢得全盘战争，而不只是一场战役。”但是这需要一个前提条件，就是在自由的市场竞争中，雀巢要能达到一个稳定的、令人满意的利润水平——只有企业在不为自己能否继续生存发愁时，才有可能做出理智、稳健的中长期决策。

雀巢作为一家上市公司，这个“稳定”“令人满意”的利润水平，到底是多少？一个企业面对金融市场提出的相对短期的高要求，究竟应该如何将它们和企业既定的长期增长目标进行协调？对此，雀巢在自己的管理原则里做出了回答："雀巢致力于长期成功地开展业务，并努力成为注重长远利益的股东所偏爱的公司。然而雀巢也不忽视提高短期业绩的重要性，对每年创造合理利润的需要保持清醒的认识。"

为了保证公司"注重长期利益"的策略不被干扰，雀巢在过去的几十年内已经做到了如下几点：首先，在金融市场中建立一个稳定而分散的股票架构，确保没有追求特殊利益或插手公司管理事务的大股东，干扰公司制定长期战略；其次，雀巢的董事会与 CEO 的责任区分得非常清楚，董事会负责制定公司战略，CEO 负责执行，不像美国公司那样推崇"明星 CEO"——董事会能够找到长期在雀巢工作，同时理解公司企业价值观的职业经理人。汉穆·茂赫、包必达、保罗·薄凯都先后担任了雀巢公司 CEO、董事会成员或董事长的角色，每一任都与继任有着信任、亲密的工作关系；最终，由于一如既往地坚持"长远眼光"，雀巢为自己在股票市场找到了一批"注重长远利益"的股东——他们愿意接受雀巢承诺的"每年 5%~6% 的有机增长"，而非一味追求爆发性增长。

雀巢目前的几任管理者，从茂赫、包必达到薄凯，都曾长期为雀巢工作，彼此相互熟悉、扶持，并且认定继任者能够传承雀巢的价值观。尽管性格迥异，但这几位领导人的共性非常明显，按照茂赫的说法："我们在价值观、原则和承诺上愿意保守一些，而在技术创新和其他开发研究方面，比如说对消费者趋势的研究上，则要成为最有活力的。"

因此，雀巢始终聚焦于食品市场的中长期消费趋势。例如，从茂赫时代延续至今，雀巢在食品、生物科学领域中不断创新，并且通过一系列在欧洲和美国等市场的收购合资，获得了大量核心技术和产品、品牌优势；虽然有些收购，如加州葡萄酒、餐饮等最终并不成功，但是由于雀巢把握住了“健康、营养”的长期策略，还是在婴幼儿营养品、水、宠物食品等领域获得了强劲的增长；几任CEO都在不断调整雀巢的生产和管理，包必达将生产改为区域管理模式，用相似的产品组成战略业务群组，从而获得了更大的规模效应。

最终，雀巢如果要继续证明自己的“长期性思考方式”是正确的，就必须在下一个十年中押对宝，获得更大增长——它确实已经在营养医学、保健品和功能性食品等领域都进行了大规模的投入。

雀巢进入中国的轨迹，也恰恰证明了它的中长期战略属性。

20世纪70年代末，中国开始实行改革开放，和多数跨国食品和消费品公司一样，雀巢一开始也是通过香港公司将一些产品出口到中国内地。跨国公司用这种间接销售的方式，完成了对中国市场的试水，之后便开始纷纷通过合资等方式直接进入了这个巨大的新兴市场。

从这时起，雀巢的做法便与竞争对手有所区别。

在中国，雀巢的经营方式是典型的长期投入型：1990年，雀巢在黑龙江双城建立奶制品工厂；两年之后，雀巢在东莞建立了咖啡生产厂；1994年，雀巢美极工厂投产，专门生产汤料和调味品；随后，天津的巧克力和糖果生产及冰激凌厂、上海的冰激凌厂等也陆续建立起来。

就在建设工厂的同时，像牛奶、咖啡这样原本需要进口的重要生产原料，一一被雀巢在中国本地建立的供应链取代。这样一来，雀巢不仅在中国销售产品，它销售的还是本地产的产品（从生产和供应两方面来说都是如此）。

雀巢在中国的第一个工厂——双城工厂生产的是婴幼儿配方奶粉。为了解决奶源问题，雀巢前后花费了近十年的时间。它与当地政府合作，在双城建立了一套相对完善的牛奶采集网络和收购制度。为此，雀巢派出畜牧和农业专家到双城，向农户传授了饲养、管理奶牛及采奶的技术。之后，当山东青岛的莱西奶品厂和内蒙古额尔古纳的呼伦贝尔奶品厂陆续投产时，也完全复制了“双城模式”。

与之类似，雀巢在云南省的咖啡之旅始于1988年——雀巢几乎是在东莞考察修建咖啡生产厂的同时，就启动了咖啡种植推广。综合考虑了天气因素、土壤条件和当地政府的开放度等因素，他们选中了当时还叫思茅[①]的普洱市作为试点区域，种植小粒种咖啡。和解决奶源问题一样，雀巢从总部派来专家，在云南当地推广了咖啡种植技术。到1997年，雀巢的东莞咖啡生产厂就已经能从普洱获得生产速溶咖啡所需的全部小粒种咖啡豆了。

雀巢投资奶区和推广咖啡种植技术并非慈善行为，而是基于“长期利益”的考虑：建立一个健康、诚信、开放、平稳发展的农业社区，不断提高农户的管理水平，最终会使雀巢采购到的原料质量更高、食品的安全更有保障，同时采购的成本也更加合理。

---

①　思茅市自2007年4月起改名为普洱市。为方便阅读，后文统称“普洱市”。——编者注

雀巢将这一业务原则融入了企业的价值观："公司业务只有符合当地社会的利益才能长期获利。"简而言之，"全球战略和思想必须通过本地行为和承诺才能得到最佳体现"。

在全球实践这一价值观时，确实需要雀巢的管理者能够牢牢把握食品市场的中长期趋势——这种投资生产基地和建立端到端供应链的商业模式，很难因为一些短期流行趋势而忽然改变方向，去种植、养殖或生产其他产品。

采用这种商业模式，需要经营者和员工既有坚韧不拔的性格，也要有能够融入当地社会的适应能力。正如保罗·薄凯所形容的那样，理想的雀巢员工应该"既有想象和把握未来愿景的能力，也能随着环境改变而做出调整"。

面对问题，持续改进

与瑞士并非完美的国度一样，雀巢绝非完美的企业。

或者不如说，完美的组织或国家根本就不可能存在于当今这个充满竞争、冲突和剧烈变化的世界上。正如保罗·薄凯所说，"雀巢有相当的体量，而且树大招风"，"在过去我们一直被关注和批评，目前也如此"。

他和汉穆·茂赫、包必达都处理过雀巢在发展中遇到的重大事件和由此带来的各种复杂影响——由于雀巢是全球体量最大的食品公司，它在很多问题上所持的态度是举足轻重的，极易引发争议。

无论是母乳喂养、转基因食品，还是工业化大规模食品制造等问题，雀巢经常要面对很多公共组织和舆论的批评。

"在雀巢 150 余年的历史中，它必须面对很多十分激烈的辩论，雀巢肯定不是完美的，”包必达在回忆雀巢所遇到的挫折时说，“很多事情都证明，我们在当时当地对许多人表示出的质疑缺乏了解。”

相当大一部分来自公共组织、媒体的批评，源自雀巢处理问题的节奏和方式。从它对 20 世纪 70 年代以来遇到的几次重大危机的处理方式来看，雀巢始终保持了自己独特的节奏——那是一种审慎、警惕极端主义、不喜欢“一蹴而就”的态度，很大程度上来源于瑞士人特有的保守性格与气质。

随着移动互联网和数字化时代的来临，雀巢也在加快自身的反应速度，保罗·薄凯曾经说：“雀巢在数字化上正在采取更加主动和积极的态度，并积极参与到新形式的社交对话上来。”

但有一点没有变。

“雀巢是非常典型的瑞士公司，很重视遵守规则、讲诚信，做事情实事求是，”雀巢大中华区集团质量保证部副总裁邸雪枫说，“通过思考和学习，它一旦认可和承诺的事，就一定会去做。但如果不认可或者尚有疑虑，雀巢绝对不会为了压力或者取悦谁而去做。”

雀巢经历过的最大、最典型的一次挫折和挑战发生在 20 世纪 70 年代，当时全球出现了一次由雀巢婴幼儿食品引发的激烈论战，质疑者认为雀巢对婴幼儿食品的营销阻碍了母乳喂养。这一论战在世界卫生组织、以雀巢为代表的婴幼儿食品生产企业和各种公共组织间持续了近 20 年。

这一争执充分体现了人们对大型工业化企业持有的出于本能的怀疑态度，也提醒雀巢要意识到自己作为全球最大食品企业所担负的责任。

汉穆·茂赫曾把那种一旦出现问题，不管会造成什么后果，人们都要求“立刻”解决的状况，称为“速必脱”（subito，指没有预警，突如其来的发作）症状。

茂赫认为，事实恰好相反。一旦整个产业和经济的某个环节出现问题，没有人能独善其身。对它们进行改善不但需要时间，也需要各方的积极参与。例如，立法的完善，公平自由的竞争环境，透明的信息知识分享和行业中很多企业、员工的努力工作与学习等。

在这种思维方式的影响下，在重大问题上，雀巢很少会仅仅为应对舆论而采取过于快速、讨巧的反应。但是一旦决定接纳某种规定或建议，它就会通过严谨的流程、彻底的执行和持续不断的检查来保证实现自己的承诺。

正如茂赫所说，在近 20 年的各方论战过程中，公众、雀巢和婴幼儿食品企业都逐渐厘清了对婴幼儿食品功能与销售方式的认知。最终，在 1979 年，世界卫生组织和联合国儿童基金会召开了国际会议，制定了婴幼儿食品营销的国际规范，规定母乳替代食品不得以损害母乳喂养的方式进行营销。1981 年 5 月，《国际母乳代用品销售守则》（简称 CODE）以 118 票赞成、1 票反对、3 票弃权高票通过。CODE 规定，卫生组织和卫生专业人员须鼓励和保护母乳喂养，说明母乳替代品的使用情况和风险；免费样品不应提供给孕妇、产妇或家庭。CODE 对母乳替代品的营销手法、包装文字和图片也做出了限定。

自 1981 年以来，已经有 80 多个国家和地区颁布实施所有或者大部分的 CODE 内容及随后的世界卫生大会的有关决议。中国在 1995 年颁布了一个《母乳代用品销售管理办法》——这是根据 1981 年的 CODE 并结合中国的实际情况制定的。

“企业需要通过透明、公开的改进来建立信任，”茂赫说，“只有当人们对那些即使不那么令人愉快的事情也实事求是时，才能赢得信任。”

为了改进婴幼儿食品的销售，雀巢内部在 20 世纪 70 年代末就已经开始起草和实施关于母乳代用品的营销规范。从 1981 年开始实施《国际母乳代用品销售守则》后，雀巢在这一基础上形成了公司内部关于 CODE 的政策与指示（这些规则也在不断更新升级）。同时，雀巢制订了系统的监督计划，实行了内外两套监督措施——不但有内部监督，还有外部审计，并且将结果公开。

雀巢是第一个被纳入富时社会责任指数（FTSE4Good Index Series）的婴幼儿配方奶粉生产商——这由世界级的指数计算金融机构 Group FTSE（富时集团）编制的，是当前全球投资人观察欧股动向最重要的指标之一。富时社会责任指数可以用于持续评估公司是否遵守母乳代用品营销规范。因此，是否能被纳入富时社会责任指数，也成了对雀巢内部合规和执行 CODE 的有力外部监督。

“雀巢已经把 CODE 变成了公司集团管理最基本的原则之一，雀巢员工对遵守 CODE 都形成了一种本能反应。”雀巢大中华区首席医务科学及合规官李文军说。为了保险起见，雀巢内部使用的规则比《国际母乳代用品销售守则》更为严格。奶粉厂商根据孩子所处的年龄段与所需要的营养的不同，将适合不同年龄段孩子的奶粉划分为：1 段（适合 0~6 个月），2 段（6~12 个月），3 段（1~3 岁）等。“世界卫生组织的守则只限定了 0~6 月龄的奶粉不能直接针对消费者做宣传，而雀巢的 CODE 则规定 0~12 月龄的奶粉都不能直接针对消费者做宣传。”

雀巢的 0~12 月龄奶粉，是由营养专员对医务保健等专业人员介绍产品配方和制造工艺后，由医务人员根据专业判断来选择是否给婴幼儿食用的（在正常情况下，医务人员和母亲们的首选自然是母乳喂养）。无论是营养专员的行为，还是市场部的销售行为，都由雀巢内部的合规严格限定在一定范围内。扩展到其他婴幼儿辅助食品，雀巢针对卖场理货员和销售人员也都有专门的合规要求。

“雀巢中国现关于合规的资料，很多是遵循瑞士总部的政策，有一些则是根据中国的情况编写的。”雀巢婴幼儿营养业务单元高级业务合规经理陈琨说。为了让一线员工更容易了解这些政策和要求，她和同事们会把合规的要求做成图文并茂的小册子，告诉他们什么可以做，什么不可以做——比如，除非处理投诉，否则营养专员绝对不能接触消费者等。

从 20 世纪 70 年代的风波中吸取了经验教训，雀巢对婴幼儿食品销售的合规管理严格到了“敏感”的地步。除了内外部的双重监督，它还在内部建立了一个特殊的内部投诉协调人制度，能让员工以保密形式，无须经过垂直管理结构，直接提醒管理层公司可能在日常经营中发生了违规行为。

“雀巢和惠氏（Wyeth）都有专门负责 CODE 合规的团队，来保证用符合世界卫生组织守则的方式做业务，”陈琨说，“这不仅仅是商业环境大势所致，如果为短期利益丧失专业人员的信誉，伤害消费者的利益，就违背了雀巢的企业文化。”

由于雀巢的体量和它在提倡母乳喂养这一全球事件中的特殊位置，确保婴幼儿食品销售合规一直是雀巢内部的头等大事。

雀巢对有关合规的要求和资料在不断随着环境的变化而更新，每个员工都在不断学习有关的新知识，并且力求做到知行合一。

在面对危机和突发状况时，无论是组织还是其成员，都必须通过透明、言行一致和不断的改进来建立信任感，而信任感往往也来自直言不讳和承担责任的勇气。

中国竹子的故事

雀巢的历任管理者推崇的品质都包括了如下几点：坚韧不拔、有责任感、有学习能力、对新生事物保持敏感，并且有对内和对外的交流协调能力——这些被CEO们看重的特质，其实已经描绘出了一个理想的雀巢员工的形象。

其实，每个企业都希望自己的理想员工能够具备上述品质，只是侧重点不同而已。例如，谷歌有可能会将“对新生事物保持敏感”和“学习能力”放在更靠前的位置，而雀巢则格外重视“勇气、坚毅和沉着”——这也是瑞士人的典型性格。

在《创新的国度》一书中，瑞士迅达集团（一家生产优质电梯的瑞士企业）董事长阿尔弗雷德·N·辛德勒（Alfred N. Schindler）引用了德国伟大作家歌德的名言赞美这一性格：“勇气和谦逊是最明晰的美德。”

坚韧不拔（勇气、坚毅和沉着）为什么会成为雀巢CEO推崇的品质？其实只要看看早期雀巢中国员工的描述就知道了。

坚韧不拔与专业精神

1990年，黑龙江双城工厂正式投产。首先将婴幼儿系列产品和奶制品引进中国，不仅是因为这是雀巢的传统，更是因为这些产品满足了当时中国消费者的迫切需求。

当时，整个中国都在致力于提高国民身体素质，解决营养不良（儿童与成年人都存在这种问题）和缺乏营养知识的状况。

在通过中国香港公司管理中国内地业务一段时间后，根据国内对外资政策的调整，1996 年，雀巢将中国公司总部正式搬到了北京，代替之前的香港公司。

几乎所有经历过这一阶段的管理者和员工——既包括跟随雀巢从香港进入内地的人，也包括在这前后加入雀巢的人，他们都能清晰地回忆起早期创业的艰辛。

雀巢在双城建厂时，整个双城市很少能见到像样的柏油路，电话也远没有现在这么普及。退休前曾担任过雀巢大中华区集团法律及合规事务负责人的梅小侃回忆说，当年只要遇到下大雪气候恶劣的时候，双城与外界的通信就会变得很困难。“电话不畅，在北京办公的人还要使用老式电传机与双城工厂保持联系。”

在这种情况下建成的双城工厂，最终成为雀巢工厂系统在中国的“黄埔军校”。那些从 20 世纪 90 年代起陆续加入其中的员工，几乎全部成为雀巢各个食品厂或集团各个职位上的管理骨干。

他们每个人都能讲出许多外国专家来双城给奶农们做培训的故事。陆明熟悉的一位瑞士籍奶源专家毛瑟（Jack Moser）早在 1990 年之前就在双城工作了。毛瑟和他的继任者，以及在双城、青岛莱西、内蒙古额尔古纳来来往往的外籍畜牧专家们，都属于雀巢集团农业部门。

从 20 世纪 80 年代开始，雀巢派驻云南省普洱的 6 任农业技艺服务部经理也都来自这个部门——他们中在云南停留时间最长的是比利时籍经理邬特（Wouter de Smet），他在普洱和自己的团队一起

雀巢双城工厂

工作了10年，被当地的农民称为“咖啡先生”。

雀巢推崇的“勇气、坚毅和沉着”，在从事和农业、食品相关的工作时显得格外重要——因为大自然会最大限度地考验人类的执着和耐心。只要忆及当年这些农业专家与雀巢当地员工的工作状态，无一例外，大家都会谈到这些人表现出来的坚韧不拔与专业精神。

“那时候，我们（在双城）开的是老式越野车，道路情况很不好，下雨时稍不小心车就会陷到泥里去，”双城鲜奶收购及农业服务部经理张振东回忆说，“一进老百姓家，专家和我们一样，都是撸起袖子就帮他们干活。”在双城，来自各国的畜牧专家们就是这样从零开始，传授给了奶农大量现代牧业管理知识与饲养技术。

而在云南普洱驻扎的农艺师们则会记起陪同外国专家走遍云南

寻找咖啡种植地的故事：最初雀巢总被人从字面意思理解为“卖鹌鹑蛋或燕窝的”，外国专家和农艺师在村子里一露面，整个村子的人都会来围观“外国人”。从育种、开荒、种植、防治病虫害到咖啡豆粗加工，整个云南的咖啡产业链的兴起都和外国专家与农艺师们十几年的辛勤工作直接相关。

凭借这种精神，雀巢全球的农业部门在52个国家和地区有超过1400位农业专家在和当地团队紧密合作，为农户提供服务——这些服务覆盖了近70万农户。

在各地建设农业社区和安全的供应链固然需要超凡的耐心与毅力，将几百种乃至上千种产品研发出来，建立工厂生产并销售它们，也是一项需要坚韧不拔、非凡的领导力和专业精神的工作。

1996年，当雀巢正式进入中国时，雀巢亚大非区副总裁刘金辉从新加坡来到中国市场工作，他和同事们不仅需要摸清中国消费者的喜好，还要在中国搭建一个完整的销售网络。

“在1996年之前，雀巢没有自己的销售网络。我们是从香港把产品运过来，直接转售给批发商的，”刘金辉回忆说，“如果要搭建自己的分销体系，就需要认真研究中国市场。”那也是雀巢与联合利华、卡夫、达能等全球所有的竞争对手同场竞技的时期，“跨国公司都涌进了中国，所有人都想在这个巨大的市场里获得成功”。

幸运的是，作为一个经验丰富的国际化公司，雀巢有一支由上千位职业经理人和专家组成的“外援”队伍来支持各个市场。在销售和市场营销方面，刘金辉有与自己经历类似，来自全球的40位资深职业经理人帮忙，“我当时的同事来自日本、菲律宾、马来西亚、法国及中国台湾、香港等地，同时我们还招聘了很多本土员工”。

“即便这样，对雀巢来说，中国也是太大、太特别了。它有点像欧洲大陆，不同区域，比如东部沿海城市和西北内陆城市之间的差别简直像不同国家一样大。”

在这个未知的市场上，光靠打广告或坐在办公室里看地图可不行。

“我们当时用的是最实在也是最累的办法，我们跑到那些雀巢想要进入的城市里去，挨家挨户地看商店里到底在卖什么东西，”刘金辉说，“如果在十几个商店里都看到了同一个产品，那就证明这个产品分销得不错。我会去问到底谁是这个产品的分销商，然后顺藤摸瓜找到这些人，向他们介绍雀巢的产品，问人家愿不愿意做雀巢的分销商。”

依靠这样坚持不懈的努力和雀巢产品的力量（跨国公司的产品当时在中国具有很强的吸引力），雀巢中国在5年之内找到了800多个分销商，建立了36个地方销售部门，招募了约300名本地员工。在这个过程中，刘金辉本人就去过120个城市——雀巢中国就是这样逐渐积累了许多有关中国消费者的一手资料。

“在这个过程中，我们有了很多有趣的发现。比如，中国消费者非常在意产品的新鲜度，”刘金辉回忆说，“如果一个产品上的生产日期是两个月前，另一个产品的生产日期是昨天，即使两个产品都在保质期内，中国消费者也铁定会认认真真读完标签上的所有文字说明，拿走昨天生产的那个。”直到现在，在销售部门的培训中，雀巢还会强调中国消费者对保质期和产品新鲜度的重视。

“雀巢有些产品的价格会比其他品牌的同类产品高一些，”刘金辉说，“但雀巢的优势是品质、服务和安全性。”因此，在20世纪 90 年代后期，雀巢在自己产品的包装上打上了“选品质，选雀巢”这样一个标语——而这一点也是雀巢一直向经销商和消费者强调的。

这些知识和经验的积累最终造就了雀巢中国销售网络的雏形。如今，除了因为婴幼儿配方奶粉、冰激凌、水、调味品、宠物食品等产品性质特殊，有专门的渠道进行销售之外，雀巢的流通食品部负责它最重要的咖啡、麦片、糖果、冲调饮品、奶制品这几类产品的销售与渠道管理——这个部门已经有 2000 余人。

不管雀巢对渠道和区域的管理细则如何随着消费者的变化调整，关于在中国市场如何促销，如何将营销、广告与产品销售完美地结合在一起，如何管理流通链条，如何建立一个能够与生产无缝连接、快速反应的物流与仓储系统等的早期管理框架，就这样一点点构建起来了。

成长的本地团队

“在中国的第一年（1996 年），我们非常辛苦，每周工作 6 天，每天工作十几个小时，在很多城市间跑来跑去，鞋子都跑坏了好多双，但是业绩没有增长。第二年，我们工作得更卖力，（业绩）还是没有太多增长。”刘金辉说，“到了第三年，业绩好不容易增长了 30%，但是由于基数太小，加上没有什么可以利用的资源，我们还得更努力地工作。”

就是在这个时期，刘金辉开始给同事们讲“中国竹子的故事”。

“从很小的时候起，我就有种植植物的经验。”刘金辉的祖籍是福建，这个故事则和中国南方最常见的植物——竹子有关，“事实上，这个故事是我祖母讲给我听的。”

种植竹子从选择竹种（笋）开始，就需要精心护理，种上之后要培土、浇水、施肥，“这件事的特别之处在于，你可能会一连几个月，甚至一年都看不到你种下的笋有任何变化，但你还是得坚持不懈地照料它，因为很多事情是在地下潜移默化进行的，它正在为长成一棵‘树’做准备”。

“就这样一直耐心、刻苦地工作下去，突然间有些事就发生了。竹子一旦发芽露头，你会发现这简直是个奇迹，它 6 个星期就能长 10 英尺[①]！

“只要有同事累了，遇到挫折想离职或心情沮丧的时候，我就会给他们讲中国竹子的故事，”刘金辉说，“我所有的同事都听过（这个故事），因为我没完没了地讲。”

正如他所预料的那样，雀巢在中国市场的推进最终就像竹子破土而出一样，“四五年之后，我们忽然就看到了之前工作积累的业绩和回报”。刘金辉用“laughter and tears”（笑声和泪水）和“酸甜苦辣一起涌上心头”来形容当时的感受。

刘金辉在他的“中国竹子的故事”中所强调和传达的，其实也是雀巢的传统。

由于对“勇气、坚毅和沉着”这一系列品质的重视，也因为雀巢所从事的食品行业的特点与悠久的历史，它遍布全球各地的高管中有很多人都是为雀巢工作多年（不少人在雀巢度过了自己全部的职业生涯），并且都是从基层员工一点点做起来的。

---

① 1 英尺约合 0.3048 米。——编者注

汉穆·茂赫在雀巢的职业生涯始于德国的一个雀巢奶制品生产厂，包必达和保罗·薄凯也都是从普通员工做起的。雀巢日本CEO高冈浩三的第一个岗位是千叶县雀巢分公司的普通销售业务员。这一传统使得雀巢中国招募的第一批员工，乃至之后陆续培养出的本地员工，都具有某种共性。

“我们从事的是食品行业，这个行业的特点是高度重视食品安全，但生意又是薄利多销型的，所以做这个工作，需要有很强的责任心和耐心。”邸雪枫说，“尽管雀巢推崇多元化，但是踏实、勤奋、善于学习的性格在这里更常见，因为这些工作要靠日积月累的坚持才能做好。”

“而且由于欧洲公司的结构和管理特色，雀巢的很多业务都需要部门之间的协作，所以雀巢员工通常都有很好的沟通与协调能力。”

在这种企业文化氛围里，雀巢中国目前活跃在中高层管理岗位上的很多员工，也都是一步步从最基层的岗位上做起的。

“雀巢的特点就是‘大公司小产品’，像速溶咖啡、糖果、奶粉这些产品的利润都是一分一分地积累起来的，因此我们在工作中必须非常重视细节。”雀巢流通食品部西区区域销售总监李文说，雀巢目前将中国市场划分为8个大区，包括他在内的8个大区负责人全部都在雀巢工作了近20年。他们都是从最基础的销售工作，就是一家家“跑小店”（售卖雀巢产品的商店）开始职业生涯的。

“从这些工作里，我们学会的不仅仅是如何做生意，还学会了沟通技巧和踏踏实实做事的风格，”李文说，“只有亲自跑过小店，被雀巢这种很特别的文化熏陶和训练过的人，才会有那种真正接地气的体验。”

李文的感受与雀巢中国大陆孕产妇营养、婴幼儿及成长配方奶粉市场总监高丹是完全一致的。

高丹是雀巢中国自己的管理培训生（Management Trainee，以下简称管培生）出身——众所周知，管培生制度是在外企里很常见的人才储备计划之一。1997 年，高丹从北京大学毕业后，成了雀巢中国第一届管培生中的一员，培训时长为两年。

“我们那届管培生有 6 个人，”高丹回忆说，“上海、广州、北京都有应届毕业生入选。”

对这些即将被训练成未来管理者的年轻人，雀巢的培训有和其他外企一致的地方：他们都会根据管培生未来的归属和职业特色来设计培训内容，同时也会保证他们在每个部门的轮岗——这样可以让管培生们大概了解整个公司的运作状况。高丹一开始就被确定为市场部的管培生，所以她是到雀巢北京的销售部门去接受的培训。

同时，雀巢的培训也有非常特别的地方，这和它的生意特点有关——高丹和李文一样，也花了几个月的时间“跑小店”。在高丹加入雀巢的 1997 年，家乐福才刚刚在北京开了中国第一家大型超市。在此之前，那些散落在北京胡同中售卖生活用品和糖果、杂货、油盐酱醋的“小店”一直是雀巢的产品——宝路薄荷糖、奇巧巧克力等最终落脚的地方。

“我每天早上骑着自行车先到经销商那儿拿货，他给我一个纸箱子，里面每种雀巢的产品都有一点儿，我就拿着自己的名片跑到各个胡同的小店去跟店主们聊，向他们介绍雀巢的产品，然后看看有没有合作的可能，让他们也卖雀巢的货。”高丹说。

高丹还清楚地记得，自己负责的是“东四北大街和东单大街之间胡同里的店面”。一开始，会有雀巢的经销商带着高丹去相熟的店面跑一两天，熟悉一下工作流程。然后，在未来的两个月里，这一片小店的生意就要靠她自己来开拓和维护了。

“大学一毕业，我就被放到了这个环境里，然后就对雀巢到底是做什么的有了特别直接和鲜活的体验。”高丹说，“在这个过程中，你会不断发掘自己的潜能，而且会知道自己喜不喜欢这种考验人耐力和沟通能力的工作。”

和她一样，雀巢所有的销售人员从一开始不被陌生的小店店主接受，到能和他们聊上天，真正了解对方的需求，再到把货卖出去，都经历了一个思维方式的重塑过程。

“很多小店店主都抱怨从一些渠道买到假货，他们为什么要冒这个险从一个不熟悉的货源进货？因为对方的价格便宜。”高丹说。在小店这种规模的生意模式里，产品利润很薄，雀巢卖的巧克力、咖啡这些产品单价都是一两块钱，所以对店主们来说，进货能便宜一两分钱就很重要。“我之前体会不到进货价格低上一两分钱会对生意的影响这么大，也不知道为什么大店一做雀巢产品的促销，就可能会引发一连串对其他渠道的冲击，还有假货是如何影响雀巢产品的销售终端的。这些感受，在跑小店的这几个月里我算是都体会到了。”

高丹的小店生涯持续了 3 个月，她随后又做过与家乐福对接的大客户销售代表。最终，当结束管培生生涯后，她成了市场部的一员。在长达十多年的职业生涯里，高丹负责过雀巢的很多产品的营销。当她回忆起当时跑小店和管培生的训练时，觉得那是一段“非常有意思、非常充实的经历”。“在那段时间里，我学会了如何和别人建立一种互信的关系。你得站在对方的角度去考虑问题，想想自己能为别人带来什么价值，这样才能让对方接受你。”

而且，因为体会到雀巢产品是靠薄利多销盈利的，也真正看到过顾客和经销商的反应，在各个部门的轮岗中她学会了换位思考，这使得高丹在日后的职业生涯中能够做出“接地气”和更精确、更有效的市场营销方案。

“销售固然讲究技巧，但其实也是一种考验耐心的工作，”李文说，“一天跑10个小店，人家不可能都接受你，但是如果一天有两家成功，一个月就有60家，一年就有700家。只要你学会从这个角度去思考问题，坚持不懈，就能把事情做成。”

这既是雀巢在全球的传统，也是雀巢中国员工们典型气质形成的原因。

“中国市场非常特别，雀巢在这里是真正从零开始的，不像之前在其他地区多少都有点基础，”刘金辉说，“只有能吃苦、坚韧不拔、有耐心的人才能坚持下来。而就在这个过程中，本地员工成长起来，最终成为雀巢中国最宝贵的财富——你总是可以信任自己的同事。”

对雀巢来说，其实在全球任何市场，都能找到“中国竹子的故事”的当地版本。这个故事意味着，在雀巢，正确的做事方式就是找对目标并为此付出最大的努力，并且坚持不懈地做下去。

但是在中国，还有一些极为特别和重要的事情需要考虑。

“在中国，消费者的信任是最重要的财富，”刘金辉说，“对雀巢来说，这种信任体现在产品的质量和食品安全上，如果信任受损的话，那就什么都没有了。”

另外，今后要想在中国市场保持增长，雀巢还将面临更多的挑战。中国堪称全球最复杂的市场，充满着越来越激烈的市场竞争——雀巢的跨国和本地对手都在不断地创新和深入了解国人的需求；中国消费者的购买力和喜好在快速发生变化；电子商务等全新的商业模式也在中国发展迅猛……

“中国的消费者在很多方面其实已经领先于其他市场的消费者了。”雀巢集团执行副总裁兼亚洲、大洋洲和非洲总裁龚万仁（Wan Ling Martello）在2016年论及雀巢和淘宝天猫平台合作的时候说，从现在开始到未来的10~20年内，中国消费者与欧美消费者不但站在同一起跑线上，在学习新技术（例如移动互联网）以及接受新的消费理念方面，他们甚至“更快、更有活力、更为开放”。

在这样的市场中继续保持“长远眼光”，推动企业独有的价值观，在商业模式和产品上不断创新，这就意味着，雀巢中国将要在“中国竹子的故事”中融入更多、更丰富多彩的元素。

创造共享价值

2008年，雀巢正式、清晰地向外界传递出了企业发展将要遵循“创造共享价值”这一概念。

之后，随着雀巢业务的发展，人们越来越清晰地意识到，雀巢这是为未来制定中长期业务发展战略寻找到了一个坚实的理论基础。

“共享价值”（shared value）这一概念是2006年由哈佛商学院教授迈克尔·波特（Michael E. Porter）和马克·克雷默（Mark Kramer）提出的。该理念认为，企业的竞争力与社区的健康发展是息息相关的。企业的成功离不开社区的繁荣，因为社区不仅是产品需求的来源，而且提供了关键的公共资产和有利的经营环境。如果一个负责任的企业想解决社会问题，未必会增加成本，因为它可以通过采用新技术和管理来实施商业模式创新，从而做到自身经营与所在社区等各利益相关方的多赢。

“共享价值”理论与20世纪90年代开始兴起的“企业社会责任”（Corporate Social Responsibility，CSR）完全不同。

虽然波特也同意，取得经济绩效并不是企业唯一的责任，每一个组织必须对它的员工、环境、顾客以及它所接触的一切人和物产生的影响负责，但他也认为，过分强调企业社会责任，甚至超过“为股东创造价值”是不对的——CSR只是企业所肩负的众多责任之一。相比之下，“为股东创造价值”是一个商业企业不能忽略的最基本责任，与CSR并不是矛盾或者此消彼长的关系。

时任雀巢集团董事长的包必达在访问新加坡国立大学商学院时说，创造共享价值的真正内涵在于，“企业可以通过商业决策和日常经营，同时为股东和社会创造价值”。

迈克尔·波特认为，企业可以从“共享价值”的角度去重新构想自己的产品，用更全面、更长期的视角去思索顾客和市场的需求，比如增加营养、加强金融安全、减少环境破坏等。他认为，企业可以通过重新界定价值链的做法，和周围的环境、社区、供应商共赢。

换言之，“共享价值并不等同于社会责任、慈善事业，甚至也不等同于可持续发展”，而是让企业从全新的角度去思考自身经营与社会之间的关系。掌握了“创造共享价值”的精髓，企业可以对商业模式进行创新，为自身所在的社区创造出更多价值，抓住未来的发展机遇。

用了十年的时间，雀巢已经很顺利地将“创造共享价值”融入自己的企业价值观，并将其一步步变成了业务的驱动力。

“如果我们为企业建一座金字塔，最顶端的是‘创造共享价值’，中间就是‘可持续发展’。”包必达解释说，“首先我们必须保证使用资源的方式，无论是金融资源还是自然资源，都是可持续的。在这之上，我们再去建立‘创造共享价值’的概念。”而金字塔的底部则是雀巢在内部推广的“合规”，这是一个商业企业用于保证自己的产品和经营活动合理、合法、可控的基本要素，是金字塔坚实的基础。

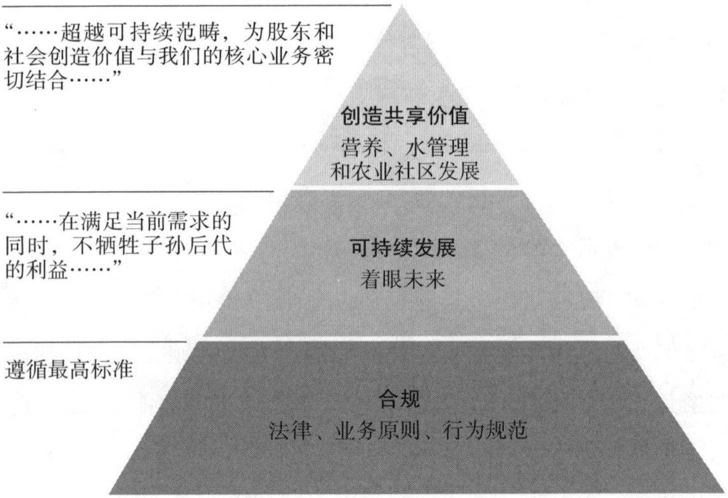

雀巢为自己构建的企业发展金字塔

对于熟悉雀巢的人来说，它最后选中“创造共享价值”来作为自己未来的企业战略，一点儿也不奇怪——在各种对可持续发展及有关商业模式进行探讨的理论中，雀巢原有的价值观和管理理念与迈克尔·波特的观点特别贴近。

在强调“长远眼光”和承担“企业社会责任”的同时，雀巢还有一个很明确的观点，那就是企业必须是“由强烈的业绩追求所驱动的”，并且能够取得一定的经济效益——这是企业承担社会责任的前提。

作为自由市场经济的信奉者，雀巢的历任 CEO 和管理者，都认同管理学大师彼得·德鲁克对“企业社会责任”的定义：“如果一个公司的投入和产出比值过低的话，那么公司就是不负责任的，因为它浪费了社会资源。经济绩效是企业的基础，离开了它，企业无法履行任何其他责任，也就算不上一个好的雇主、合格的公民或友好的社区邻居。”

德鲁克还说：“如果有一些社会责任影响企业完成其主要的任务和使命，或者会使企业不得不涉足完全陌生的领域，不要主动去承担这些责任，因为盲从的态度都是非常不负责任的。”

这就意味着，一个企业如果想更好地履行社会责任，就不能将其与自己的日常商业活动割裂，将其变成“为慈善事业开张支票”或者仅仅是一种“营销手段”——它应该是和企业真正熟悉或投身的领域密切相关的。

保罗·薄凯总结说，企业本身和它的日常运营，就应该是社会问题的解决方案，“所有的利益相关方——包括公司——都是解决方案的一部分”。

“因此，在雀巢，目前有三大领域和创造共享价值有关：营养、水、农业社区发展。”

举例来说，在咖啡种植领域（农业社区发展），在“创造共享价值”这一理念提出之前，雀巢便已开始构造自己特有的供应链模式。

“雀巢的原则是不在行业内进行纵向收购，不介入原材料生产，而是选择帮助原材料的供应商和农户改进技术提高产量。”雀巢大中华区集团法律及合规事务高级副总裁卞革说，她和自己的团队亲历了雀巢从20世纪80年代起在中国的历次建厂过程。“从一开始，雀巢的价值观里就有共赢的理念，我们在任何地方做经营活动，一定要对当地社区、政府有利，对员工和股东都有利。这个理念其实和创造共享价值是完全吻合的。”

在中国云南，农艺师们花费了十几年的时间，逐步建立了一个以小型农户为主，采取直接采购模式的供应链。

一开始，旁观者会认为雀巢的做法对一个商业企业来说是匪夷所思的。因为在构造这条供应链的前期，雀巢必须为此花费大量人力和物力。但如果从可持续发展的角度，或者用“长远眼光”来观察这一模式，就会发现它的诸多好处。

从成本角度看，如果供应链上的农户持续改进，他们的种植和管理成本会低于大型咖啡农场，生产咖啡豆的质量却与后者不相上下；从环境角度看，小农经济带来的天然多元化栽培有利于保持当地的生物多样性；从企业社会责任方面来看，农户的生活得到了切实改善，农业社区会变得更加健康、稳定；从做生意的风格来看，这一模式完全符合雀巢历来“不把鸡蛋放在一个篮子里”的行事逻辑。

这种供应链一旦形成，不但创造了“共享价值”，也很难被复制——它与雀巢身为全球最大的食品企业带来的规模优势也是密切相关的。

雀巢特有的规模效应和财务状况允许它在农业社区中做长远打算。即使身处激烈竞争的市场，雀巢的农业政策也从不像忧心于短期内能否生存下来的企业那样，被迫搞市场投机或短视进而去压低原料价格——它有给出一个长期、公平、透明定价和打赢“全盘战争”的实力，不必过于纠结“一场战役”的输赢。

在 2008 年正式提出“创造共享价值”之前，雀巢便已经在自己的农业社区中推行了这类模式。这与它的企业基因有关——雀巢诞生于瑞士，作为一个以小农经济为主的国家，这使得雀巢对小型农户与这类商业模式有天然的关切和丰富的操作经验。

而明确了“创造共享价值”与业务的关系之后，雀巢制订了一个将其量化和落实的计划。

“正如我们有财务和业绩目标一样，雀巢现在也在量化自己的社会承诺。我们明确了 39 种不同的社会责任，由执行委员会中的人分别负责，就像分解和量化财务指标一样，”包必达说，“然后，我们会进行总结汇报，并邀请第三方对每项社会责任的完成度进行审核，并写进年度报告中。在这个过程中，企业所做的每件事的真实性和透明度都是十分重要的。”

从 2012 年起，雀巢开始在云南推动咖啡“4C（Common Code for the Coffee Community，咖啡社区的通用管理规则）认证”，其目的是让咖啡采购变得更加公平、透明和有可持续性，建立一条“绿色咖啡供应链”。

就在 2014—2015 年这个采购季，雀巢在云南所采购的 1 万多吨咖啡原料已经全部通过了 4C 认证，这意味着这些咖啡豆的来源不仅可以被回溯，整个种植、生产、加工的过程也是透明和合规的——包括奈斯派索这样的高端品牌在内，雀巢全球对咖啡，乃至其他产品的农业社区进行管理和维护的原则是一致的。

不光是咖啡，雀巢在牛奶、花生、可可豆等很多农业原料上都在推行类似的项目。举例来说，雀巢旗下销售量位列全球第三名的奇巧巧克力就是全球第一个实现100%认证可持续性可可采购的糖果品牌。

与其在农业社区上的创新几乎同步，在营养、水这两个与其业务密切相关的领域里，雀巢也在做着类似的事情。

在“创造共享价值”的过程中，社会所获得的价值是显而易见的。企业的日常运营行为，不再被人为地与社会、人和环境对立起来。越来越多的管理学家和经济学家相信，一旦企业拥有更为丰富、多元化的视角，它们将“长远眼光”与创新精神结合在一起，就能创造出新的商业模式：既能做好业务，又能减少供应链里的风险，有益于社区、员工和各种合作者的发展。

然而，对雀巢来说，选择这一理念作为今后发展提纲挈领型的价值观，从中获得的商业价值究竟在哪里？

这就要从消费者的变化说起。

营销大师菲利普·科特勒（Philip Kotler）在营销学中给这种变化下了一个定义，叫“营销3.0”，以区别于之前的“营销1.0”“营销2.0”。在此之前有超过10年的时间，由于“世界主义”的影响，消费者通过全球连锁零售企业、电子商务等方式开展了一场轰轰烈烈的“寻宝”活动——他们不断寻找功能更贴心、质量更好、价格更便宜的商品和服务。而“营销3.0”版的消费者虽然还像以前一样，追求性价比，在意品牌与自己的情感联系，但他们还要得到更多的东西——精神上的充实与满足。

这种变化符合亚伯拉罕·哈罗德·马斯洛（Abraham H.Maslow）著名的“需求层次理论”，即人满足了生理和物质需求后，会有更高层次的追求，比如爱、归属感、尊重和自我实现——全球化和移动互联网带来的信息爆炸加快了这类需求的产生。

同时，这一消费趋势的加速到来也是社会中存在的不安全感导致的。彼得·德鲁克曾经说过，“并非是经济上的，而是人们心理上的不安全感弥漫于整个工业社会”。这种不安全感在近十年内，被全球性的经济衰退和国际政治环境的动荡放大了——为此，人们希望通过自己的实际行动来消除不安，参与和推动社会变革。

正是这些环境和心理因素，导致“道德消费”[①] 在消费者中的影响不断扩大，其价值观正在被越来越多的消费者所接受，已经成为主流社会中的一股思潮。在“道德消费”潮流的影响下，消费者认为自己可以通过购买来影响跨国公司的商业活动，让它们的供应链变得更有持续性，买卖更加公平，把全球化的世界推向更美好的阶段。

消费者的购买驱动力中加入了个人价值观、道德准则等因素之后，人们选择购买这个公司，而非另外一个公司的产品的原因变得越来越复杂。一个产品固然可以凭借质量、价格以及实用的特色取胜，也能依靠其中蕴含的价值观和文化含义获得消费者更牢固的信

---

① 道德消费又称良知消费，是指消费者更倾向于购买符合道德良知的商品，它最本质的含义在于对人类、动物和环境不造成伤害或剥削。——编者注

任与青睐。

因此，在下一个十年中，无论是“道德采购”“可持续发展”，还是对环境和他人境遇的关注，必将成为大众消费类企业创新和制定长期发展战略时不能忽视的主题。

这样一来，如果用“长远眼光”来看，“创造共享价值”为雀巢所催生的商业模式与供应链就会变得极具竞争力了。

然而，对雀巢来说，它需要应对的挑战不仅包括如何让赚钱的需求和创造社会价值的需求协调起来，它还面临各个市场越来越激烈的竞争——雀巢的跨国公司对手与本地对手都在针对消费者推出更多创新的产品与服务。

消费者的行为将会在下一个十年里变得更为复杂和难测，根据世界卫生组织估算，全世界的肥胖人口已经超过了饥饿人口，全球肥胖率在 1980 年和 2014 年之间翻了一番还不止。雀巢和所有的食品企业一样，必须将过去“消灭饥饿”的战略目标调整为“消灭饥饿感”，并帮助更多的人创造出一种“健康膳食”的生活方式。

食品生产商和医药企业之间的边界也变模糊了，雀巢进入了营养医学领域，将其视为下一个增长点，不少医药公司则跨界进入了保健品领域。

同时，雀巢还面临其他挑战。菲利普·科特勒已经从营销的角度给出了“营销 3.0”的下一个版本，即“营销 4.0”的定义。他认为，未来公司提供的产品和服务不仅仅要帮顾客解决问题，还要帮助他们完成“自我实现”——这才是未来企业应该着力创造的“价值”。这就对老牌食品公司的产品、销售与服务创新提出了更多要求：怎么才能把为消费者提供“吃吃喝喝”的产品这样相对简单的事情，变成让他们身心各方面都得到更高层次满足的服务?

面对这一切挑战，雀巢将要交出一份怎样的答卷?

其实答案就蕴含在雀巢 CEO 那些最简洁的回答里，从来都没有变过。

茂赫在总结雀巢的成功之道时说：“一个企业要想成功，就必须真正做好那些最正常、合乎道理的事。”

“生产好吃和畅销的产品，注意公司的管理与财务状况，照顾好员工和顾客，在企业中营造创新气氛。”

这些就是雀巢最基本的工作。

现在，再加上“创造共享价值”——这一理念已经贯穿了雀巢的全部业务，也勾勒出了它的未来战略。这也意味着企业完全可以在做好生意的情况下，和顾客、员工、供应商、环境、社区共赢。

| 第二章 |

优质食品，美好生活

任何公司都会精心打造自己的产品，毫不夸张地说，产品是一个公司赖以生存和发展的根本——最终，企业是通过出色的产品和消费者进行沟通的。

作为最出色的产品与服务公司之一，谷歌的执行董事长埃里克·施密特（Eric Schmidt）在总结谷歌的成功秘诀时曾经说过："提供出类拔萃的产品是当今企业成功的关键。"

他认为产品本身比掌控信息、垄断渠道和进行强力营销更重要（当然这些因素对企业来说仍旧很关键）。企业在推出产品时必须行动快速、定位准确且持续不断。在移动互联网时代，一个定位准确的好产品一开始不够完美也没有关系，它可以通过投放市场后的快速迭代实现不断自我完善。

施密特强调说，在移动互联网时代，一个平淡、乏善可陈、定位不准或者后续无力的产品或品牌，无论怎样在营销、渠道上下血本，都没有用。只要产品本身让消费者失望，很快就会被他们以"用脚投票"的方式主动抛弃——归根结底，这个时代的消费者拥有太多的选择，他们能够随时做出取舍。

几乎像印证施密特的看法一样，雀巢现有的地位要归功于它所拥有的大量独一无二的产品——其中很多产品都有跨越三代的消费者拥趸。雀巢在管理组织原则中用和施密特类似的话描述了自己的产品策略："雀巢寻求获得消费者的信心和喜爱，顺应和预测消费潮流，并且回应消费者对雀巢产品的需求。"

雀巢的成功秘诀正在于此：150年来，它一直是一个能够准确把握消费者真正需求并用高质量的产品做出回应的公司。

20世纪30年代，由于在奶粉（干燥）领域积累的经验和知识，雀巢在自己位于瑞士的实验室里开发出了速溶咖啡——这成了20世纪食品行业最重要的发明之一。之后，雀巢在干燥技术和食品、生物科学领域中不断创新，并且通过在欧洲和美国等市场的一系列收购合资，获得了在食品制造方面的大量核心技术和产品、品牌优势。

从20世纪80年代开始，雀巢始终牢牢把握食品市场的中长期消费趋势，并且通过产品做出了正确的应对。例如，它早就认识到，营养不良和饮食习惯不佳带来的肥胖在很长一段时间内都将存在于这个世界上，自己必须对此做出反应；当"消费升级""老龄化""城市化""职业妇女""单身贵族""外食一族"等这类新名词和社会现象出现时，雀巢也都抓住了商业机会。

但是，人们选择一个产品或者一个品牌，并不仅仅是因为它的功能和价格。正如市场营销专家们所说，一个品牌一直是所有功能和情感的集合。

从亨利·雀巢时期起到现在乃至未来，无论是从减少婴儿死亡率、与饥饿作战、让更多的人喝上干净的水，还是让人们的膳食结构更合理、让食品更美味，吃起来更方便快捷，保罗·薄凯曾经总结说，雀巢150年来的宗旨都是“致力于推广营养、健康和幸福生活的理念，提高人们的生活质量”。这正是雀巢的标语——优质食品，美好生活（Good Food，Good Life）的真正含义。这种蕴含在产品中的情感基础，才是驱使雀巢能够不断前行，并且不断选择正确的中长期战略的重要原因。

除了对人类自身健康、安全、舒适和幸福度的关注，近十年来，还有一种情感正在随着跨国公司供应链愈发成熟而逐步兴起。

消费者们总会本能地追问那些为自己生产食品的企业：“什么人为我所购买的食品提供了原料？它是怎样被生产出来并送到我的手中的？这些食品除了好吃之外，是不是有利于健康？”这些问题无一例外都与个人的健康与安全相关：人们希望食物的原料来源可追溯，生产过程可控，送到自己手里的时候保持新鲜；也希望它们不但吃起来美味，也对身体有益。

现在，人们提出的这些问题慢慢纳入了新的内涵：他们不但要求产品是安全的，还关心那些为他们生产原料和最终产品的人的生活状况，关注产品生产对环境产生的影响。在市场上，贴有企业社会责任、道德采购、环保标签的商品品类在年复一年地成倍增加，这些产品的销量在不断增长——便是这一消费趋势正在兴起的明证。

从长远看，和食品安全、营养健康、幸福生活一样，“消费者通过自己的选择，来为改善他人的生活和保护环境付费”，这种希望与他人形成多赢格局、创造共享价值的情感趋势也会成为食品世界，乃至整个消费品世界里构成品牌忠诚度的重要组成部分。

只有正确并且精准地回应了这些应用趋势和情感需求，一个企业才能创造出经久不衰的品牌与产品。

回到最初的问题，到了移动互联网时代，雀巢能否继续紧跟食品潮流，巩固自己的市场地位？在中国——这个全球公认的最复杂和最具成长性的市场中，它能否继续保持增长，并且获得更多中国消费者的喜爱？

答案是，这取决于雀巢现在和未来的产品策略。

如果说，人们的口味、需求和食品的供应形式往往反映了社会和经济的发展状况，那么，在当今中国的食品市场上，全球化潮流和细分的市场需求正以前所未有的复杂程度交织在一起。

一方面，中国消费者的口味可能非常固执和传统，追根溯源，这是由于当地的历史、文化、气候和环境造成的；另一方面，因为中国人在食品等各项花费上可供支配的资金在不断增加，他们有着强烈的好奇心，想要尝试一下其他国家和地区的风味食品（这种趋势在营销领域被称为“世界主义”）——这一愿望现在通过电子商务可以被很便捷地满足了。

然而，无论饮食习惯如何变化，人们总是希望自己日常吃的食物更美味、更营养、更健康，获取也能更便捷。

TNS 市场研究公司（Taylor Nelson Sofres）和 XTC 调研机构（XTC World Innovation）在 2016 年的中国国际食品和饮料展览会（SIAL China 2016）上发布了两份研究报告，分别按主要国家、全球五大洲的划分给出了它们对目前食品行业流行趋势的观察。

XTC 的研究结果表明，在过去十年里，人们对食品带来愉悦的要求和对健康的期许都在不断增长。相比对健康食品要求越来越高的北美与欧洲，在以饮食文化多元化著称的亚洲，尽管人们对于食品的健康、营养和便捷性的要求在高速增长，但是对“愉悦感”的要求仍旧很高，占比超过一半。

TNS 的报告则研究了 9 个国家消费者对“吃”的态度。其中一项数据表明，食品安全在全世界都是重要话题，每两个人就有一个人认为食物有风险，而中国人对食品安全尤其悲观——人们对食品的需求既包括追求饮食的乐趣，也强烈希望“质量得到保障”。

如果说衡量一个产品的价值靠的是看它能否满足消费者的需求，那么这些需求是由各种因素组成的，包括质量、口味、方便性、安全、健康、文化含义和伦理道德等诸多方面。而且，这些因素并非一成不变，它们的权重会随时随地发生变化。

因此，在“雀巢”这一品牌下，在中国市场里，如何在产品中以不同顺序和权重放入以上这些元素，如何将它们组合起来，并且在其中注入雀巢的价值观、情感以及文化内涵，就成了雀巢的首要工作。

什么才是真正的潮流？

时至今日，中国市场已经成为全球商业社会中最重要的经济增长引擎之一。中国人口众多，随着居民收入增加，消费者正在不断升级自己的购买力与消费观念，这就为企业带来了很多商机。

中国国家统计局发布的数据显示，2015 年全年，中国的社会消费品零售总额是 30.0931 万亿元，同比增长 10.7%。而其中网上零售额达到了 3.8773 万亿元，已经占总额的 12.8%，同比增长了 33.3%。

中国正处在迅速的消费升级中，关于消费的很多既有观念都发生了重大变化：当中小城市的消费者变得更加富裕时，他们的购买行为可能将与大型城市中的消费者越来越相似；发达城市和地区的消费者也在不断升级购买行为，从单纯注重价格到更强调体验；同时，电子商务的发展也加快了消费需求的变化。

几乎所有针对中国消费者的调查都表明，他们正面临不断高涨的可支配收入、城市化等社会现象带来的生活方式巨变。在这些巨变中，只有能够真正掌握消费趋势变化和消费者心理的企业，才能继续保持自己的品牌价值。

波士顿咨询公司的迈克尔·西尔弗斯坦（Michael J. Silverstein）在和约翰·巴特曼（John Butman）合著的《顾客要买什么》（中国人民大学出版社于2006年10月出版）一书中分析了欧美近些年来的消费者购买趋势。他们认为，消费者行为正逐渐分裂成趋高消费和趋低消费两大阵营。在高端市场，消费者是趋高消费，“他们愿意支付更高的费用购买高品质、高利润且充满感情色彩的商品和服务”；在低端市场，消费者是趋低消费，“他们会挖空心思用更少的钱购买低成本的基本产品，当然这些产品的质量和可信度还要过得去”。

如今这一结论不仅仅适用于欧美市场，在全球化的时代，它几乎成了各个市场的共同趋势。这就给企业带来了通过产品重新寻找自身定位的动力与紧迫感：要么去开拓市场，创造具有独一无二的体验或领先技术的产品，比如乔布斯带领苹果公司开发出了iPhone（苹果手机）和一系列应用，在智能手机市场出尽风头；要么就尽量降低成本，做好价格、质量和服务都有独到之处的基本款，例如在日本经济萧条时期脱颖而出的优衣库和雀巢在中国市场推出的速溶咖啡 1+2。

谷歌的埃里克·施密特说，与之前的资源匮乏时期完全相反，互联网时代的企业实验、失败成本都在下降，因此这个时代的竞争也比以往更激烈、残酷，大量企业都会从趋高和趋低两头依靠创新涌入市场。

可想而知，一旦被夹在中间，让自己的服务和商品成了所谓的“中端产品”，企业就会进退维谷。相比满足消费者趋高和趋低消费需求的佼佼者，它们花在供应链管理和品牌推广上的费用更高，利润通常也都更薄。而且，聪明的消费者对“中端产品”的品牌并没有太深的感情——这些产品未必能比真正做得好的低端产品质量更好。即使是已经身处趋高或趋低消费优势地位的企业，也必须不断创新，因为消费者对“趋高”和“趋低”的概念和具体需求会迅速发生变化。

西尔弗斯坦和巴特曼认定，由于电子商务的介入和全球化的不断深化，消费者面对的选择和掌握的信息越来越多，“消费已经变成了一种寻宝活动”——消费者在不断搜索和比较各种商品和服务。由于健康恐慌、战争、恐怖主义、经济下行带来的压力和家庭社会关系越来越错综复杂，出于不可预测性和不安全感，消费者既要“出高价购买某些产品以加强自己的地位感”，也会节约开支，继续追求“物有所值”“少花钱，多办事”。

在这个趋势中，有一点是确定的，不管是趋高还是趋低消费，“它们的共同点在于，都必须具有重大的功能意义和情感意义”。而且，即使在低端消费的范畴里，也很少有品牌仅仅是凭借低价这一项优势取胜，人们始终对质量和品牌有要求。

相比之下，食品是一个非常特殊的品类，消费者对它有自己独特的情感诉求。

几乎所有大众消费品都可以通过不断的革新实现趋低消费——消费世界的特征就是企业可以无止境地尝试降低成本、改善经营、改进供应链。但是对于任何要被吃进肚子里的产品来说，再怎么创新，“质量”与“安全”都不容有失。无论是购买速食、糖果点心还是带有异国风情的进口食品，无论是体验米其林三星餐厅的美味还是每天光顾小吃店或叫外卖，“食品安全”在全世界消费者心目中都是排在第一位的。

TNS 在 2015 年所做的市场调查显示，如今每两个人里就有一个人认为饮食有风险，而中国人对食品安全尤其悲观，有 93% 的人认为饮食有风险，可能损害健康（在美国这一数字仅为 39%）——多年来发生的食品安全事故已经使得中国消费者对食品企业的信任感严重受损了。

因此，在中国，确保产品的质量和安全是消费者对企业提出的第一要求。相比价格、产品花样翻新等因素，中国消费者越来越倾向于根据品牌的可靠性、连贯性和信誉来做出选择。

食品安全是第一位的

汉穆·茂赫、包必达和保罗·薄凯不约而同地这样描述过雀巢的生意经：“消费者喜欢（雀巢的）这些产品，绝对不仅仅是因为功能，也因为它们感情上的特质。”

这几位 CEO 都认为，用长远的眼光看，“在食品业中，良好的品牌本身就是财富与价值”。

雀巢在中国市场一直以健康、营养、安全著称，这与它在中国的独特发展历史有关。1990 年，雀巢在中国最先建厂生产和销售的是婴幼儿配方奶粉，之后，雀巢生产和销售咖啡和其他非乳品饮料、汤料和调味品，然后是巧克力和糖果等产品。因为有婴幼儿奶粉和营养品打头阵，在中国市场，从一开始，雀巢就拥有一个质量可靠、营养、温暖、安全和健康的品牌形象。

这个形象后来被证明对回应中国消费者的感情诉求有奇效。

就拿巧克力市场举例来说。在 1996 年，雀巢开始在中国建巧克力生产厂，并开始了和好时、玛氏、费列罗、吉百利四大巧克力巨头的同台较量。一位资深食品行业职业经理人劳伦斯·阿伦（Lawrence L. Allen），亲历了这场延绵十几年的巧克力市场争夺战。他评价说，雀巢在这场竞争中的竞争力不仅仅来源于巧克力产品本身，更重要的原因是它的产品涉及范围很广，“有满足消费者健康和营养需求的能力”。

雀巢的这一品牌优势正是所有食品公司求之不得的。要知道，为了让形象更为健康，卡夫曾经千方百计地要跟拥有自己股份的菲利普·莫里斯公司（Philip Morris）脱开干系，因为后者生产和销售万宝路香烟——烟草商的品牌形象对食品企业来说毫无助益，甚至在一些领域还拖累了卡夫的表现。联合利华也一直希望能将自己作为食品生产商跟日化企业的形象彻底区隔开来，以免给消费者带来认知上的混乱。

然而雀巢的这一天然优势也是需要用一点一滴的努力去巩固的。

“雀巢最珍贵的财富就是来自消费者的信任，”保罗·薄凯在一次采访中说，“建立信任的过程非常漫长，需要一天一天积累。但它又是非常脆弱的，很容易失去，在一个透明、开放的数字化世界尤其如此。”

他所言极是。2008年，中国消费者对乳品企业的信心和感情在“三聚氰胺事件”中遭受重创便是一个例子。这一事件几乎完全改变了中国原料奶生产和乳品加工行业的生态，两者到现在都没有完全恢复元气。

珍视消费者的信任，维护他们的“安全感”，这一切具体体现在产品中，便是企业在自己的质量体系和食品安全上的投入、对此所持的态度与所作所为——对雀巢来说，这一直是它的核心竞争力之一。

“食品安全和合规不可妥协”

数字不会说谎，从对食品安全的投入上，往往就可以看出一个公司对食品安全的重视程度。

“整个雀巢大中华区有大约1200人在从事和质量管理有关的工作，”邸雪枫说，“粗略估算的话，雀巢质量管理的成本占到了产品总成本的1%左右。其中，一些生产比较敏感产品的工厂，质量管理成本的占比会更高。”

以拥有雀巢大中华区最庞大的质量保证部的双城工厂为例，这个工厂有1000多人，其中质量保障部门就有近100人，占到了工厂总人数的十分之一。双城工厂生产成人奶粉、谷物食品和婴幼儿配方奶粉，涉及雀巢内部对质量和安全最敏感的产品——另外一家苏州惠氏营养品工厂在质量管理上配置的人力物力也与之类似，甚至有过之而无不及。

在双城工厂，从原料收集、生产到最终产出产品，雀巢对整个过程的管理极为严格。奶站向奶农收奶时，双城奶农送来的鲜奶首先会由奶站工作人员进行感官和新鲜度等几项指标的快速检测，一旦被接收就会立刻被封存入储奶制冷罐进行保存（保存温度为 4 摄氏度）。无论是通过奶站收奶还是后来转型为直供牧场，雀巢对原奶的质量和安全要求都极高，原奶要通过全程保鲜的运输方式在 2.5 小时内送达工厂——它们必须在工厂的中央实验室经过极为严格的检测，确保质量合格后才能被雀巢正式接收。

由质量保证部负责的第一道防线，就是要解决原奶是否新鲜、有无抗生素残留和是否有被掺假等问题。雀巢双城工厂有 4 个实验室，负责从原料和包装材料，到生产线上的成品和半成品的微生物指标、物理化学指标等的检测。双城工厂质量保证部项目经理马世杰说，实验室已经能够做到在 30 分钟内完成对原奶的全项检测，让合格鲜奶尽快进入工厂内的制冷罐（这个反应速度在牛奶易变质的夏天尤为重要）——考虑到双城工厂每年要收购约 30 万吨牛奶，实验室每天的工作是相当繁重的。

随后，在从干燥塔生产到包装的整个过程中，质量保证部还要建立起第二道防线，随时监控生产环境，实验室会根据对整个过程中近 60 个取样点循环取样的化验结果（例如微生物与致病菌等），来确保生产环境和设备的清洁与稳定运行。最终，当产品下线，进入成品检测的程序后，之前进行的所有检测至少会积累近百项检测结果——只有所有这些结果完全符合要求，质量保证部才会最终做出让产品“走出工厂”的放行决定。

然而，这还并非质量保证部工作的终结。他们的防线还延伸到了工厂之外，对雀巢自己的仓库和经销商仓库的仓储条件、运输车辆的状况、运输过程中怎样防止和处理产品瘪罐、漏袋等这类情况也都要加以严格管控。

如今，在雀巢内部，质量保证部设下“关卡”有两道：一方面，中国政府对食品安全越来越重视，逐步完善了对乳制品检测流程的控制，制定了严格的国家标准（以下简称国标）；另一方面，雀巢内部对产品在营养、安全和健康方面也有诸多不容妥协的要求。一个产品要想被放行，必须同时满足国标和雀巢内部标准。

“我们对产品有两个基本要求，就是保证食品安全和合规，这是所有雀巢工厂和各个单位必须做到的重中之重。在符合国标这方面，任何人在雀巢都没有讨价还价的余地。”邸雪枫说，“假设雀巢全球有一些很好的产品可以进口到中国来，这个产品在一些营养素指标上符合雀巢内部或国际标准，安全性没有问题，但是如果不符合国标，也绝对不允许进口。

“在质量和食品安全领域，我（作为质量保证部的人）所做的关于产品的决定，没有人会去试图改变或变通。

“如果发现检测结果或者流程上存在任何疑问和不确定性，质量保证部（对产品是否能出厂）绝对有一票否决权。”

质量保证部的态度和雀巢企业管理原则中谈及质量的部分是一致的：“一直以来，产品安全和质量，以研发为基础的创新能力以及强大的品牌是雀巢工作的重点。”在很多场合，雀巢的管理者都会直截了当地强调质量保证部门的权威性。对质量的要求也被明文写入了雀巢的文化和价值观中，雀巢对员工的要求是，“有对工作道德、正直、诚实和质量的坚定承诺”。

所有的质量保证部成员，乃至整个雀巢的员工，在不同场合谈到质量和合规时的态度都是与上述观点一致的。

马世杰说：“做质量管理的人都有这种在产品质量上拥有‘一票否决权’的职业责任感。”在食品企业里，只要涉及质量问题，事无大小，安全第一。就拿双城工厂对原奶的检测来说，如果奶牛生病了去畜牧站打针治疗，奶农违反规定没有等抗生素降解排出就挤了奶送进运输的冷藏罐，就会导致原奶中出现抗生素残留。实验室一旦查出，质量保证部的有关负责人就要立刻做出决定，把有关的原奶报废掉。

“在奶站收奶的时候，一位奶农可能只交了十几斤（抗生素残留）奶，但是一旦装进冷藏车和其他人交的奶混在一起，少则 5 吨多则 8 吨牛奶都会受影响。一查出某些指标超标，一吨奶价值 3000 多元，整车报废的话（工厂）一下子就要损失几万元钱。”马世杰说，“但是，如果只顾着心疼眼前这一两万元，让雀巢砸了牌子，给吃我们产品的消费者带来伤害，那得是多大的损失？”

在这些问题上，他和同事们获得了厂长陆明无条件的支持。

“因为三聚氰胺事件，国家进一步加强了监管，把各个部委关于婴幼儿食品的标准进行了整合，最终出台了一个强制性的食品安全标准。婴幼儿食品的放行指标已经非常严格了，”雀巢双城工厂法规部主任张美群说，“过去的放行指标只涉及 20 多项，到 2010 年已经变成了 64 项。对于所有的婴幼儿奶制品生产企业来说，这都是面临巨大改变的一年。”这样一来，每个企业的质量检测部门都必须扩大规模，不但要购入更多的检验设备，还要招聘更多的人。

“2010 年，双城工厂仅实验室就扩招了近 40 人，还买了千万元级别的检验设备。再往后，整个双城工厂质量保障部与实验室的规模变得越来越大了。

“但只要是涉及质量和食品安全的费用，厂长从来都没有犹豫过。”

张美群在双城工厂工作了 20 多年，她眼中的历任厂长只要遇到和质量相关的问题，“不但会认真去推动，还特别重视早期的风险预警”。

“雀巢在产品质量和保证员工与消费者安全这两件事上是不会妥协的，”厂长陆明说，“我们每个人都要在自己的职位上为此做出努力。”

广州五羊的质量保证部经理魏穗芬也说，如果产品质量不合格，她有权拒绝一个批次乃至更多的五羊甜筒或其他冷饮出厂——幸运的是，在她的职业生涯中还从未遇到过这种事。五羊的每条甜筒生产线 24 小时开足马力可以生产 5 万箱即 60 万支甜筒，可是一旦出现质量问题，花费多少都不足以妨碍质量保证部经理做决定。

五羊甜筒（传统花生味）

魏穗芬的这一认知既来源于她的“师父”，五羊前任质量保证部经理等人的言传身教，也来源于整个雀巢和五羊的企业管理氛围。魏穗芬在雀巢质量保证部的顶头上司邸雪枫，还有雀巢冰激凌及冷冻食品业务单位副总裁欧阳凯都曾告诉她，质量和食品安全是雀巢原则性的底线，不能触碰。欧阳凯说，如果有一批产品涉及质量问题，质量保证部说不许出厂，“谁也不可能要求我特批，让它‘过关’”，“在雀巢，质量保证部的权威是不容挑战的”。

这种“权威”其实和世俗的权力感毫无相似之处。它不会让质量保证部的员工们产生飘飘然的感觉，相反，他们中很多人会用“如履薄冰”来形容自己的工作状态。

“在这个岗位上，权力越大，就意味着担的责任越重，”魏穗芬说，“我们得对消费者负责。”

质量是生产出来的

如果就此认为，雀巢产品的质量和食品安全是完全靠质量保证部这一个部门严格检查出来的，那就大错特错了。

被问到质量和食品安全问题，雀巢的员工们几乎是异口同声地说：“质量是生产出来的，不是检测出来的。”

“我们一直强调要建立一个健全完善的质量管理体系，这个体系必须涵盖整个产品链，”邸雪枫说，“从原料和供应商开始，到最后把产品送到顾客手中，这条供应链中的每一步都要有质量控制。”

“这个工作的最大特点就是要防患于未然。到最终的产品端去抽样检测只能算是一种验证，证明前面的工作到底有没有出问题。”

从创始人亨利·雀巢开始，雀巢就有很强的质量管理意识——因为它一开始制造的食品就和婴儿的健康有关，安全意识已经根植于雀巢的基因中。到20世纪80年代，因为雀巢将供应链视为自己的核心竞争力，生产工厂遍布全球，内部的质量管理体系已经成为公司的一大特色。

这一体系的存在与发展包含了三重含义：一是确保食品在产品质量等各种指标上，在销售生产所在国的任何标准检测下，都能够符合要求，让消费者能够放心食用；二是让工业化制造的食品在口味、功能和便捷性等各方面保持稳定；三则通过这一体系建立起一条零缺陷，或者说随着环境变化不断创新和进步的供应链。

“雀巢的质量管理体系既包含了瑞士总部制定的指导性原则，也包括落实到每个市场严格执行的具体办法，”烹饪调味品质量保证负责人黄珺来说，“这样才能确保雀巢生产出来的食品，在全球每个角落的质量都是一样的。”

在他负责的业务单元中的明星产品——美极鲜味汁就是这样一个典范，如果不是特意为当地顾客做了口味上的调整，无论在欧洲、非洲或亚洲，消费者尝到的美极鲜味汁的味道与质量应该都是一样的。

作为双城工厂的质量保证部负责人，马世杰在这个体系中工作了 20 多年，他这样描述雀巢的质量管理体系：从覆盖范围和功能上看，这个体系要从原料开始保证它们的合规，并且在生产和前期准备过程中，在物理、化学、微生物、致敏源等方面控制生产中潜在的危害因素；同时，它要保证生产工序的可操作性和一致性。从结果上说，这个体系既负责出厂前的产品质量审核，也对产品出售后送到消费者手中的过程进行监控，还会对新产品进行质量评估，来保证产品品质的稳定。

质量保证部的这一系列工作方法都有据可循，或者说背后都有严密的理论和标准体系支撑。雀巢内部遵循国际通行的 ISO22000 食品安全管理体系标准，这个标准可以与雀巢在生产中采用的其他管理方法相整合，例如 HACCP（Hazard Analysis and Critical Control

Point，危害分析和关键控制点）、GMP（Good Manufacturing Practices，生产质量管理规范）等——除了这些食品企业常用的质量管理方法，已经有 150 年生产和销售历史的雀巢也有极其丰富的经验积累。

黄珺来是学医出身，他喜欢用医学与之进行类比。“雀巢做什么事都是从根本上来控制的，如果原材料采购、生产和仓储等各个环节都按照规范来做的话，从理论上讲，我们不用太担心最后会生产出残次品。成品的检测只是为了验证前面的管理体系是不是出了什么问题，要怎么持续改进。这就跟你平时的生活方式很健康，那么生病就是小概率事件一样（不考虑基因突变等特殊情况）。”

“当然，人不会永远不生病，所以要有医院，医生也要帮你解决一些小毛病，我们在质量保证部做的工作就是遵循这个原理。”

在食品安全上，除了严格的现场管理，雀巢还有一个强大的优势在于，它有一个行之有效的风险预警机制，可以在短时间内调集和协调全球资源应对出现的问题。

2014 年，雀巢在北京正式成立了食品安全研究院。按照时任院长华德曼（Christoph Hartmann）的说法，这个研究院是“全球独一份”。食品安全研究院的工作包括了对食品行业发展的风险评估、早期预警和科学研究——研发人员在中国与当地大学和研发机构展开了合作。由于中国正处于不断完善食品安全科研和法规制定的阶段，雀巢也通过这个研究机构将自己在食品安全链条上的一些经验分享给了中国同行。

北京的食品安全研究院与雀巢全球的 25 个质量保证中心以及所有的研发中心都是联网的。“雀巢全球有一个 150 人的风险预警专家团队，这些人来自全球各个市场。在瑞士的雀巢研究中心里，还有一个由15人组成的风险预警核心团队。驻扎在当地市场的风险预警专家们每个月都会跟这个核心团队有一次交流，通报各地近期发生的食品安全问题，”华德曼说，“这就保证了雀巢能对最新发生的食品安全事件保持警觉。”

就拿2013年发生的“双氰胺事件”举例来说，当时新西兰最大的乳制品企业新西兰恒天然集团的牛奶和奶粉中经检测发现了少量双氰胺残留。“双氰胺是一种低毒化学物质，存在于化肥里，是用于促进牧草生长的，牛吃了没有代谢完的牧草，双氰胺就会残留在牛奶里，”雀巢食品安全研究院科研事务专家蔡贞贞说，“我们在瑞士的团队、北京研发中心和雀巢中国的质量保证部马上就从雀巢的全球风险预警网络中得到了这个信息。”

瑞士的雀巢研究中心立刻从毒理学和安全风险等方面对双氰胺进行了评估。雀巢北京研发中心则开始改进牛奶检测方法。雀巢工厂的相关负责人则把这些资料传递到了当时雀巢收奶的终端单位——奶站，由他们将信息传递给奶农。

“我们花了5天时间，找到了检测牛奶样品中是否存有双氰胺残留的方法。但这个检测方法是在实验室开发出来的，要达到工厂水平的应用还需要验证——因为工厂的操作环境与实验室相差很大。

“当时，是新加坡的雀巢质量保证中心的研究人员同时在做这个检测方法的验证工作。”蔡贞贞说，“从‘双氰胺事件’发生，到雀巢最后能在全球各个工厂里用一种通用的方法去检测双氰胺，只花了两周时间。”

还有一个风险预警机制带来好处的例子则和“瘦肉精”有关。

就在 2011 年“瘦肉精”闹得沸沸扬扬时，雀巢已经在两年前就从其他区域市场发生的食品安全事件里得到了警示，在自己的产品中增加了对“瘦肉精”的检测。

“这种全球资源和信息的共享与协作，会让我们对质量与食品安全事件的反应速度比各个实验室单打独斗要迅速、有效得多。”蔡贞贞说。

雀巢的质量管理体系在它的每个自有工厂中都在井然有序地运转和发挥作用。同时，它的各项标准和操作方法也被分享给了自己的合作伙伴，慢慢移植到了它们的生产和管理体系中。

要建立一个有效的质量管理体系，需要大量知识和经验的积累。最重要的一点是，这个体系要能将真正有效的知识沉淀出来形成实践的方法论，并且确保它们的执行到位和不断更新——这一点，在雀巢中国对合资企业的质量管理上也有所体现。

2011 年，雀巢在购得厦门银鹭食品集团 60% 的股权后，黄珺来就和银鹭食品的同事分享了雀巢质量管理体系的方法论。就拿原料检测举例来说，银鹭最著名的饮料之一是花生牛奶，其中花生的黄曲霉素含量必须符合国家和雀巢的两重标准，这是花生牛奶质量控制的重点之一。

“标准就放在这里，但具体到怎么检测，其实涉及很多方法和成本控制的问题，”黄珺来说，“通常，企业采购一车花生，如果只在这一车里找一个点取样检测，就算实验室检测出来没问题，也并不能代表这一车花生都是合格的。”

这种疏漏，是目前有些食品企业尽管有质量监控体系，也做了检测，但产品还是屡屡被爆不合格的原因之一。

在和雀巢合作之前，银鹭也有自己行之有效的质量检测手段，黄珺来则带来了雀巢质量管理体系的方法论。

“雀巢目前的做法是，在一车花生里平均、立体地从不同方位选择 9 个点，每个点至少取样 200 克花生——取样的量和方法要随着车载重量的不同来调整。然后，实验室的质量检测人员先将 9 个点的部分样品混合起来检验黄曲霉素，一旦出问题，就可以通过排列组合和排除法，推断出到底哪个取样点出了问题——这种方法是在细化检测的基础上尽量节省成本的典范（如果每个点上的样品都要测一次，成本又太高了）。

“这些经验和做法其实都是雀巢从长期生产中总结出来的，”黄珺来说，“它们也不是一成不变的。我们和国际上的一些花生组织、食品企业一直保持交流，如果全球检测技术和方法有所更新，雀巢也会随之改进。”

银鹭在原料采购和检验方面，已经吸取了雀巢方法的长处，并且一直沿用至今，不断改善。

“安全”链条是如何铸就的

由于雀巢的质量管理体系强调的就是从食品生产的每个步骤进行风险控制，这样就必然会使得它的供应链越来越趋向透明、可回溯，并因此催生一些雀巢特有的商业模式。

雀巢在经营和生产上的一个重要特色是“本地化”：工厂为其所在国或地区生产产品，尽可能地使用本地原材料和雇用本地员工。在不少国家，雀巢都精心建立了一条从田间生产到消费者餐桌的完整食品供应链。这条供应链不但包含企业通常所进行的采购、生产和分销环节，也包括大量安全、高质量的种植和农业社区的可持续发展。

“一般来说，食品安全丑闻大多源于在供应链上缺乏良好的控制和信息不对称，”雀巢集团农业部门的负责人汉斯（Hans Jöehr）说，雀巢理想中的供应链是透明、公开和可追溯的，“当消费者问我们产品从何而来时，我们可以迅速公开地追溯产品信息，告诉大众关于这个产品他们想知道的一切。这样一来，消费者很容易就能做出购买的决定。”

在整个原料种植和产品生产的过程中，雀巢也希望能够通过科学管理和新技术应用，尽量控制成本和减少对环境的损耗。

所以，雀巢农业部门向自己的原料产地派出农业和畜牧专家，为当地农户提供大量实用的技术指导，以提高他们的种植和养殖水准——通过专家的努力，雀巢能够在原料产地稳定地维系着一个高质量、生产可追溯和健康的农业社区运作。汉斯说，雀巢正在咖啡、牛奶、花生、糖、鸡蛋、鸡、谷物、棕榈油等农产品上逐渐实现这一设想，其中咖啡和牛奶的供应链是最为成熟的。

目前，雀巢在中国的三个奶制品工厂——黑龙江的双城工厂、山东青岛的莱西工厂和内蒙古额尔古纳的呼伦贝尔工厂，全部采用了雀巢特有的“工厂＋奶源基地”模式。2016 年，雀巢的“奶源基地”从奶站向散户收奶的模式完成了向“直供牧场”这类规模化经营的转型。直供牧场让原奶的质量变得更为可控了。

而在云南普洱，通过驻扎在当地的咖啡农艺服务部的努力，雀巢逐步实现了以小农户（种植面积小于 50 亩的）供应商为主的商业模式。2006 年，这一模式就能满足其质量管理体系的要求，让粗加工咖啡豆的来源可追溯了。到2015年，云南咖农提供的所有咖啡豆都已经通过了国际通用的4C认证，粗加工咖啡豆的安全性、质量都提高了。

在质量管理，或者说“安全第一”原则的驱动下，除了在供应链上可能催生出新商业模式，通过不断地检测、比对、差距评估和反馈，雀巢的质量管理体系所提供的数据和意见，不但会推动公司内部管理不断完善，也会将雀巢的质量标准传递给供应商。

雀巢在生产过程控制中使用的HACCP，这是食品行业内一种常用的质量管理工具。每次工厂计划生产一个新产品，质量保证部都会和生产部、工程部根据有关的知识经验储备，事先对生产与出厂流程从头到尾分析一遍，做好风险评估，找出每段流程里哪个控制点是最关键的——这些关键点上的操作不容有失，否则生产就要受到影响。

“对食品制造来说，防止异物出现通常是一个比较关键的控制点，”魏穗芬说，在食品业，很多投诉都是因为消费者吃到了异物，“如果消费者吃到金属异物，在食品厂就算是很严重的事故了，因为它可能会划伤人。”

食品中的金属异物很多是从原料，比如糖中来的，食品厂商一般都会对此做好预防措施，在初期原料筛选的流程里放置磁棒（磁棒会吸附金属）去除杂质，在成品检验的过程中用X光机和金属探测器检测掺入金属异物的次品。但是，在质量管理人员眼中，控制质量的关键不完全在添置磁棒或金属探测器上，而是要将其视为关键控制点，随时注意糖或者其他原料中杂质被磁棒吸出数量的变化，还有成品中金属异物出现频率的变化。

“质量管理的要诀就是，一旦在关键控制点发现异常数值波动，即使是在安全范围内，也说明这一段流程的设计或者操作存在潜在风险，”黄珺来说，“其实出现数据波动并不可怕，只要按照逻辑去检查和推断出现问题的原因，消除风险就好了。”很多质量问题都是管理者对各个关键控制点上的数值波动（在安全范围内）视而不见或者抱有侥幸心理，最终隐患积累到一定程度大爆发导致的。

“五羊甜筒到最后出厂时还有一个金属探测器在把关。”魏穗芬说，生产线上的金属探测器的灵敏度很高，会把其中含有异物的甜筒“踢”出流水线，但做质量管理显然不能寄望于全靠仪器检测找出残次品，“如果这么做，那就证明前面的流程是失控的，我们的做法是寻找隐患的源头，从一开始就要控制住。”

就拿糖中的异物来说，如果在一段时间内磁棒吸附的金属异物数高过以往，质量保证部就会和采购部一起，追溯这一批糖的来源。

“很多国内的糖厂是那种大型传统企业，有时设备比较陈旧，管道不是不锈钢而是铸铁的，运行时间长的话，管道内的焊渣或者杂质就可能会掉下来跟糖混在一起，”魏穗芬说，“真出了问题，雀巢的供应商质量审核员要去实地看一下供应商的生产环境，做出自己的判断。有时候，我们就会建议供应商自己做一些变革来控制风险，比如添置金属探测仪器。”

添置 X 光机、金属探测器这样的机器设备，毫无疑问会给企业增加成本，对一个处在激烈竞争环境中的食品原料供应商来说，它们是否真的愿意按照雀巢的要求来做？

从理论上讲，作为全球最大的食品生产者，雀巢有规模采购的优势，可以说服那些有长远眼光、资质出色的供应商对设备或者生产流程进行更新，提高质量降低成本，并且和雀巢建立长久、紧密的供应关系。但实际上，采购人员说，想带动供应商进行设备改善并不容易——雀巢对很多原料要求特别高，很多采购的产品一旦细分下来算，采购量并不大，“也有供应商不想给自己‘找麻烦’，宁可不做这个生意”。

比如，雀巢在全球都要求在食品里使用天然色素和天然甜味剂，对香精的要求很高，如果工厂要做一种口味特殊的新产品（对某种色素或特殊原料的需求量可能很小），对采购部来说，“要及时找到一个价格合适又符合雀巢质量要求的供应商的难度很大”。

“就拿糖类来说，雀巢在婴幼儿食品里使用的糖比在普通产品中使用的标准要高很多，而且采购量并没有外界想象得那么大。”雀巢大中华区集团采购部副总裁李申说，为了保证质量，雀巢在中国市场使用的有些糖要从韩国进口。

很多关键的原料，如果外购的质量不能保证，雀巢在反复权衡后可能会转为自己生产。比如，五羊甜筒使用的蛋卷外壳一开始是外购的，“蛋卷里出现过异物，一有投诉我们就会回收整批货，尽管供应商也有所改善，但这是非常关键的一个原材料，再加上五羊甜筒的销售量上升得非常快，我们最后决定投资设备由五羊自己来做。”欧阳凯说，五羊人现在对工厂中新建的 7 条蛋卷威化生产线非常自豪——这些酥脆、外观漂亮、高质量的蛋卷不光是五羊甜筒的卖点，也会供给天津冰激凌工厂用来生产雀巢花心筒。

“无论如何，对于采购来讲，我们最重要的原则就是合规。”李申说，价格固然重要，但是如果原料质量不合格，供应商无法或者不愿做出改善，质量保证部和采购部会一起商议是否换掉供应商。毕竟，食品安全和质量对雀巢来说是最重要的事。“如果供应商在商业道德或者质量上出现弄虚作假的情况，一旦被发现，那就无论如何都不能再合作了。”

雀巢的质量保证部和采购部会在进行供应商审核时协调行动，在邸雪枫管理下的质量保证部在总部有一个 11 人的小组专门负责供应商质量审核（CSQA，China Supply Quality Assurance），他们在各个工厂的质量保证部也逐步培养了一批能够协同行动的审核员——魏穗芬就在 2015 年刚刚通过这一资格考试。

雀巢在选择供应商时，除了要求质量与诚信，和其他跨国公司一样，也会要求对方符合当地政府的要求，履行起码的企业社会责任。同时，雀巢认可和鼓励供应商在创新、创造性以及确定新业务提案时所起的作用，它认为这能“提高双方公司的价值和促进双方的成长”。

“我们确实多多少少通过采购和质量保证部的审计，也把雀巢质量管理体系的标准传递给了供应商。”李申说，从某种程度上看，这也算是一种创造共享价值。

有很多目光长远的供应商会正面看待雀巢在质量上的“挑刺儿”，为了应对越来越激烈的市场竞争，它们也想要逐步提高质量管理和生产水平。雀巢确实对质量要求很高，但它采购的过程讲究公平、透明、符合商业道德，也愿意共享很多管理知识。“有些供应商对我们的质量管理有兴趣，采购部门和质量保证部都会推荐他们到雀巢工厂里去作交流。”李申说。

健康、营养和美味冲突吗?

所有的食品企业都注意到了近十年来消费者的变化：除了对食品安全的重视，人们对食品带来愉悦的期许越来越高，对健康和便捷性的要求也在不断上升。

无论是在中国的高消费区域还是中小型城市，大家对于“吃得好”的共识也已经逐渐达成统一：不光要满足口腹之欲，还要追求营养和对身体有益。确保“膳食平衡”，追求更有质量的健康生活，成了人们津津乐道的话题。

但在一般人的概念里，“好吃”和“健康、营养”这两点，似乎经常是矛盾的。

“吃好吃的和有滋味的食物总要冒点险。”纽约法式餐厅Brasserie Les Halles的执行厨师长、畅销书作家安东尼·伯尔顿（Anthony Bourdain）曾经在他的《厨房机密：烹饪深处的探险》（生活·读书·新知三联书店出版社于2004年1月出版）里断言。连这位酷爱美食冒险的大厨都承认，自己只要一看到高胆固醇和高脂肪含量的美味食品，就会浑然忘我地大吃特吃，把什么无糖低脂、减肥健身，还有世界卫生组织和美国卫生与公共服务部膳食指南里的忠告全抛到九霄云外。

从某种程度上看，安东尼·伯尔顿是对的，一个人要兼顾营养和热量摄入，似乎就不大可能吃得畅快淋漓。

就拿中国人喝咖啡的口味举例来说，雀巢的所有市场调查都表明，中国消费者喜欢在咖啡里大量加奶加糖，所以雀巢才会针对中国市场开发出了奶味浓郁的即饮咖啡饮料“丝滑拿铁”。谁都知道，牛奶和糖的含量越高，这种“丝滑”的感受才会越令人陶醉。巧克力和冰激凌也一样，这类食品都能给人带来愉悦感受，但如果要减少或者替换掉其中的糖和脂肪，口感就没那么好了。

然而，负责任的食品公司不能像顶级大厨或者普通人吃东西那么任性，加工后的食品里如果营养素不够，脂肪和糖的含量过高，大量摄取就会损害消费者的健康，也不符合雀巢内部对食品营养均衡的要求。因此，研发人员需要煞费苦心地调整咖啡、巧克力这类食品的原料和配方，在口味和营养之间取得一个平衡。

“在雀巢内部，NF（Nutritional Foundation，营养基础）已经成为一个非常重要的指标，我们对每个产品都有关于NF的标准，新产品——尤其是针对12岁以下儿童的食品，只有达到这个标准以后才能上市，”雀巢中国研发中心总经理连慧萍说，“那些历史悠久，在雀巢内部提出NF标准之前就卖得很好的产品，比如巧克力、糖果或饮料，也在不断地按照这个标准进行改进。”

雀巢大中华区营养健康总监贾梅所在的部门负责推动NF标准的执行。事实上，在每做一个新产品之前，研发中心和这个部门的人都会坐在一起开会。贾梅和同事们会为产品研发人员提出NF达标的要求，并且帮助他们确认究竟在哪些指标的指导下开发新产品。

近些年来，世界卫生组织发布的最新健康膳食建议都在强调：由于加工食品的产量增加、快速城市化和生活方式的改变，人们的膳食模式已经发生了很大转变。2014年，据世界卫生组织估算，全世界有39%的18岁（含）以上成年人（男性为38%，女性为40%）超重，全球肥胖人口有6.71亿，他们中超过半数生活在美国、中国、德国、印度、俄罗斯、巴西、墨西哥和印度尼西亚等10个国家。

世界卫生组织警告说，这些年来，人们吃了太多含有高能量、高饱和脂肪、高反式脂肪、高糖或高盐/钠的食品，但对水果、蔬菜和膳食纤维类食品，如全谷物，摄入不足——要想保持身体健康，现代社会中的绝大多数人都必须逐渐调整饮食习惯。

“世界卫生组织在2013年发布的食盐摄取指南里建议，成年人每日食盐摄取量不要超过5克，但目前中国城乡居民平均每人每天吃掉的食盐量是12克，中国人吃得太咸了，”连慧萍的同事，奶品及营养品开发部门的王军宽博士说，“尤其当你在外面吃饭的时候，盐和油的摄入量都很难控制。”

这样一来，作为负责任的食品供应商，雀巢承诺会通过在降低产品所含糖分、盐分和饱和脂肪的同时，增加维生素、矿物质和全谷物等较为健康的营养素来改善产品营养结构。

“针对蛋糕、糖果、冰激凌这些脂肪、糖、钠含量较高，又特别受大众欢迎的产品，雀巢内部还有特别的限制，”贾梅说，“另外，各种饮料里的含糖量也是需要控制的。”

同时，由于维生素和矿物质这样的微量营养素在日常膳食中含量较少，分布不均匀，或在人体内需要代谢转化，人们往往在不知不觉中就会缺乏某些营养素——这些缺乏累积下来就会对健康产生影响。目前，大约有20亿人（超过世界人口的30%），存在必需维生素和矿物质缺乏问题。健康专家经常将微营养素缺乏症称为“隐性饥饿”，因为大多数受其影响的人不会表现出明显的身体症状，并因此可能意识不到自己缺乏某种微量元素的状况。

但是，隐性饥饿可能会带来灾难性后果，它会导致智力迟钝、体质不佳、生产效率低下，甚至在严重的情况下会导致死亡。即使是轻度到中度的缺乏也会影响人的健康和发育。世界卫生组织已将膳食纤维素列为人类的第七营养素，这就要求人们多吃全谷物、水果和蔬菜。按《中国居民膳食指南（2016）》[①]推荐来看，中国人每人每天至少应该摄入200克水果，“在这方面，如果算平均值，我们肯定也是远远不够的”。

“所以，从研发初期开始，雀巢对一些产品就有特别的要求，”连慧萍说，“比如说，我们对乳制品、麦片里的钙含量，早餐谷物里膳食纤维的含量都有更高的要求。”

很多食品都是搭载日常所需营养素的良好载体，通过食物强化来解决微量营养素不足（比如缺碘、铁、钙）问题已经成为食品企业和世界卫生组织采取的常见手段。比如，铁缺乏目前是全球三大微量营养元素缺乏之首，不同年龄段的缺铁儿童面临着大脑发育迟缓、免疫力降低、生长不良的危险，成年人也会因为缺铁而导致严重贫血。中国疾病预防控制中心中国食物强化办公室一直在推广铁强化酱油就是一个很典型的例子——有超过20家企业在与政府一起推动铁强化酱油的销售，从而使5000万目标居民中的贫血率三年内平均降低了30%。而雀巢通过在自己销售的块状浓缩汤中添加营养物质，已经让西非国家科特迪瓦的缺铁性贫血率降低了5%~8%。

在雀巢的经典产品里，除了调味品，牛奶、酸奶、早餐谷物等

---

① 《中国居民膳食指南（2016）》指2016年5月13日由国家卫生计生委疾控局发布的，为提出符合我国居民营养健康状况和基本需求的膳食指南建议而制定的指导意见。——编者注

都可以用来作为营养素的载体。“消费者其实对通过奶制品补钙已经习以为常了，还有一个适合用来强化人们对铁、钙和维生素 B 吸收的好东西是麦片，”贾梅说，“作为早餐食品，吃麦片的人可能是办公室白领、上学的孩子或是中老年人，覆盖的人群范围非常广。”

随着消费者越来越重视健康早餐，雀巢的研发人员发现可以让麦片承担更多营养和健康的“责任”——雀巢的麦片类食品销售确实也出现了很高的增长。

而随着中国步入老龄化社会，雀巢针对中老年人研发的产品，例如添加进口植物甾醇酯、进口鱼油提取物和强化钙吸收的雀巢怡养老年奶粉系列，也即将迎来一个业绩稳定增长的“热卖期”。

“其实，就在过去几年里，雀巢成人品类的产品都迎来了非常可观的增长，”雀巢流通食品部渠道及品类销售发展总监李文说，“在整个消费大势遇到瓶颈时，中老年奶粉系列、麦片这样的产品保持了健康的增长，这是很不容易的。”

NF 标准其实已经成了雀巢在研发创新时最强劲的推动力之一。

举例来说，就在 2016 年年底，雀巢的研究人员借助天然成分，发现了一种特殊的糖分构造方式。这一发现意味着即使巧克力和糖果中所含糖分大大降低，消费者感受到的甜度也和之前几乎完全一样。

雀巢可以凭借这个研究成果，在保持糖果产品口感的同时，大幅降低食品中的总糖量。“这项突破性研究有可能将我们的糖果产品的总糖量降低 40%，”雀巢首席技术官斯蒂芬·凯茨凯斯（Stefan Catsicas）说，“我们探索出了一种使用传统天然成分的全新降糖方式。”

一旦申请专利成功，雀巢会迅速将其运用到生产中去——比如，他们很快就将推出减糖糖果。当人们在和肥胖作战，同时又不愿失去吃糖的满足感时，这一研发成果可能是划时代的。

而对于一线的销售人员来说，雀巢品牌和产品中蕴含的"质量""科学""健康""营养"及"创新"元素，才是最好的市场推广。

"我们曾经邀请经销商去瑞士总部参观研发中心，有机会也会让消费者了解这些产品背后的运营和生产过程，"李文说，"合作伙伴和消费者对雀巢的产品质量和技术研发能力有信心，这就是雀巢最大的吸引力。"

好吃"+"营养

2015 年，TNS 的报告研究了 9 个国家消费者对"吃"的态度，发现人们对食品的需求非常一致：既希望"质量得到保障"，也不愿放弃对饮食乐趣的追求。可见，无论食品公司如何绞尽脑汁考虑营养、便捷等问题，"好吃"还是人们对食物最基本的要求。

食品公司对产品的基本要求也是"好吃"——口感不好的食品，再营养健康也没人愿意买。因此，在雀巢，每个新品都必须先通过其内部著名的"60/40"测试。

这个测试的核心原则是，如果某业务单元要正式向市场推出一款新产品，那么在有竞争对手产品参与其中的情况下，根据消费者品尝盲测（事先不告诉对方品牌）的结果，喜欢吃雀巢产品的人必须占到 60% 以上（含 60%），否则就还需要继续改进。

雀巢对参加产品评定的消费者的选取并不是随机的，而是根据竞争产品（竞品）的市场份额而定。假设市场上有竞争产品占到了

50% 左右的份额，在消费者测试里评测人员就会按这个比例选择试吃人员，也就是说，至少要有一半参与测试的人是喜欢或者经常吃竞品的——要在这样的评测里拿到 60% 的人的认可可不容易。雀巢所有的产品，都是在“竞品环伺”的环境下，通过这种测试才走向市场的。

近几年里，这个著名的测试又新添加了内容，雀巢内部的人称其为“60/40+”，贾梅解释说：

“这个‘+’的意思，就是要在保证口味的前提下，也要满足营养的基本需求，比如盐不能超标、脂肪不能超标等。

“‘+’是指食品要为消费者增加营养和健康的附加值。

“在 NF 标准评估上，我们使用的方法、原理和针对口味的‘60/40’测试一样，不但要求产品自身达标，还要跟竞争对手的营养指标进行对比。

“从 2014 年开始，雀巢对 NF 的要求变得非常严格，投放到市场上的产品肯定都是符合国标的，但如果 NF 达不到雀巢自己的标准，业绩再好的产品也需要在成分和生产上进行调整——NF 指标对每个业务部门的主管来说都很重要。”

事实上，像脆脆鲨、雀巢咖啡 1+2 这类明星食品，在糖和脂肪含量上早已经按照雀巢的 NF 标准要求做过微调了。

这个达标、评估和让食品更加健康的要求现在也一步步推进到了雀巢在中国的其他合资公司里，徐福记、银鹭、太太乐等公司都已经开始在 NF 的标准下调整自己的产品。

拿徐福记最畅销的糕点沙琪玛来说，它使用的原料，比如油和糖，其实已经被徐福记和雀巢的研发人员改动过了。“我们对沙琪玛的脂肪含量做了调整，而且换成了小包装，这是帮助消费者控制摄入量的最直接的办法。”连慧萍说，“徐福记有糖果、巧克力和烘焙食品等 400 多个产品，做这种改变也需要有耐心，一点点推进。”

雀巢在全球都有规定，产品必须使用天然色素，所以研发中心和各个工厂的研发人员为此做了很多实验，采购部也在为糖果、雪糕等产品四处搜罗天然色素供应商。“从 2012 年开始，所有雀巢和五羊的冰激凌产品就全都在色素上达标了。”五羊的新产品开发经理许喆说，香芋口味的冰激凌和甜筒是五羊在华南地区最受欢迎的产品——那种著名的香芋淡紫色就是提取自天然物质调配而成。“在我们的产品里，糖、脂肪含量和钠这些都需要被控制，反式脂肪则一定不能有。”

“冰激凌既要减少糖、脂肪的含量，又要保持口感，并不是一件容易的事情。但是这是公司的规定，即使不能一步到位，我们也必须每年逐步改善这些产品，最终让它们达到雀巢 NF 的标准。”

如果食品公司真的严格按照营养标准来开发产品、调整配方，选用健康的原料，用安全干净的方式制造食品，如果吃东西的人能够加以节制，很多人旧有观念里的“垃圾食品”的概念，都是能够被扭转的。

“很多人都会认为冰激凌热量非常高，但冰激凌其实还是挺‘冤枉’的。一个冰激凌里面含有大量的气体和水，这些并不产生热量，当然它确实包含脂肪、糖这些固定成分，但是只要按照 NF 的要求，不断改进，让产品的配方变得更合理，一个冰激凌所含的热量可能只是你一天所需要热量的 5%。”欧阳凯说。

欧阳凯是从五羊加入雀巢的，因此非常了解这类产品，他本人也是冰激凌爱好者。五羊和雀巢所有的冰激凌产品都已经在包装上添加了“每日能量摄入指南”的标志，上面标注了每份冰激凌所含能量和占人体每天所需能量的百分比。热量标注和公开成分表已经是食品业的大势所趋——人们对自己吃下去了什么和吃了多少热量越来越关心了。

“不要太紧张。一个人一天只吃一个五羊甜筒、花心筒或者雀巢牛奶棒，并不会过度摄入热量，”欧阳凯说，“而吃一个冰激凌给人带来的愉悦感是难以形容的，它本来就是一种让人开心的食品嘛。”

就像所有讲究营养均衡之道的雀巢人一样，他会习惯性地补充一句：“当然，吃的时候肯定要适当控制一下，不能一天吃 10 个，也要适当做些锻炼。”

用营养健康创造共享价值

“雀巢最近十几年的业务方向都是跟着强调营养健康的趋势走，对这一点，我们这个部门的体会是最深的。”贾梅说。

NF 标准不只是跟贾梅所在的营养健康部门有关，不是“面子工程”，而是实实在在与业务单元的生意挂钩。“所有的业务负责人手头都有一张如何改进产品的日程表，”贾梅说，“雀巢的每个人都知道，销售业绩再好，但卖的产品没有在 NF 上达标，也需要改进。”

2014 年，雀巢提供的食物中有 1830 亿份至少强化了“四项”营养（铁、碘、维生素 A 和锌）中的一项。出于健康和营养考虑，2016 年雀巢全球对 8856 款产品进行了改良，这一数据较 2015 年增长了 10%。

贾梅在雀巢内部被称为“贾老师”，有一个原因是她所在的营养健康部门在近些年来会定期给雀巢各地的员工和高层管理者上营养课。公司内部会保证每月至少上一次面向雀巢全体员工的营养课，“CEO 也必须抽时间上营养课学习最新趋势与知识”。

来自贾梅这个部门的人有一个共同点，他们都能把营养、医学和健康知识讲得非常简洁、生动、有趣和易懂——营养健康本来就和普通人的生活息息相关。贾梅是学医出身，有临床经验，是中国最早和联合国儿童基金会等国际组织展开紧密合作的公共卫生和妇幼保健领域的科研人员之一。无论是在课程中还是在日常生活里，她都非常善于将医疗适宜技术（安全有效、成本低廉、简便易学的治疗与应对手法）传授给他人——这既需要多年灵活应用的实践经验，又需要在学术思想上能理解和把握当前全球的营养、健康大趋势。

“在营养健康方面，其实有很多简单、易操作的方法来供人实践，有这些基本常识，普通人也能很好地把握膳食均衡。”贾梅说，比如，一个人不是不能吃零食，而是不要吃过量，现在零食上都标有能量换算表，“如果（零食）吃得有点超，不用太紧张，正餐稍微控制一点或者运动一下，自己可以做一些调整”。但是，一个人不能把冰激凌或者糖果点心当正餐吃，主食应该是谷类食物，最应该吃的还是蔬菜水果，每天的饮食里都要有牛奶，少吃盐，少吃油。这种对大体膳食结构的把握，每个人心里还是要有数的。

再比如，现在人们都在提倡多喝水，一个人在正常情况下每天至少要饮用 1.5~2 升水。但是在不口渴的情况下，一次性饮用过量的水，违反生理需求，还会造成反效果。“1.5 升水是多少？很多人可能觉得不用量杯估算不出来，我们就简化为每天喝 8 杯水，”贾梅解释说，“又有人问我用多大的杯子，其实有些东西在日常生活里不可能做到那么精确——这一杯水，正常人只要喝到喝不下去，不想喝了就可以停下来了。”

“世界卫生组织已经告诫大家，每天不要摄入超过 5 克盐，很多重视健康的人炒菜时放盐也会用小勺量，但其实这 5 克是全天盐的摄入量，你不光炒菜要算盐，酱油、咸菜、在外面吃的大餐，甚至连面包里的盐都要算上。正确的做法是全面地计算盐的摄入，如果吃超了，就要想办法减下来。”

“雀巢的员工如果不懂营养，就不能透彻地理解自己销售或生产的产品是怎么开发和创新的。”

在贾梅看来，上营养课不仅仅是为了工作，员工也应该能将这些知识熟练应用在个人生活中。她非常乐意随时随地给大家讲解日常遇到的健康常识困惑，这也是大家叫她“贾老师”的原因。

“如果连自己的员工都是肥胖患者或者三高（高血脂、高血压、高血糖）患者，怎么能体现出雀巢是个提倡营养健康的公司呢？”

雀巢在营养和健康方面的知识普及与宣传的对象绝对不限于消费者与员工。多年来，雀巢一直在和中国疾控中心营养与健康所、营养与食品安全所、中国营养学会等组织合作，在各地的中小学学生和他们的父母、老师中推广营养教育。

中国疾病预防控中心营养与健康所学生营养室主任胡小琪从2008 年前后就开始跟雀巢合作，一起通过培训来提高各地中小学生及父母的营养知识水平。

2011 年，中国启动“农村义务教育学生营养改善计划”，中央财政每年下拨 160 亿元，为试点地区的农村学生提供每天 3 元的营养膳食补助。到 2014 年，这个计划已经覆盖了 22 个省、699 个试点县，累计 3200 万学生受益。但光有补助并不能从根本上改善孩子们的饮食结构，还要“会吃”才行。因此，为孩子和父母普及营养知识和培养正确的饮食习惯，几乎可以被看作改善国民体质的基础工程。

“就拿早餐来说，很多人其实都不知道，早餐最好要包含四类食物：谷物、奶、豆制品、新鲜蔬菜和水果，”胡小琪说，“如果营养知识和营养教育跟不上，任由孩子不吃早餐或偏食，即使国家拨款提供了早餐费用，效果也不显著。”

“发达国家的营养教育可能会更偏重于城市里的孩子，我们在跟雀巢合作时，重点考虑的就是在中国推广的营养教育必须同时兼顾城市和农村，”中国疾病预防控制中心营养与食品安全所副所长马冠生说，“针对不同孩子的教材以及针对不同老师的培训资料是不一样的——这是这个合作项目的特色之一。”

和人们想象中略有不同，在中国，农村孩子固然面临营养不良和微量营养素缺乏的问题，城市孩子也会因为挑食、偏食而无法全面摄取营养——因为遍布的快餐店和父母营养知识的不足，一些孩子已经因为吃下太多高卡路里的食物而成为肥胖患者了。

“雀巢协助我们一直在做的事情，就是提高孩子和父母的营养知识水平，”胡小琪说，“比如，到底怎么吃一顿搭配合理、营养充足的早餐。”通过印制宣传册，帮助学校开设营养课，给老师、父母提供营养知识培训等方法，他们试图在所到之处慢慢改变人们的饮食习惯，让他们接触更多选择和养生理念，让生活方式变得更健康。

营养与健康所从2008年开始就和雀巢合作，在全国的16个城市和地区给学生、老师和父母普及营养知识。这个举措不是区域性的，而是雀巢全球计划的一部分——2009年，雀巢推出了“雀巢健康儿童全球计划”，这个计划针对的是当前全世界学龄儿童中最为复杂的挑战：针对营养不良和肥胖率双重高涨的情况，给学生和家长普及营养健康知识，帮助他们养成正确的平衡饮食习惯。

这个计划在全球范围内已经覆盖了84个国家和地区的830万名儿童。2010年5月，“中国儿童营养健康教育项目——雀巢健康儿童全球计划”正式在中国启动。截至2016年年底，该项目已覆盖了北京、上海、安徽、湖北、辽宁、贵州、山东、山西、四川、新疆、西藏、云南、广东、河南等省、自治区、直辖市，约有450万名小学生和3.6万名教师参与。

雀巢健康儿童全球计划在黄石

“一个做NF达标的食品公司，是有责任在营养、健康方面不断地去给需要的人提供帮助的，”贾梅说，“我们其实可以把雀巢对营养健康的态度也看作一个创造共享价值的例子。”

因为推广 NF 标准，也因为重视个人健康与企业社会责任，雀巢还推动了另外一类远在公司之外的创新。

全世界的食品企业都要用到油、糖等原料，这些成分要么来自动物，要么来自植物。现在令消费者谈虎色变的反式脂肪酸（trans fatty acids，TFA），被叫作“餐桌上的定时炸弹”——过多摄入反式脂肪酸可能增加心血管疾病发生的风险。它主要的来源就是部分氢化处理的植物油。

“雀巢自己没有榨油的业务，油是由供应商提供的，所以雀巢的研发中心会联合益海嘉里这样的合作伙伴做大量的研究，来解决在炼油过程中出现反式脂肪酸的问题。”连慧萍说。

雀巢和益海嘉里这样的大型跨国供应商之间已经不仅是生意上的关系，除了反式脂肪酸，它们还会在一起合作研究像“如何利用黄豆豆粕”这种让双方都能受益的项目。

很少有人意识到，榨油后剩下的黄豆豆粕是一个多么丰富的宝藏：除去水分，一粒黄豆大概有 30%~40% 的脂肪，还有 30% 多的植物蛋白——榨油等于浓缩了蛋白，而植物蛋白是全球最重要的营养物质之一。

“你养一头牛，它可能需要吃 8 公斤的草（植物蛋白），才能长 1 公斤的肉（动物蛋白），在这个转化过程中，对物质的消耗、碳排放和对环境的影响是很大的。相比之下，从大豆中提取植物蛋白的能耗要少一些，”连慧萍说，“把这些变量考虑进去的话，大家现在都意识到了大豆蛋白的好处，不但成本低，利用率高，其中饱和脂肪酸和胆固醇含量也相对较低。所以，西方人现在都觉得，中国人的豆腐真是好东西。”

茂赫在他的任期内就曾强调过从植物中获取食物原料的好处，之后，他的继任者们对这一食物远景的看法也一直没有变过。从20世纪90年代起，雀巢就一直在自己的研究中心里开展对植物蛋白在营养和口味等领域的研究。

“我们会向合作伙伴和供应商提要求，希望它们想办法改进加工工艺，从黄豆豆粕里提炼出更好的植物蛋白给我们用——雀巢会和它们共享有关资料。而这些改变在一定程度上也将增强供应商的创新与核心竞争力。”连慧萍说。

在中国市场抓住更多机会

在20世纪，雀巢和全球其他大型食品集团的迅速壮大都是依赖于科学技术和社会发展等综合因素。

跨国食品公司抓住的机遇包括：人口的爆炸式增长、人类平均寿命的延长、城市化和各阶层消费者收入的大幅增长——这一切都导致了现代工业化食品企业的快速成长。由于人们逐渐不再依赖在居住区域内的自给自足，必须通过各种零售和流通渠道购买食品，食品工业企业得以不断扩大生产规模，在这些社会变迁中获得了一次次强势增长的机会。

自20世纪80年代至今，雀巢维持了30多年的稳定增长，公司的销售业绩以每年接近5%的速度递增（2015年、2016年增速略有下降）——在其管理与领导原则里，雀巢的管理者们已经声明，他们“赞成长期成功发展业务，并努力成为注重长远利益的股东所偏爱的公司”。然而，这不意味着雀巢忽视短期业绩，它始终在强调追求“合理的利润”——通过技术和管理革新，雀巢在降低价格的同时也压缩了成本，保证了自己的利润水平。

如果普通人觉得5%这一增速不够过瘾，非要拿苹果公司近十年内动辄54%、78%、94%、118%、125%的净利润增速来与之对比，考虑到在过去十年中，世界人口平均增长率尚不及2%，且一直呈现下降趋势，作为一个食品公司（人每天吃进去的食品是有定量的），雀巢的业绩增长已经算是相当稳健和强劲的了。

要想在未来的十年里继续保持业绩增长，不光是雀巢，所有的跨国食品企业都必须在不放弃传统欧美市场的前提下，牢牢抓住发展中国家的市场机会，比如中国、印度。原因非常简单，在近十年的世界人口增长中，发达国家人口增长率不到0.5%，而发展中国家的人口增长率为2.1%——无论是看人口的绝对值还是经济发展的趋势，这些区域都蕴藏着巨大的发展潜力。对雀巢而言，大中华地区已经成为仅次于美国的第二大市场。

但是，保持在中国市场持续增长，对雀巢或者任何其他生产大众消费品的跨国企业而言，都是一个艰巨的挑战，其原因就是中国市场的多样性和人们的消费意识的快速变化。中国堪称全球最复杂的市场，各个省份的GDP和消费形态差别很大：北京、上海、广州等特大城市中的消费者的购买力和心态已经与发达国家接近，而一些偏远地区的消费者的购买力和心态还带有发展中国家的典型特征。

对雀巢来说，从表面上看，它面临的挑战包括：越来越激烈的市场竞争——跨国和本地对手都在不断创新和深入了解国人的需求；中国消费者的购买力在不断升级，喜好也在快速发生变化；电子商务等全新的商业模式在中国发展迅猛。但如果从更深层次的文化与意识形态层面来看，几乎所有针对中国市场消费者的研究都表明，支配中国社会各阶层消费者行为的传统文化理念正面临一场巨变。

因此，不光是雀巢遇到了来自市场的巨大挑战，宝洁、联合利华、卡夫、可口可乐、麦当劳、肯德基等一系列面对大众消费市场的跨国公司在这段时间里都遇到了同样的问题：无论是在全球还是在中国，因为深耕已久，它们塑造的深入人心的品牌定位和经典产品可能已经略显疲态，不那么吸引消费者了。

拿麦当劳这个全球最大的连锁快餐品牌来说，在 2015 年第一季度，麦当劳餐厅的全球销量同比下降了 2.3%，营业额仅为 59.5 亿美元，2014 年的营业额下降了 11%，这一降幅非常惊人。从表面上看，麦当劳的快餐形象和如今席卷全球的健康饮食潮流有冲突；深层原因则是，消费者对麦当劳数十年如一日的品牌定位感到厌倦，需要寻找替代或升级产品。而在中国，食品安全问题越来越受关注，面临“快餐食品是否健康”等争论，麦当劳和其竞争对手肯德基也都陷入了前所未有的停滞。

为了重获发展动力，或者说为了寻求更多的消费者青睐，跨国公司需要在中国市场对自己的产品、品牌进行一系列升级和创新。但是究竟遵循什么原理去理解消费者的需求，才能有效地通过创新抓住更大的机遇呢？

对此，牛津大学营销专业教授道格拉斯·霍尔特（Douglas B. Holt）和他在文化战略研究项目组的同事道格拉斯·卡梅隆（Douglas Cameron）在合著的《文化战略——以创新的意识形态构建独特的文化品牌》（商务印书馆于2013年8月出版，以下简称《文化战略》）一书中给出了结论。这两位学者强调，大众消费品公司真正要抓住的机遇，与社会和历史变迁产生的意识形态变化有关，如果不在这一时刻积极进行“文化创新”，就会面临被竞争对手超越，被大众抛弃的窘境。

霍尔特和卡梅隆认为，多数大众消费品公司对产品、营销等方面的创新的理解过于类似，因此导致它们会在每个经营关键点上陷入“红海”（红海是一个经济术语，指的是竞争相当激烈的市场）。而要想甩开竞争对手，成功占据大量市场份额，“公司必须拒绝现有的市场营销概念，精心创造‘价值创新’，那才是一个竞争对手稀少的蓝海（指的是未知的市场空间）”。

这绝非全盘否定技术和产品创新。事实上，霍尔特和卡梅隆完全同意美国哈佛大学商学院教授、创新管理领域专家克莱顿·克里斯坦森[①]（Clayton Christensen）的看法，即一个公司如果开发出新技术，在“破坏性创新”上取得成果，就会迅速改变市场格局，赢得自己的一席之地。

如果能找到完全将竞争对手甩到身后的颠覆性技术，克里斯坦森的理论肯定是行得通的。但是，在大众消费品，尤其是食品这样的成熟行业，大多数公司已经不太可能随时开发出划时代的技术。但如果只是按部就班地延续常规技术和功能性创新，一个企业非常容易为了满足细分市场需求把自己越做越小——这样一来，它们只

① 克莱顿·克里斯坦森，美国哈佛大学商学院教授，著有《创新者的窘境》（中信出版社于2014年1月出版），以“破坏性创新”理论闻名。——编者注

能“掌控更小的利基市场（niche market）[①]”。霍尔特和卡梅隆举例说，如果食品研发人员千辛万苦地研究出一种防醉饮料，就算它功能卓著，也只能针对少数要为一醉方休做准备的人——相比广大的大众市场，这个市场太小，即便获利也只能算是“蓝色小水坑”而已，绝非蓝海。

霍尔特和卡梅隆也注意到，如今的营销学和创新管理专家们都在建议企业采纳一种混搭模式：不要只强调技术革新，也要将其与品牌所蕴含的情感混搭起来，与其他公司做出区隔。

尽管这种混搭模式在快消品和食品领域十分常见，但食品公司也还是有其特殊性的——在这个市场里，无论是在技术上还是在营销上做出创新，都很容易被快速模仿，和消费者的情感交流也是如此。比如说，在前几年的营销活动中，“美味”“便利”等字眼频繁出现，而食品公司现在都在热衷于使用“安全”“营养”“健康”“功能性”“个性化”这一类词汇，它们最终还是会再次落入大同小异的营销红海。

相比技术创新与混搭创新，霍尔特和卡梅隆给那些在大众市场已经占有一席之地的公司的建议是，多考虑意识形态上的“文化创新”——“至少，不能忽略在社会变迁中意识形态所发生的剧烈变化和各种层次的人群越来越鲜明的文化表达与自我认知”。

在《文化战略》一书中，这两位学者指出，当社会发生了重大改变时，一个产品的传统文化意义必定会被重塑——这绝对是一种

① 利基市场指针对企业的优势细分出来的市场，一般很小，且容易被大企业忽略。——编者注

新兴机遇。

那些曾经在中国市场独一无二、广受欢迎，如今陷入激烈竞争红海的大众消费品公司或者食品公司，如果能在特定时刻，把握住不同人群（规模肯定大于功能细分的利基市场）的潜在意识形态需求，对自己的产品进行重新定位或升级，也许就能再次找到属于自己的蓝海。

奈斯派索的文化意义

中国市场的剧烈变化与随之而来的产品细分与升级，可以在雀巢最重要的产品之一——咖啡上窥其一斑。

中国是茶的故乡，咖啡属于舶来品，在中国几乎没有成规模的市场，直到卡夫、雀巢等跨国公司的到来。曾经参与推出雀巢咖啡1+2 的亚大非区副总裁刘金辉回忆说，咖啡一开始对中国人来说，更像昂贵而又具有异域风味的礼物，所以雀巢速溶咖啡最初在中国是以礼盒装的形式销售的——咖啡伴侣（植脂末）和速溶咖啡分装在两个大玻璃瓶子里。

当时，价格较高的雀巢咖啡礼盒被定义为“舶来品”和“稀罕物”，在朋友亲戚间送来送去，“有时候一个礼盒根本没被打开就又被转送出去了”。

但是，雀巢的销售人员很快发现，一旦消费者真的开始试着喝咖啡时，礼盒装给他们的体验并不好。原因是中国消费者冲调时掌握不好植脂末和速溶咖啡的配比，而且不喜欢咖啡的苦味。一种饮品如果在口味上无法满足消费者，是无法继续推进销售的，当中国消费者的新鲜劲头过去以后，礼盒装雀巢速溶咖啡的销量便停滞不前了。

在1995年前后，雀巢通过市场调查，推出了真正符合中国人口味的雀巢咖啡1+2（1是指速溶咖啡本身，2是指1份的糖和1份的咖啡植脂末）——他们发现，中国消费者喜欢香甜和奶味浓郁的咖啡。这款产品像方便面一样省去了中国消费者在冲调时遇到的麻烦，而且胜在口味、便利性和性价比——它可以非常方便地通过超市、便利店和遍布乡镇的杂货店售卖，价格便宜，是一款极为成功的普及型产品。

雀巢咖啡1+2迅速变成了人们日常可以消费的东西，很大一部分年轻的消费者将它看成功能性饮料，用来提神——在考试前后，速溶咖啡销量往往大增。雀巢靠这款产品在中国成功地推广了咖啡文化，直到现在，雀巢咖啡1+2在它的咖啡销售中一直占比最大。

用新产品应对变化中的市场

但是，中国的咖啡消费市场在近十年发生了剧烈的变化。

“中国人目前喝咖啡的量还远小于日本，有调查数据显示，每个中国人平均一年喝的咖啡不超过4杯，而日本人则超过300杯，”雀巢中国研发中心总经理连慧萍博士说，“但是中国消费者的基数大，相比过去咖啡文化几乎为零的局面，这个增长其实是非常可观的。”

中国人对咖啡的兴趣和消费趋势在近些年里也发生了变化。

“有一部分人正在逐渐迷上咖啡，”连慧萍说，“这批人不会仅仅满足于喝速溶咖啡，很可能去购买更高端的产品，追求更精细的口味和更个性化的体验，就连普通消费者对雀巢咖啡1+2口味的要求也更明确了。”

咖啡市场的另外一个玩家星巴克的增长曲线也证实了连慧萍的看法。星巴克是1999年进入中国的，在中国的同类型品牌中，星巴克咖啡的价格处于中高端水平。到2010年，星巴克花了11年开出了400家门店，其中70%都集中在一线城市。但到了2016年，仅仅又过了6年，星巴克就已经在中国的100个城市开设了超过2000家门店（中国已经成为星巴克的全球第二大市场），成功地把自己塑造成了中国正在兴起的中产阶级的心头好。

因此，雀巢必须通过细分、升级和在自己的咖啡产品中加入新的文化内涵，以应对这一消费趋势的变化。除改良原有的雀巢咖啡1+2与咖啡即饮饮料之外，它的奈斯派索、多趣酷思胶囊咖啡机因此可能成为中国市场未来的明星。

奈斯派索这一品牌在雀巢内部极富传奇性——2016年，它的年销售利润已高达30亿美元，是雀巢所有品牌中利润最高的。奈斯派索的基本理念是，给每一个喜欢咖啡的人创造机会，让他们无须大费周折，便能在任何地点、场景和时间段里喝到浓缩咖啡——奈斯派索胶囊咖啡的味道不输于一般咖啡馆的手工冲调品质，而且质量相对更稳定。

不同于其他咖啡产品，奈斯派索是独立运营的——1986年，雀巢为此在瑞士独资成立了奈斯派索公司。之所以采用这种模式，很大一部分原因是奈斯派索的经营方式和雀巢其他的产品都不一样。食品一般通过经销商和商超渠道售卖，但奈斯派索却是通过直营和“俱乐部管理”模式来运作的。奈斯派索通过精品店或网站直销卖出机器与咖啡胶囊——它们像打印机和墨盒一样互相匹配。消费者简单操作机器便可得到品质稳定的浓缩咖啡，还可以像采购打印机墨盒一样，隔段时间便购入不同口味的咖啡胶囊。

“奈斯派索这款产品包含了三个主要元素，”奈斯派索中国大陆地区经理阿方索（Alfonso Troisi）说，“一是高质量的咖啡胶囊，二是有一个看上去非常炫酷和吸引人的机器，三是我们给用户提供了各种口味的个性化解决方案。”

因为采用直营模式，奈斯派索会通过自己的24小时热线服务电话、网站和精品店与消费者保持联系，及时掌握他们的喜好变化。进入中国8年，它已经在北京、上海和成都开出了6个精品店。尽管如今电子商务已经大行其道，但现场销售的奈斯派索精品店仍旧必不可少——因为体验一直是食品销售中很重要的一环，精品店气氛很好，不但可以帮助用户更好地选择自己喜欢的咖啡胶囊和调制花式咖啡，甚至兼具沟通和社交的功能。

在中国的奈斯派索精品店里，奈斯派索的员工每个周末都会邀请5~10位客户，参加一个为时一个小时左右的咖啡培训——这个项目被称为“咖啡品鉴会”。奈斯派索请来的咖啡师会介绍咖啡的历史，教消费者用奈斯派索的浓缩咖啡冲调成不同口味的花式咖啡，还会想出各种方法增加消费者对咖啡口味的体验，比如感受用不同款咖啡佐餐等。

“中国用户确实很喜欢把浓缩咖啡冲成奶味浓郁的拿铁（Caffè Latte）、摩卡（Caffè Mocha），但也有很多人勇于尝试，在不断寻找自己喜欢的咖啡口味。”阿方索说，“总之，对咖啡懂行的中国人越来越多了。”

“因为是直营，我们会收集到每一个用户的反馈和需求。”阿方索说，这种交流有助于奈斯派索迅速了解用户的喜好，完善和扩充自己的产品。比如说，奈斯派索目前在全球出售23种咖啡胶囊，每年还会因为季节变化和用户的特殊喜好推出四五种限量款。“现在的这23种胶囊里，其实有一些曾经是限量款，如果有很多消费者喜欢，我们就会把它们变成固定销售款。”

奈斯派索为什么会畅销？

奈斯派索这一类型的胶囊咖啡机在欧美市场的兴起，如果用霍尔特和卡梅隆的社会意识形态变迁理论来分析，不难发现，它与欧美市场消费者心理的变化紧密相连——从20世纪70年代开始，欧美市场中过去占主导地位的中产阶级主流价值观就已经开始逐渐崩解，向着多元化、个性化与模仿精英生活方式的方向发展了。

咖啡在欧美，本来是家家必备的基本饮料，从“二战”结束到20世纪70年代，主要的咖啡品牌利用了“二战”后的文化变迁——当时庞大的中产阶级正在形成，咖啡品牌的营销基本根植于所有人（尤其美国人）都能过上美好生活（追求物质丰裕）这一主流价值观的梦想。

但是，到80年代，美国新一代消费者厌倦了“成为富裕中产”这一乏味的理想，希望通过追求与众不同的精致品位，比父辈生活得更有质感、更有品位和创造性——他们更渴望模仿“文化精英”的生活方式。同时，由于在战后的几十年中，多数工业化食品制造企业都把精力放在创造利润、降低价格，而非让食品更为精致与多元化上，这就出现了一个供需断层——一种表面上看是追求“手工艺性—世界主义”，实为反对大工业生产的文化现象应运而生。

在1986年前后，几乎和奈斯派索同时开始创业的星巴克，就是针对这一文化需求做出回应，才获得了今天的成功——消费者不但要喝到世界各地不同口味的咖啡（世界主义），也要求制作和饮用咖啡的过程能更精致，提供更多的文化感（手工艺性）。

但是，需要注意的一点是，具有这种消费心理的人其实并不是在追求真正的精英生活，而只是“模仿文化精英”。很少有人知道，星巴克的创始人霍华德·舒尔茨在找到如今成功的商业模式前，也开过意大利手工咖啡店，他当时给用户提供的是正宗的意大利蒸馏咖啡，结果却失败了。纯正的意大利蒸馏咖啡味道对美国中产阶级来说有点太过特别，消费者也没有足够的耐心、时间和咖啡知识来买咖啡豆回家研磨冲调——真正的精英生活体验曲高和寡，注定不能满足大众消费者。

最后，舒尔茨在创办星巴克时吸取了教训，将手工咖啡的味道调整成了美国中产阶级愿意接受的口味，却在服务和店面设计等细节里保留了体现“手工艺性—世界主义”的文化包装，并且在生意里加入了众多浪漫化因素。按照霍尔特和卡梅隆的说法，舒尔茨提供了一个模仿文化精英喜好的大众通俗版——其实大众消费者对生产细节并不感兴趣，他们只需要得到比以前更好、层次更高的食物和体验就行了。

霍尔特和卡梅隆的这一理论，显然是能够解释为什么奈斯派索可以成功的。

从 20 世纪 60 年代开始至今，围绕工业化生产与跨国企业，一直有很多截然不同的观点在频频交锋。在批判规模化工业生产消灭了多元化和个性化，无视环境与人性之后，其实西方世界中还有针对“工业化”更为理性的思考在逐渐回潮。在推崇“手工艺性—世界主义”的同时，人们也开始承认，工业化食品最终为人们提高了效率，节省了时间，解决了大多数情况下困扰消费者的过敏、食品安全等问题。

奈斯派索作为雀巢咖啡的升级版产品之一，在欧美市场最终受到青睐，是因为在这些思潮的交锋和变动中，它凭借质量、产品体验和实用性逐渐站稳了脚跟。奈斯派索的性价比很好：既为忙碌的白领提供了一个更为个性化的饮用场景（他们可以在一天里的任何时候、任何地点使用机器），也充分利用和展示了雀巢的科技水平——后者为胶囊咖啡机带来了很酷的外观、质量稳定的胶囊、众多咖啡口味的选择和极为便捷的使用体验。

其实，在食品行业，一个新产品能否讨人喜欢，最重要的一点就是味道要好——胶囊咖啡到底好不好喝？是不是真的比不过咖啡馆店员手工制作的浓缩咖啡？为此，英国哲学家、作家朱利安·巴吉尼[①]（Julian Baggini）在自己的著作《吃的美德：餐桌上的哲学思考》中为胶囊咖啡机的质量和口味进行了辩护。他指出：在英国，已经有数十家米其林餐厅在用奈斯派索制作咖啡；在法国，奈斯派索为 100 多家餐厅提供服务；同时，全球还有很多餐厅在使用雀巢奈斯派索和它的竞争对手开发出来的胶囊咖啡机。

不管人们如何认定最好的味道都来自手工制作（手工艺化）——在一般人固有的观念里，这需要自然材料、天分、感情注入和极高的技巧，尽管最好的咖啡确实是由技艺高超的咖啡师冲调

① 朱利安·巴吉尼，代表作《你以为你以为的就是你以为的吗》（北京联合出版公司于 2015 年 10 月出版）、《一头想要被吃掉的猪》（中信出版社于 2016 年 3 月出版）。——编者注

出的，但奈斯派索代表的科技和机械化，只需要与业界平均水平竞争——巴吉尼为此组织了一次咖啡盲测，在这次测试里，和手工冲调的咖啡相比，奈斯派索因为胶囊质量稳定而胜出了。

“奈斯派索只需要让自己做出来的咖啡胜过大部分咖啡师——反正大半咖啡狂热爱好者已经很嫌弃后者了。”朱立安·巴吉尼写道。他做这个实验的最终目的并非为胶囊咖啡摇旗呐喊，而是提醒人们如何从文化变迁、哲学等多重角度去慎重思考“手工艺化”与质量越来越好的工业化产品之间的区别——显然，仅仅靠盲目认定“手工咖啡的味道就是比机器做的好”是不公平的。

人们开始重新认识和定义“工业化食品”这一概念，加上在商业社会中人们对便利性的渴求，由于奈斯派索在产品中既提供了炫酷机器带来的仪式感，也包括了人参与制作的控制感（人们可以利用浓缩咖啡调制不同口味的咖啡），最重要的是，由于雀巢用技术和商业模式创新支持了“世界化”“多元化”的理念，奈斯派索系列产品成了这一轮咖啡市场竞争中的胜利者。

中国市场的增长到底在哪里?

对于雀巢来说，不管是咖啡，还是糖果、水、婴幼儿奶粉等其他产品，它们所面对的中国市场，显然正处于霍尔特和卡梅隆认为适合推行“文化创新”的阶段。这两位学者提醒说，一个面向大众消费者的企业不能忽略在社会变迁中人们的意识形态所发生的剧烈变化——在这种时刻，各种阶层的人群都在渴求“越来越鲜明的文化表达”。

雀巢的很多产品——包括曾经因为概念超前、价格太高或者营销策略不当退出中国市场的，都有可能在这轮消费升级中获得新的机会。比如说，在全球销量排名第三的奇巧巧克力和来自意大利的圣培露气泡果汁等，都在2016年调整策略后再次进入了中国市场。

举例来说，圣培露的4种口味（柠檬、甜橙、西柚及薄荷柠檬）的气泡果汁，将通过电影院、精品超市、便利店等渠道销售。这款气泡果汁的特点在于不含人工添加剂，果汁含量在20%左右。而雀巢不但会强调它的“健康营养”，而且会用圣培露的异域风情和饮用时的“欢愉感”来吸引消费者。

2015年，气泡水在中国市场的零售渠道销售额达到2500万元，同比增加了65%。虽然和整个瓶装水市场相比仍旧显得无足轻重，但是气泡水市场份额的增速极快——这类产品在健康和“欢愉感”上越来越为城市中产阶级所青睐了。

不仅仅是中国迅速的消费升级，给雀巢这样的食品公司带来了新一轮的商机，而且中国目前拥有体量如此巨大、复杂、多元化的文化需求：肥胖和饥饿问题同时困扰着消费者；追求全球化、世界主义与对中国传统文化倍感自豪的情感时时交锋；对高科技的迷恋与对自然、手工艺性的崇尚共存……中国几乎囊括了欧美市场在不同时期出现的所有消费心理，同时还具有自己的地域特色。

对雀巢来说，在这种时刻，如果能重塑或者更新产品所具有的文化意义，那么它就能抓住消费者的心，也能在这一轮新兴机遇中取得更为迅猛的发展。

产品与文化双升级

雀巢在中国市场对原有产品进行升级和扩展其文化内涵的举动

已经开始很久了。

就拿咖啡来说，雀巢早已着手对经典产品雀巢咖啡 1+2 进行配方升级，它的研发中心为此做了大规模的消费者喜好调研。

“咖啡在中国没有在欧美那么普及，所以我们在做调研时，会用两组人来对照参考，一组是一天最起码喝一杯咖啡的，一组是几乎不喝咖啡的，不同用户对咖啡的要求是不一样的。”雀巢中国研发中心总经理连慧萍说，他们所召集的每个组都有将近 500 位消费者参与。

通过对大量调查统计数据进行分析，研发中心的科学家们得出的结论是，中国消费者的口味这些年发生了非常显著的变化，“他们要求咖啡更香、更顺滑，香味在嘴里停留的时间更长”。新配方不但调整了甜度、咖啡和植脂末或牛奶配合起来的口感，甚至改变了生产工厂烘烤咖啡豆的工艺，并且通过了雀巢内部的“60/40+”测试——前后花费了一年多的时间，使用新配方的雀巢咖啡 1+2 最终在 2015 年 9 月大规模进入了市场。

雀巢的咖啡即饮饮料丝滑拿铁也是研发中心根据中国消费者的喜好开发出来的，是一款“不苦而且奶味浓郁”的咖啡饮料。在这款产品的基础上，研发中心逐步加入了更为丰富的调性，继续推出了丝滑摩卡，并有特浓、香浓和香滑等不同口味。

“总体来说，消费者对咖啡的感受变得更加敏感了，”连慧萍说，“我们为改变配方而做的消费者调研工作量很大，连雀巢这样大型的公司都不太可能只间隔一两年就做一次。但中国人的口味改变得很快，我们现在觉得，至少每五年就要做一次这种规模的调研。”

这些在雀巢旧有产品上进行的改良，从功能上来讲，旨在满足大众消费者的口味变化。但如果要将对产品的理解提升到文化意义这一高度来考虑的话，就必须重新审视雀巢咖啡在中国消费者心目中的形象。

在中国，一开始推广速溶咖啡的品牌形象时，因为咖啡文化几乎为零，所以各个咖啡公司都花费了大量精力去做咖啡文化的普及工作。这就使得速溶咖啡承载的文化意义和中国传统的茶相比，要简单、粗糙得多。

跨国公司进入中国市场之初，希望咖啡可以像茶一样，变成中国人日常生活和社交的熟识之物。为此，它们更愿意强调咖啡“提神醒脑”“促进社交”等功能——这种做法让咖啡的意义变得浅显易懂，也更易被人们接受。在文化意义上，速溶咖啡像早期在欧美市场一样，也被注入了一种正统的中产阶级意识形态。如果说针对中国人有什么改变的话，咖啡同时满足了中国消费者对“世界性”和对物质丰裕的渴求——咖啡在中国不仅仅有舶来品的名声，还和“跨国公司”早年的形象一样，代表着人们对富裕生活（像国外中产阶级那样生活）的向往。

但是，在获得一定的经济实力之后，中国新一代消费者中的一部分人开始变得与欧美市场中追求精英化、个性化生活的消费者更相似了。他们或多或少地希望追求与众不同的精致品位，让生活跳脱出从 20 世纪 80 年代开始形成的中国人的正统理想，变得更有质量，更具个性化。

这些消费者开始厌倦与其他人一样只喝速溶咖啡，他们变得愿意为蕴含更多“文化性”的咖啡产品付费，也会通过自己掌握的各种信息，继续追求“物有所值”。

因此，奈斯派索和多趣酷思的出现，不但可以补充雀巢原有的产品线，还能成为雀巢咖啡的文化升级产品。

这两种产品都有很好的性价比，既能满足一部分用户对食品中所蕴含的“世界性”和“多元化”的追求，又极易操作。雀巢在中国销售胶囊咖啡机这类产品时，也在有意识地传递给用户更多的文化意义。

“奈斯派索在欧洲的精品店可能更多是请顾客来品尝咖啡，”阿方索说，“但在中国，我们要花很多时间去组织讲课或者品尝会，帮助用户更好地了解咖啡的历史，尝试不同的口味并且教授不同的调制手法。”

“好咖啡口味的重点是清醇，就像红酒一样，带有果香和花香的回味。”雀巢在云南种植咖啡的农艺专家更进一步形容说，好的咖啡甚至能够让人隐隐尝到桂花香和茉莉花香——只有逐渐熟悉和喜欢咖啡，并且不断尝试的人才能慢慢体会到这些滋味上的微妙差别。“喜欢咖啡的人日常喝的咖啡胶囊往往会包含 5~10 种，因为不同的时刻、不同的场合和天气，都会影响人的选择。”

按照雀巢的统计，在北上广这样的城市里，已经有 30% 的家庭可以算得上是喝咖啡的（至少熟悉咖啡这种饮料）。这些家庭中有不少成员可能成为奈斯派索和多趣酷思的用户或潜在用户。而且，中国还有不少城市的消费结构和消费者心理正在越来越向北上广靠拢——正是这部分人的消费心理和消费行为的改变，让中国变成了星巴克的全球第一大市场，苹果的全球第二大市场。

创造共享价值的力量

奈斯派索目前选择的品牌代言人是美国影星乔治·克鲁尼（George Clooney）。克鲁尼不仅仅代表了“精英品质”的生活方式，他还关心政治。在演出影视作品之外，他不断参与人道主义工作，将大量时间和精力花费在通过各种方式改善他人生活的尝试上；他还担任了联合国和平大使——精彩生活、对世界的关注和身体力行去帮助他人改变生活环境的努力结合在一起，才构成了奈斯派索极具特色的文化内涵。

雀巢在咖啡、牛奶和很多农产品上都具有特别的优势，很大程度上来源于它在农业原料生产方面的投入与长期策略——这也是它旗下的一系列产品，比如奈斯派索、奇巧等品牌所要传达的。

正如前文提到，近十年来，全球的消费者越来越倾向于“道德消费”，即消费者如何通过购买行为来影响跨国公司的商业活动，以让它们的供应链更有持续性，买卖更加公平。按照霍尔特和卡梅隆的说法，这种思潮比之前人们对其他地区特色文化倍感好奇的“世界主义”更进一步。消费者希望通过购买行为表达对他人的关心，参与解决世界性的社会问题——这也是当今社会生活正在不断政治化的典型表现。

雀巢在这种思潮中一直走在前面，正如之前所说，它选中了哈佛大学商学院教授迈克尔·波特提倡的“创造共享价值”作为自己企业价值观的组成部分。

如果遵循迈克尔·波特的理论，作为一个食品企业，必须深入供应链前端，设法改进农民的种植方法，与当地供应商和其他机构建立产业集群，提升农民的效率、收成、产品质量和可持续发展能力，这样才能使供应链条上的每个成员都持续受益。为此，雀巢一直在营养、水和农业社区发展三个领域持续投入，将迈克尔·波特的想法变成了现实。

在咖啡种植领域，雀巢早就开始着手推动“创造共享价值”这一理念。虽然奈斯派索通常使用的咖啡豆并不产自中国，但在农产品上，雀巢全球的管理原则是一致的。

“奈斯派索现在用的咖啡豆来自全球 7.4 万个咖啡农场，我们的原则就是尽量不用中间商，直接从农民手中购买咖啡豆。”阿方索说。这样做的好处是，由于简化了供应链，奈斯派索可以把过去付给中间商的钱直接给咖啡农户，用于改善他们的生活。“奈斯派索为胶囊咖啡的咖啡豆原料付的钱一般会比同类采购的价格高出 10%~15%，这部分钱我们会尽量保证用在让农户改进产品质量和改善社区生活上。”

不光是咖啡，雀巢在牛奶、花生、可可豆等很多原料上都在推行类似的项目。从长远看，消费者会用购买行为来支持好的商业行为，以促进大公司更合理、更道德地设计和管理供应链——他们会越来越倾向于为改善在全球各个角落里辛辛苦苦为自己提供服务的人的生活而额外付出一些费用。这一消费风潮虽然在中国市场尚未成形，但从全球来看，已经是必然的趋势。

因此，“创造共享价值”也是雀巢食品在未来的中国市场竞争中可能运用的潜在文化优势之一。

善用“中国元素”

跨国企业在中国市场大量使用中国元素，早已不是什么新鲜事了。

几乎所有的跨国连锁快餐企业都推出过中国风的产品或商业模式：麦当劳在芝香猪排堡上夹了两片馒头片；肯德基早餐卖豆浆和油条，它所属的百胜集团甚至开出了中式快餐连锁店东方既白；专注于咖啡的星巴克不但有按中式风格装修的门店，出售过只有中国人才明白到底是什么口味的“辣意椒香摩卡”，每逢端午、中秋，它也卖粽子和月饼了。

在诸多跨国食品企业的战略中，除了需要应时应景，开发更多符合中国人口味的食品之外，营养品和功能性食品也是未来的热点——在全球，它们基本也是以区域为重点进行发展的。在这些领域，运用中国食材和药材作为产品的开发灵感与卖点，是食品公司最常见的创新策略之一。

跨国食品公司之所以从品牌名称到推广方式，从广告语到产品配方，都力图与中国文化、社会习俗以及消费者的价值观念相适应，主要原因有二。一是在中国的饮食文化中，消费者追求全球化、世界主义与对传统口味倍感依恋的情感始终是紧密交织在一起的。近些年来，中国传统文化情结一直处在上升阶段，凡是对它做出积极回应的企业都获得了不错的成绩。二是中国有历史悠久的“药食同源”理论，人们认为许多食材既是食物也是药物，食物和药物一样同样能够防治疾病——中国这一传统理念和独特的食材、配方确有可圈可点之处，不光能够为跨国企业在中国所用，也能被其吸取长处，推广到全球市场。

不管如何本地化，跨国公司绝非完全“入乡随俗”，放弃自身特色。雀巢对中国元素的运用，便是建立在自己庞大的现代科学研究系统之上的——可以说这是它面对市场中的众多对手时，最具特色的核心竞争力之一。

所有的食品企业都意识到，中国市场的特殊之处在于消费者特别缺乏“安全感”。

前文提到TNS 2015年的市场调查结果显示，从2008年的奶业“三聚氰胺事件”开始，多年来发生的食品安全事件已经使中国消费者的信心严重受创。2011年，复旦大学研究生吴恒和他的同学做了个小实验，他们统计了全国的新闻报道，发现仅在这一年的前6个月里，涉及食品安全的事件就超过了500件。

在这种气氛下，难怪中国消费者的要求会变得格外高，并且异常敏感。他们中的很多人不但希望食品企业有更严格的质量管理，也更在意中国特色食材或“药食同源”的传统配方能否得到科学的背书。

而雀巢正是这么做的。

“中医的养生理念如果和现代科学结合，就可以把来自古老经验的结论变得更加可信，”雀巢中国研发中心的王军宽博士说，“比方说，中医中药典籍里讲到枸杞，认为它是很好的东西，有养肝明目的功效。”

为此，雀巢的研发人员针对枸杞的成分和各种功能做了大量的临床、动物试验，证实了枸杞中富含玉米黄素。“玉米黄素这种生物类黄酮具有抗炎和抗氧化特性，确实对人的眼睛健康特别重要。”王军宽说。

由王军宽来解释枸杞的研究结果是最合适不过的，因为他在瑞士的雀巢研究中心就从事中国特色食材方面的研究工作，被人们称为“枸杞先生”。雀巢一直在发掘和证实中国古老传统的医学典籍中的一些食材和药材的功效，并致力于将其运用到产品中去。

王军宽的名字还出现在 2008 年雀巢针对枸杞申请的一项专利中，这个发明涉及枸杞提取物的抗炎特性，这使得它和部分初级组合物可以用在预防炎症的产品里。

雀巢的研究人员的工作流程和方法是纯现代科学式的，却和中国人最为熟悉的“气血”“阴阳”等词汇结合在一起，这就构成了一个非常有趣的场景。

他们曾经和中医研究人员合作，将中医理论中的“气虚”与西医的各项检查指标联系起来。“我们做过一个试验，选中医诊断为气虚的人群，然后检查他们的各项指标，发现‘气虚’的人和健康人群唯一的不同就是在免疫球蛋白的量上，”王军宽说，“很自然，接下来，我们就要通过临床和动物实验来验证，中医传统理论里面补气的食材对免疫力到底有什么影响。”

雀巢研发中心一直在和南京中医药大学等机构合作，在《黄帝内经》《本草纲目》等古典文献和一系列学界论文中进行数据挖掘，选出了一些中药材来做研究——雀巢的兴趣集中在心血管、肠道健康、抗过敏、免疫、眼健康、脑发育、骨骼和关节的健康等方面。

通过文献研究和与中医药研究机构交流，研究人员选出的食材与药材包括：山楂、枸杞、石榴、桑葚、女贞子、葛根等。针对这些材料，他们运用了科学的研究方法，包括进行严格的临床试验和动物试验去验证它们的功效。

事实证明，中国的这些传统食材是真正的宝藏。在经过一系列试验之后，研究人员发现：山楂有调节血脂的作用；女贞子能够增强骨密度，并且加快钙的吸收、合成与利用；桑葚能够降低血糖……这些食材中的“明星”是枸杞，它不但有增强免疫力（补气）、抗氧化的功能，还能够修复血管。

雀巢对枸杞的关注是从2003年开始的，这一研究延续至今。2012年，雀巢瑞士和中国研发中心的科学家做了一项临床试验，通过为65~70岁身体健康的中国人每天补充“乳化枸杞”（乳化枸杞是雀巢公司的一项专利产品，由牛奶蛋白萃取枸杞而成），来观察枸杞是否会增强老年人的免疫力——雀巢针对很多国家进入老龄化社会的趋势做了很多相关的产品研发。

为此，雀巢研究中心采用了严格的临床试验方法：在参加该项最新研究的150人中，有一半的人连续3个月每天都饮用含有乳化枸杞的热汤，另一半控制人群则饮用安慰剂。在该项研究的第30天，所有参与者都接种了季节性流感疫苗。试验结果表明，虽然所有参与者的流感抗体水平在接种疫苗后都有所增加，但是服用乳化枸杞的人群比没有服用乳化枸杞的人群增加了更多的抗体。

这个项目被登载于《抗衰老研究》（*Rejuvenation Research*）科学杂志，被认为是到目前为止最大型的检测枸杞对老年人群免疫力的随机临床试验。

“中国人有通过食材在日常生活中调理自己身体的习惯，而外国人是没有这种概念的，他们病了会去医院看医生、吃药，”王军宽说，“‘药食同源’是中国文化里很好的传统，我们使用现代科学手段，可以把这些来自经验的认知变成确定的知识，然后应用到产品里去。”

雀巢对这些中国元素的研究，已经取得了很多成果。

比如，枸杞中有一部分物质（像玉米黄素）是脂溶性的，每一种物质都需要有效载体，牛奶就是枸杞中脂溶性物质的一种很好的“搭档”。

于是，雀巢在中国市场推出一款包含“枸杞 + 牛奶”元素的功能性食品（functional food，指具有特定营养保健功能的食品，不以治疗为目的）似乎是顺理成章的。

“但这不是简单地把一些枸杞放进牛奶或者奶粉里，开发一种功能性食品要有充分的科学论据支撑，需要做很长时间的研究。”连慧萍博士说。从找到研发方向，到开始立项研究，再到设计动物和人的临床试验，这一连串的工作最少要花上 3~4 年的时间——只有靠研发中心、工厂、采购、市场等各个部门通力合作，才能真正推出一款可以工业化生产投放市场的产品。“还有一点是雀巢特别在意的，功能性食品首先是食物而不是药，这些承载了‘中国元素’的产品还必须好吃，合中国人的口味。”

由于雀巢对原料质量要求得特别高，一旦研发成果产品化，他们对原料的选择、生产流程的确定都需要花费大量时间。2001 年前后，中国大陆孕产妇营养、婴儿及成长配方奶粉市场总监高丹曾亲历过雀巢推出优麦基础系列中的红枣配方产品的过程。“这个口味的麦片当时推迟上市，就是因为采购人员要在全中国找符合雀巢质量标准的红枣。”雀巢研发人员告诉高丹，只有找到稳定的红枣供应来源，才能在中国市场推出这款产品。

“在中国，红枣是四处都能找到的食材，尤其在北方，”高丹说，“听上去这是件挺简单的事情。”但是一旦要产品化，对红枣的质量要求就高了，当时采购人员甚至试过从其他国家进口红枣来满足雀巢质检的要求——这还只是一次有关食品的小小改进，不是全新功能性食品的开发。

“功能性食品中所含的每一种物质对人体是否真的存在积极作用，是需要经过大量的科学研究来检验的。”连慧萍说。

随着中国政府对功能性食品开始进行严格管理，那些希望将“药食同源”的理念应用到产品中去的食品公司不约而同地发现，自己必须对产品的功效进行更加准确的描述，以求达标——本着食品安全的原则，它们的产品开发周期都变长了。而且，在这些已经能够上市的产品说明中，因为食品和药的严格区别，对于健康功效的宣传措辞必须非常谨慎。

对雀巢来说，在食品领域发生的这些变化是一次绝佳的机会，这让它能够在竞争中充分利用自己严谨、重视食品安全和质量的优势。相比其他竞争对手，雀巢的产品可能会贵一点儿，推出得慢一点儿，但它是一个对科学依据和安全原则极为看重的企业，并且在这些领域进行了大量投入。

“随着中国社会对老龄化、营养、健康等概念的关注，人们在购买食物和功能性食品的时候，首先要考虑到安全问题，而且，他们也能够接受高端的产品了。”连慧萍说。

加入“电子商务狂欢”

所有企业都无法忽略中国市场正在掀起的网购狂潮。

中国互联网络信息中心（CNNIC）发布的第37次《中国互联网络发展状况统计报告》显示，截至2016年12月，中国网民规模达7.31亿人，其中网购用户规模达到4.67亿，占比超过60%。而商务部的统计数据显示，2016年全国网络零售交易额为5.16万亿元，同比增长 26.2%，其中实物商品网上零售额为 4.19 万亿元，同比增长 25.6%，高于同期社会消费品零售总额增速 15.2 个百分点，占社会消费品零售总额（33.2 万亿元）的 12.6%。

就在零售实体店备受房租、人工等成本困扰的时候，2016 年的“11 · 11”，根据阿里巴巴公布的实时数据，淘宝、天猫平台当日总交易额超 1207 亿元，其中无线交易额占比 81.87%，覆盖 235 个国家和地区。而淘宝、天猫平台在 2015 年度的销售额是 3 万亿元，它们和排名第二的京东已经占据了中国电子商务市场超过 70% 的份额。

因此，雀巢加速、加大在电商领域的投入，并且选择和阿里电商平台合作，就一点儿都不奇怪了。

2016 年 6 月，雀巢中国和天猫商城在“鸟巢”联合发布了一个名为“喵巢星”的战略合作升级计划，这个计划首先是一个为期三天的“超级品牌日”。雀巢旗下食品、母婴、美妆等各品类、15 家天猫平台官方旗舰店、30 个海内外品牌的数百种产品都参加了活动。

“鸟巢”的活动现场充满了雀巢来自全球的“明星”：奈斯派索、多趣酷思胶囊咖啡机，来自意大利、土耳其的 Baci 和 Damak 巧克力，荷兰的雀巢 Nido 全脂奶粉，法国的雀巢金牌咖啡，以及产自瑞士、英国和德国的雀巢及惠氏婴幼儿营养产品等，甚至还有丝塔芙洗面奶与护肤产品。雀巢计划在阿里平台为这些产品举办一个长达 6 个月的营销活动。

对雀巢来说，电子商务为它带来的最大好处有三个：一是更为广泛和深入地接触中国消费者，让他们用自己更喜欢的方式去购买产品；二是通过电子商务带来的海量用户数据，更深入地理解消费者的行为；三是利用互联网的长尾效应，高效满足更多中国消费者对“世界主义”的渴望，将雀巢那些在全球广受欢迎的产品卖到中国来。

“要在中国市场取得成功，必须要理解消费者的行为，中国消费者变化非常快，他们勇于尝试新的事物，”雀巢集团执行副总裁兼亚非大总裁龚万仁说，“想继续在这样的市场获得成功，创新非常重要。”

“中国的电商市场和全球任何一个市场都不一样，”大中华区电子商务总监王雷说，“淘宝、天猫、京东这样的电商平台占到了70% 以上的市场份额，平台化的模式带来的一个直接结果就是有非常多的产品和品牌，用户有数不清的选择。”国外不少消费者对品牌的忠诚度很高，对他们来说，电商是用来补货的，但中国消费者显然不是这样。

“所以在中国有一个独特的现象，很多厂商在线上、线下的市场占比并不一致。”王雷拿咖啡来举例说明这一点：雀巢可能在中国市场的线下销售中依靠自己的雀巢咖啡 1+2 等全线产品占有优势市场份额，但在线上却未必如此。互联网所具有的长尾效应和它所带来的利基市场现象，在中国电商市场上表现得淋漓尽致。

中国消费者在电商市场中的行为模式，几乎完全验证了西尔弗斯坦和巴特曼在《顾客要买什么》中的看法：由于消费者手握的选择和信息越来越多，“消费已经变成了一种寻宝活动”——消费者在不断搜索、尝试与比较各种商品和服务。喜欢逛淘宝和天猫的消费者是不折不扣的“寻宝人”——他们既会重视大品牌和身边人的推荐，也勇于冒险，尝试各种新鲜事物，想找到与众不同、适合自己的体验。

这就意味着，雀巢需要精心利用自己的产品优势和供货体系来重新布局电子商务——在互联网上的“雀巢”，不但要与雀巢中国各类产品的实体零售体系相辅相成，还要描绘出更加丰富、复杂、高效和更为全球化的“雀巢”形象。

“我们在 2014 年 11 月 1 日推出了一款‘浓臻交响’速溶咖啡，它是焦糖口味的，口感层次很丰富，从包装到口味都是专供电商。”王雷说，这款咖啡在2014年的“11 · 11”卖得相当不错。而她认为，在电商平台上，雀巢的高端巧克力、成人全脂奶粉、婴幼儿配方奶粉、咖啡等产品都会有很大的增长。在经过评估之后，雀巢可以将自己一部分在其他国家具有竞争力的明星产品通过电商售卖到中国来——在“喵巢星”计划中露面的意大利 Baci 巧克力、荷兰的雀巢 Nido 全脂奶粉、来自法国的雀巢金牌咖啡等产品便是很好的例子。

雀巢在全球市场其实有众多有趣的产品。例如，除奈斯派索胶囊咖啡机之外，雀巢日本在 2013 年推出了全球第一款胶囊式泡茶机——SPECIAL.T。与奈斯派索的原理类似，这款机器试图让茶变得像咖啡一样，按个按钮就能喝到——SPECIAL.T 一经推出就在日本市场很受欢迎。

“类似 SPECIAL.T 这样好玩的产品太多了，我们会从价格、定位、消费者接受程度来评估这些产品在国内电商平台售卖的可行性。”王雷说。

这样一来，雀巢就需要深化与天猫、淘宝和京东的合作，并且利用它们提供的数据服务，对消费者的心理做出更细致和准确的推测。

从更为广阔的角度来看，雀巢全球对参与在中国的“电子商务狂欢”都抱有极大的兴趣。

保罗·薄凯将雀巢在中国抓住电子商务的机会，称之为“对杂货销售组织的一次重构和再生”。他的设想是以电商为中心，结合数字化和社交媒体对销售组织进行改造和升级，这样一来，产品和组织管理也会随之发生改变——电子商务几乎肩负着推动雀巢再一次进行商业模式创新的重任。

从20世纪80年代开始，雀巢就致力于在中国建设一个多层次、健康的贸易形态，这些层次由不同的经销商和大卖场组成，它们分布在一线、二线、三线等城市里——在电子商务浪潮到来之前，雀巢深谙这一系统的管理之道。但当中国市场业务增长放缓，遇到消费者的需求和购买方式发生巨变时，如果雀巢因循旧制继续使用针对实体渠道的“推货模式”，就会陷入失衡。

“我们不得不去争取平衡，在推和拉之间平衡，追求新的商业模式，也就是电子商务。”保罗·薄凯说。

从2015年开始，雀巢中国的每一个事业部都有了专门的电商销售团队，这些事业部根据生意的进展，在电商上都形成了独立的战略。2016年，雀巢在中国的宠物护理业务50%的销量都是通过电商获取的，咖啡、婴幼儿配方奶粉的销售比例也各占到了30%。

“雀巢在中国有一个搭建多年、渗透得很深入的销售网，在很多县级城市，都有雀巢的销售渠道和销售人员，但是总体来说，这种实地销售的方法，还是面临人手不足的情况。”李文说，他所在的流通产品部销售的主要是咖啡、成人奶粉、麦片、糖果这4大类产品（雀巢的婴幼儿奶粉、冰激凌、水、调味品等业务单元因为产品性质的特殊性，都有专门的渠道）。

“要想把这个部门负责的近 200 种单品卖得更好，就要更精细化地去管理和运作渠道，不但需要不断创新，还可能会增加人力成本，”李文说，“比如再次进入中国市场的奇巧巧克力，到底怎么做市场活动，怎么铺货，都是需要有人去认真做的。

“现在电子商务的出现，其实就是一种渠道创新。和雀巢渠道管理中传统地将全国分成 8 个大区之类的做法不同，电商不受区域影响。随着电商的加入，我们管它叫‘中央和地方一起发力’。”

这样一来，雀巢也许能够在少量地增加管理成本的同时，引入更加丰富的产品，加强对消费者的吸引力。

“雀巢本身的管理体系是集中—分散型的，这种开放的管理方式对电子商务会很有利。”王雷说，比如说，雀巢中国的电商团队比雀巢总部的电商团队成立得要早，双方平时有很多沟通。“总部的电商加速团队会把各个市场的先进经验放在一起，形成指导策略和原则，但是它会尊重各个市场的选择。”

例如，在中国市场，王雷对亚马逊的重视程度和她的美国市场同事是有明显差别的，“相比阿里电商平台或者京东，亚马逊在中国的影响太小了”。雀巢这种管理体系促成的不仅仅是容纳差异化和相互理解，也带来了经验分享——王雷从总部的同事那里得到了一些有效的在线上检查执行效果的工具和解决方案。

“在线下，我们会用巡店的方式去看经销商在各个店的销售和执行情况，在线上，现在我们用一种搜索工具来看线上的产品有多少是雀巢的，图片是不是符合雀巢的要求等，这套工具就是欧洲雀巢最先开始用的。”王雷说。

对多数大众消费品公司来说，电商首先意味着一个“巨大的渠道”。利用电子商务售卖新品和在线下实体渠道铺货相比，风险和管理成本都比较小。如果深谙消费者心理，电商的成功也可以为新产品在线下售卖打开通路。

但是，雀巢对电子商务的看法不只是卖更多的产品那么简单。

首先，它必须保证食品安全。

“举例来说，我们有些从其他国家市场进口到中国的产品，假设国家标准规定脂肪含量是 25，进口产品实地测出来是 27，其他所有指标的检测结果都合格，而且 27 这个脂肪含量符合国际标准，对人体无害，这个时候雀巢该怎么办？”大中华区集团质量保证部副总裁邸雪枫的回答非常明确，“不论这个产品多好，国标规定的脂肪含量是 25，超过一点，我们就要对它说‘NO’（不能在中国市场卖）。”

其次，雀巢希望在电子商务领域也能培育出一个健康、良好的商业生态。

“雀巢要为淘宝的店主们提供更多支持和服务，并不只是简单地给他们发发货。”王雷说。除了为电商渠道特别研制产品，为了不让消费者买到假货，雀巢要一步步建立起在网络上的授权、认证和打假系统。为了更好地为消费者提供服务，雀巢也要对销售商进行产品知识培训与管理咨询服务。“遇到一些重要的销售机遇，我们还会为他们提供市场营销上的支持。”王雷说。

要想抓住电子商务的机会进行商业模式创新，几乎需要雀巢重新找回当年一步步开辟中国市场时的心态：尽心尽力为电商平台的经销商和消费者服务，在保持稳健、耐心的同时勇于尝试，在转型中尽量避免伤害自己原有的销售体系和支持者。对于像雀巢这样拥有庞大实体经销网络的企业来说，最后一条尤其重要。

最终，雀巢需要在整个全新的链条上再次实现创造共享价值，让消费者、经销商和自己共赢。

不管是从霍尔特和卡梅隆的“文化战略”理论的角度，还是简单地从对中国消费者行为的分析结果来看，像雀巢这样面向大众消费者的企业，在未来十年都面临着极大的挑战——当然，其中也蕴含着无数商机。

在过去 20 年中，跨国公司在中国拥有一种神奇的荣誉光环，皆因为它们为消费者提供了一种物质和心理上的双重满足。从 20 世纪 80 年代开始，跨国公司是质量可靠、高科技、有安全感的代表——在刚刚摆脱信息封闭状态时，中国消费者认为跨国公司是物质丰裕的中产生活的象征，经常无条件地相信它们，并愿意为之付费。

归根结底，在这些消费行为背后，是中国逐渐开始接纳和融入全球化的过程——收入不断提高的工薪阶层逐渐成长，开始接触舶来品和新的消费理念。他们中的多数人都感到自己应该追求比以前更好、更富足的生活，并且为摆脱了封闭状态，紧跟全球潮流而感到满足。

然而，几十年过去了，随着中国制造的进步、互联网带来的丰富信息和面临老年化、独生子女等现实社会问题，中国消费者对生活方式的理解已经越来越多元化。年轻人想让生活变得更有创造性，更与众不同。新兴的中产阶级不但在意自己和家人的生活品质能否融入世界化的浪潮，对生活方式的选择也更从容和有自己的思考。连即将迈入老年门槛的消费者，也在更聪明地追求性价比适宜的健康生活。

因此，食品公司未来面临的挑战是艰巨且呈两极化的。一方面，它们要应对经济疲软并且致力于减少饥饿现象，通过降低供应链的运作成本，让更多的人都能吃上价格更合理、质量更好和安全更有保障的食品。另一方面，它们还要不断开发在健康和营养方面有更强功效的新产品，挖空心思来满足消费者在食品功能化方面的需求。

而且，无论如何创新和降本增效，食品公司都必须牢记，食品不是药物，也不仅仅为了填饱肚子——消费者不光需要好口味和更方便快捷的体验，在物质丰富的时代，他们还追求食品中的文化和情感含义，因为这直接关系到消费者对自身所处阶层和身份的定义。

对于在中国享受了几十年“跨国公司”红利的大众消费品公司（无论是否是食品公司）来说，只有真正理解了这一轮巨变为中国消费者带来的各种心理与文化影响，根据消费者的心理诉求和意识形态变化将自己过去的产品不断进行升级换代，才能获得未来十年内的“爆炸性”增长。

“在数字化、技术、消费者的接触等各个方面，中国都是一个领先的市场，这是中国市场的伟大之处。”龚万仁说。她期待雀巢“下一个 150 周年的品牌故事能够发生在中国市场上”。

| 第三章 |

寻找雀巢的创新者基因

说“创新”是当今最热门的词语，毫不为过。

对于任何一家公司的CEO来说，创新都是首要的战略考虑，也是其商业成功最重要的武器。谷歌执行董事长埃里克·施密特曾经计算过，仅仅在2011年，“创新”这个词在美国企业年度及季度报告中就出现过不少于3.3万次（之后，它出现的频率和地方只会越来越多）。而在过去的几十年里，无数研究者出版了大量有关创新的书籍，试图寻找那些行业领先者身上的创新基因。

一论及创新，大家就下意识地想到史蒂夫·乔布斯、杰夫·贝佐斯和埃隆·马斯克这样的人。似乎只有在高科技行业，在摩尔定律起作用的地方，创新者才能取得引人注目的成就。

然而，创新绝非高科技企业的专利，也不是被互联网催生的——管理学大师彼得·德鲁克早就将创新称为每一个成功组织必备的“核心优势”。创新本身也并非单一维度，它可以发生在每个企业当中，每件事情和每一个人身上。

2011年，杰夫·戴尔（Jeff Dyer）、赫尔·葛瑞格森（Hal Gregersen）与美国哈佛大学商学院教授、创新管理领域专家克莱顿·克里斯坦森合作出版了一本书，名为《创新者的基因》（中信出版社于2013年2月出版）。他们花费了近十年的时间，对几十位创新型企业家和大型机构高管做了采访，试图找出这些人是在何时，又是如何冒出造就创新业务的想法的。

这三位学者研究和走访的企业分布于各行各业，其中既包括谷歌、苹果、亚马逊这样的科技企业，也不乏日化、家用产品、医疗设备、化工、农业这样传统领域的公司。另外，这些企业既有由职业经理人掌管的，也有由创始人一手做大的，企业规模和管理方法都不尽相同。他们对这些创新者进行了详尽的访谈。

通过一系列研究，这三位学者提出了一个观点：人们一惯认为创新能力是一种基因和认知技能，完全脱胎于大脑，而且“只有乔布斯这样的人才天生具有”，他人无法模仿——这一想法并不完全正确。相反，他们认为，“大多数人都会通过许多小的（衍生）创新有所作为”。尤其在商业领域，创新无处不在，它们可能是一种想法，一个程序，一种商业模式。对个人来说，甚至可能是一次脱离常规的改变生活方式的尝试——哪怕到最后这些尝试并不成功。

戴尔、葛瑞格森和克里斯坦森在这项研究中得出的最终结论绝对是令人振奋的：创新不仅仅是一种遗传倾向，更是一项积极的事业；创新是源于行为技能的，这些技能可以通过各种方法习得。这意味着一个人或者一个组织只要通过一些方法，就可以有效提高自身的创新能力。

《创新者的基因》一书的研究结果显示，一个公司的创始人或领导者如果是极具创新精神的人，他们会在不知不觉中将自己的行为特征融入公司——组织的创新基因往往与其创始人的创新基因是高度吻合的。

雀巢的创始人亨利·雀巢便是一位《创新者的基因》一书中描述的创新者，他极富好奇心与探索精神，并且有将自己的发明转化为商业成就的天赋。

亨利·雀巢本人既是精明的商人，又兼具研发人员的敏感，因此一贯坚持要靠实验室创新来推动产品研发——这一切正是雀巢如今遍布全球的研发网络的雏形。到20世纪30年代，由于在奶粉（干燥）领域积累的经验和知识，雀巢在自己位于瑞士的实验室里开发出了速溶咖啡——这成了雀巢20世纪最重要的发明之一。

同样，也是由于对创新的重视，雀巢从早期的与瑞士英瑞炼乳公司、彼得·凯雅卡耶克勒巧克力公司（凯雅）合并，到收购了美国食品公司三花、意大利公司堡康利、英国糖果公司能得利和美国婴儿营养品公司嘉宝等一系列公司。在其150年的历史上的一系列收购活动中，在所涉及的水、速冻食品、巧克力、调味品、罐头、糖果、冰激凌、宠物食品、健康产业等领域里，雀巢所收购的公司有以下共同点：财务健康，拥有大量技术专利，品牌形象极好，在管理和研发上都有一批相当优秀的人才——而雀巢秉承了瑞士企业的开放性，也力求制造出一个友善宽松的环境，将这些人才留在并购后的公司中。

据统计，在雀巢拥有的一大批“10亿瑞郎品牌”中，有相当一部分是由被并购企业生产的，例如三花、奇巧等。换言之，雀巢对新技术总是充满兴趣，从不为消灭竞争对手的品牌而进行过“恶意”并购——这一特点一向是雀巢和多数瑞士企业在收购竞争中的优势。

熟悉雀巢的人评价说，雀巢的创新文化始终带有瑞士企业的鲜明特色：开放性的创新思维与务实、注重安全质量的谨慎性格兼而有之。典型的瑞士企业都能在这些看似矛盾的品质中取得平衡，形成自己独特的竞争力：有长期策略，但对当下激烈的竞争环境也具有灵活的适应性；财务稳健却又舍得在研发和一些关键的创新环节上投入巨资——前者尤其是一个企业取得成功的核心。

汉穆·茂赫在任期内开始制定雀巢集团管理原则时，曾经总结过雀巢的创新原则："我们在价值观、原则和承诺上愿意保守一些，而在技术创新和其他开发研究方面，比如说消费者趋势研究上，则要成为最有活力的。"

茂赫的意思是说，从安全、健康、营养和功能性等角度上看，食品总是要满足以上全部或绝大多数要求的，这一点从来没有变过——雀巢对产品质量和安全的重视，从 19 世纪的亨利·雀巢时期就开始了。但茂赫和他之后的几任 CEO 也都清醒地认识到，从消费者的口味上看，食品也是极为复杂多变的——它们和人们与生俱来的口味偏好、社会变迁、全球化和生活水平提高等外部条件紧密地联系在一起，经常会发生意想不到的变动。

作为一个庞大的跨国公司（有超过 95% 以上的销售额都由瑞士之外的市场产生），雀巢又必须敏捷地应对它所在各个市场的人们的口味变化。在这种情况下，雀巢可能面临的最大风险，就是无法及时发现和满足消费者的最新要求，创新停滞，失去商机。

面对如今复杂和细分的市场，雀巢管理者的基本态度是，他们不会自上而下地决定什么是好吃的，什么是应该生产的，做出抉择的应该是各地的消费者。但同时，从生产商的角度来看，雀巢又必须把握好食品业的长远发展趋势，不能被一时一地的流行蒙蔽双眼——以它如今全球第一大食品公司的体量来看，如果走错或落后一步，其后果不堪设想。

在这些前提下，雀巢构造了自己独特的创新和研发系统——在2000年前后，雀巢对自己散落在全球的研发系统进行了大规模重组，大致形成了如今的三级体系：第一级是雀巢研究中心（Nestlé Research Centre，NRC），第二级为产品技术中心（Product Technology Centre，PTC）、区域研发中心（Research & Development Centre，R&D），第三级就是分布在工厂中的应用研发单位。

“一般来说，欧洲管理体系中所有的创新都带有系统性创新的特点，”对外经济贸易大学国际商学院教授范黎波说，“系统性创新是比较容易自上而下被推动的。”

这个研发体系目前共有员工5000余人，从结构上看，它是个倒金字塔形。位于瑞士总部的拥有600多名员工的雀巢研究中心组成了“倒金字塔”顶端最庞大的部分，其中包括来自50个不同国家的250名科学家。另外，处于这个“倒金字塔”顶端的机构还包括：坐落在瑞士洛桑联邦理工学院（EPFL）校园里的雀巢健康科学研究院，它专注于生物医学研究；为公司全球的临床试验提供专业医疗知识的雀巢临床研究中心；从事专业的植物科学研究的法国图尔（Tours）研发中心。

雀巢研究中心是雀巢最顶尖的研发机构之一，它既自己做研发，也致力于和各国科研机构、大学合作，进行和健康科学、基因和临床试验有关的基础学科与应用研究。按照彼得·德鲁克的说法，这本身就是一种“无围墙实验室”的创新模式——企业如今可以不局限于自己的实验室，而是联合不同领域和区域的相关科学家、科研机构、大学进行研发，最大限度地利用资源和分享成果。雀巢的这类研究一般都极具前瞻性，研发水平与那些生命科学、制药领域顶尖企业的研究机构相比毫不逊色。

举例来说，雀巢计划在 6 年内投入 22 亿瑞士法郎，让自己的研究中心和南安普顿大学、奥克兰大学等国际科研机构一起合作研究食品和环境对基因、身体以及未来几代人的影响。这类研究耗时极长，结果也许并不能立竿见影地转化为商机，但是能帮助雀巢的管理者在中长期战略上做出抉择，为未来的产品研发打下坚实的基础，或者为其遍布各个区域的研发中心提供理论和数据支持。

但是，雀巢研究中心这样的研发机构绝非高不可攀的象牙塔，它在各个区域市场也有自己的分支机构，这些员工和总部的科研人员一样，在各地联合各个大学和研究机构推动了很多“无围墙实验室”项目。他们不但会成为将瑞士总部的研发成果应用到产品中去的桥梁，也会从区域市场中搜集竞争对手的信息和新的产品以供总部研究。

而遍布全球的 34 个产品技术中心和区域研发中心则构成了“倒金字塔”的中坚部分，其中的研发人员负责了解和研究所在区域消费者的喜好，结合雀巢的中长期战略，将雀巢研究中心和自身的研究成果转化为产品和生产它们所需要的技术与工艺流程。

在雀巢遍布全球的 500 多个工厂里，还分布着一些第三级研发单位——这里的研发人员组成了一个个和工艺流程、供应商、生产现场联系更为紧密的小型研发团队。他们在当地和工厂、供应商紧密配合，负责对工厂和区域消费者的需求做出快速响应。比如，当地关于食品的法律法规发生更改，或者某类产品为适应消费者需求变化需要简单调整配方出应季新品时，工厂中的这些小型研发团队就能胜任。

工厂中的研发人员能够得到雀巢的第一级（雀巢研究中心）和第二级（产品技术及区域研发中心）研发机构的大力支持——在后两类研发机构中，工作着3000多名科学家与研发人员，他们的知识和研究成果都是可以直接与工厂的同事们共享的。

就这样，凭借全球化的研发体系和规模效应，雀巢创造出了一个巨大的、实力雄厚的创新与知识共享的网络：在这其中，研究机构所有的信息和成果都是流动和透明的，它们不但会被用来支持本系统的同事的研究，还可以提供给全球市场中的各个部门，比如销售、市场等团队作为业务支持。

但在雀巢内部，信息和知识的流动不是单向度的，并非只是由权威性的顶端流向外围。相反，在各个市场里，从销售、市场部门收集来的信息不但可以畅通无阻地横向流动，也能及时传递给各级研发机构。从各个工厂反馈过来的生产现场信息和销售市场人员收集的竞争对手信息也非常多——这些信息流动的结果最终都要体现在雀巢的产品和管理决策上。

雀巢在中国的合资公司太太乐创始人荣耀中回忆说，当年他第一次受邀访问雀巢瑞士总部时，发现瑞士的研究人员手中掌握着大量关于太太乐的资料，由于太太乐一直是雀巢的美极品牌在调味品市场的有力竞争者，这些资料至少经过了几年的积累。“他们对竞争对手的研究工作做得非常细致。”荣耀中评价说。

而他最引以为豪的产品——太太乐鸡精的颗粒体在20万倍电子显微镜下被拍成了彩色照片——研究人员对他独有的结晶技术非常感兴趣。

“这个照片到现在还挂在雀巢瑞士的研究中心里。”

“在整个公司信息共享和价值观一致的情况下，我们在每个市场遇到的挑战和尝试，都可能转化成另外一个市场的机会，”雀巢集团前任亚大非区总裁南吉硕（Nandu Nandkishore）说，“比如，我们在意大利市场发现了一个和产品、销售、生产等任何行为有关的好办法或者新尝试，通过共享网络，我们就可以把它移植到日本或者欧洲其他国家去试试。”

雀巢几乎所有的顶级品牌都是这样从区域市场开始，慢慢通过经验积累和良好的口碑横扫全球的。例如，美极原本是欧洲产品，但它在中国却被误认为是本地品牌，并且颇受粤菜大厨们的青睐。雀巢目前最受欢迎的产品之一——奈斯派索胶囊咖啡机也是先在日本和欧洲市场取得了成功，然后扩张到了其他区域。

“在雀巢，这种创新实践的机会是非常多的。”南吉硕说。

在商业世界里，人们如此重视创新是有原因的。

彼得·德鲁克早就认定，在变动剧烈的现代社会中，只有那些能够领导创新和变革的企业才能够幸存。在瑞士，企业创新不仅仅受到鼓励，也是一种社会共识——据统计，有 80% 的瑞士人都在商业环境中工作，因此瑞士人的看法是，没有企业家的创新精神，就会导致社会发展停滞。

雀巢的创新背后有两类驱动力在起作用：一种是消费者对于饮食享受、方便、健康、舒适的需求在不断提高；一种是全球食品和营养品市场的竞争正变得越来越激烈和残酷。保罗·薄凯在很多场合都说过，雀巢的战略方向是通过倡导营养、健康和幸福生活的理念提升人们的生活质量，“要做到这一点，必须用基于科学的创新来驱动”。

因此，在研发上，雀巢始终保持着令很多企业羡慕的资金投入。很少有食品公司能像雀巢这样为研发投入这么多的人力、物力和财力：雀巢 2015 年的全年销售额为 888 亿瑞士法郎，而它近些年来的研发投入一直占到了当年全球销售总额的 2% 左右。

但是，光有资金投入是不够的，雀巢的领导者所关心的事和绝大多数研究创新的学者所关心的是一样的：关键在于如何让企业或个人的创新能力不断延续下去。

克莱顿·克里斯坦森和他的同事们在《创新者的基因》中所做的一切，就是试图证明创新者的基因不是天生的，“人形成创新想法的能力不仅是大脑的功能，同时也是行为的功能”——这意味着创新能力可以被训练，甚至可以被复制。这样一来，企业就能通过一系列制度和方法将这些基因引入公司内部，积极鼓励、支持员工和合作伙伴的创新，以让自己在市场中更具有竞争力。

在通过对全球几百个企业进行调查后，他们发现，能够创新的企业和个人基本都具有 5 个特点：联系、发问、观察、交际、实验。《创新者的基因》一书总结出来的这 5 个特点是相互作用的：首先，创新者要有整合并理解新颖的所见所闻的能力——这就是“联系性思维”，这有助于他们想出绝佳的点子；在拥有联系性思维的大前提下，创新者都是勤奋的发问者，热衷于求索，喜欢挑战现状；而一旦进入创新领域，他们都是细致的观察者，能跨界获得对新事物的见解和想法；随后，这些企业或者个人，总是能够很好地运用自己内部或外部的关系网来实验自己的想法；最后，终其一生，他们具有某种热情或者某种机制，能让自己始终都在尝试新的体验。

从某种程度上看，雀巢历史上的三任管理者，汉穆·茂赫、包必达和保罗·薄凯，都具有《创新者的基因》一书中所说的创新能力。

凭借这一能力，他们分别带领雀巢经历了三个阶段：首先，茂赫应用自己在雀巢的全部工作经验，创造性地明确了雀巢要做全球最大食品公司的战略——这一原则贯穿在茂赫、包必达和保罗·薄凯的任期内。在这个大前提下，他们在全球并购了大量企业，并且不断剥离与其中长期战略不符或者利润微薄的企业，形成了雀巢如今的规模优势；其次，他们三个人分阶段总结和完善了蕴含雀巢文化的管理原则；最终，因为竞争环境的激烈变化，从包必达到保罗·薄凯，都没有再一味追求为并购而并购，而是开始精耕细作——通过做“减法”，整合重组雀巢的管理与生产架构，努力提高资源利用率和降低成本，更迅速地满足消费者的需求。

这就意味着雀巢在不断通过创新寻找新利润增长点的同时，也必须兼顾在全球各个市场上更为健康、稳固的增长。

因此，在如今的雀巢内部，创新分为两类：创新和持续创新。创新意味着不断开发新产品，抓住市场新的需求，持续创新则是要根据市场反馈和内部革新要求对现有产品和工艺不断进行改善。要做到这两点，就意味着雀巢一定要在内部发掘出创新者基因，将它真正引入公司，用每一天的管理、经营工作不断强化，在企业中保持学习、不断改进的创新气氛。

“创造性发现的过程有时很艰难，但收获远胜于艰辛”，杰夫·戴尔、赫尔·葛瑞格森与克莱顿·克里斯坦森把创新比喻为埋下橡树的种子，不是每粒种子都能发芽，但是通过在创新组织和团队中寻找并且推广创新者基因，就能够成功地培育出“树苗”——这些创造性的成果才是推动企业，乃至整个商业世界和人类社会不断发展的核心动力。

所以，创新“是对自己的投资，是对他人的投资，也是对公司的投资”。

如何保持创新活力

在雀巢150年的发展历史中，出现过几次依靠创新带来的爆发性增长。

第一波增长源于创始人亨利·雀巢在1867年发明的“雀巢婴儿麦片粥”，它是雀巢真正意义上的首款全球性产品，迅速占领了市场。

在亨利·雀巢于1874年功成身退之后，雀巢通过与英瑞炼乳公司合并，抓住在第一次世界大战前后的发展机遇——当时的人们急需易保存的奶制品，这成就了雀巢的第二次增长。但当时，雀巢的主要产品还是集中在和牛奶有关的领域里：狭义的牛奶制品（尤其是甜炼乳）、婴幼儿食品（奶粉和乳品）、巧克力——一开始，雀巢只生产牛奶巧克力。

由于有瑞士公司惯有的财务稳健特征，雀巢在从1929年开始席卷美国和欧洲大陆的经济“大萧条”中并未受到太大影响，并且在1938年研发出了自己的第一款速溶咖啡。这款咖啡使得雀巢闻名全球，也成就了它的第三次爆发性增长——对很多地区的消费者来说，“雀巢咖啡”几乎就是雀巢公司的代名词。

由于瑞士在两次世界大战中始终保持中立，雀巢并未像其他欧洲公司一样遭受太大影响。“二战”结束后，雀巢已经成长为一个全球性的公司，并且逐渐进入了多元化发展的阶段。由于必须保持一定的增长速度，一方面，雀巢在欧洲收购了美极、芬达斯速冻食品等品牌和公司，用于扩充自己的食品老本行。另一方面，它也在全球收购了矿业、酒店、餐厅、眼部护理、矿泉水、加州葡萄酒等各式公司，甚至和欧莱雅公司交叉持股——雀巢管理层当时的想法是，在一些有前途的领域实现业务多元化，能让公司的经营状况变得更加安全和稳定。

不管在什么阶段，雀巢的扩张和发展一直保持财务稳健——事实上，在雀巢150年的历史中，它账面上出现亏损的年份极少；因为天生谨慎，并且靠强大的干燥技术起家，雀巢也很少在收购上做出灾难性的错误判断，它所收购和合资的食品公司都带有核心技术或品牌优势，与自己在各方面都能形成互补。

但是，到20世纪70年代末，全球经济发展速度放缓，雀巢的竞争对手，例如联合利华、卡夫等公司也成长了起来，在多个市场上与之进行激烈竞争。此时，雀巢之前的多元化战略带来的一些问题也随之显现了：公司虽然体量庞大，但精力和资源分散在各个行业，雀巢并没有在竞争中充分享受到规模效应；同样，还是因为资源不够集中，雀巢的创新势头减弱了，作为曾研发出速溶咖啡这样席卷全球的产品的巨头，雀巢20世纪70年代以后在食品领域的创新成果甚至曾被外界批评为是“乏善可陈”的。

这个问题最终被德国人汉穆·茂赫解决了。

汉穆·茂赫是 1980 年进入雀巢集团执行委员会，正式担任雀巢领导者的。他的继任 CEO 包必达评价说，汉穆·茂赫几乎是在一个“生死攸关的时刻”接掌雀巢的，因为当时公司正徘徊在多元化和集中精力做食品公司的战略岔路口。

汉穆·茂赫显然是《创新者的基因》一书中所谈到的创新型领导者。德国记者弗里德海姆·施瓦茨——他后来撰写了《肯定是你：雀巢缔造者的经营理念》(哈尔滨出版社于 2004 年 1 月出版，以下简称《肯定是你》) 一书——在多次采访和观察汉穆·茂赫之后评论说，此人有超强的思维能力，充满好奇心，思路宽广，能够不断找到新的看待问题的角度，还具有强烈的责任心。

汉穆·茂赫性格直率果断，“说话从不拐弯抹角，总是一语中的(甚至有时言辞有点尖锐)”。而且，和史蒂夫·乔布斯、埃隆·马斯克这类性格极其鲜明的企业创始人一样，汉穆·茂赫拥有一个创新者最重要的认知技能，即整合并理解所见所闻，从而发现新发展方向的能力——“联系性思维”。

德鲁克也在自己的管理著作里详细地描述过这种天赋，他认为一个创新者必须有“预见”的能力，对他人来说毫不相干、各自分离的因素，在他这里却可以被融成一个系统，并且帮助他得出一些有别于他人的结论。

在汉穆·茂赫的任期内，他首先明确了雀巢的发展方向。

由于认定全球化已是大势所趋，他决定把雀巢的目标从无节制的多元化上扳回到食品领域里来。他目标明确地表示，要将雀巢扩建成全球第一大食品企业，以便获得规模效应能给它带来的所有好处——这一目标最终在 1996 年实现了。汉穆·茂赫在一次采访中告诉弗里德海姆·施瓦茨："在我们为雀巢完成了所有的并购时，别人都还没有开始动手呢，我们比其他竞争者提前完成了 80% 的工作。当别人开始动手的时候，激烈的竞争战打响了，并购变得异常昂贵。"

其次，汉穆·茂赫认定，在食品市场上，雀巢一定要抢先进入一些最有潜力的领域。

在这方面，他的"联系性思维"里有几处神来之笔，其中包括雀巢在 1984 年买下美国的三花食品——这是当时欧洲企业对美国企业进行的最大并购，耗资近 35 亿美元。三花主要销售乳制品、即溶饮料、调味品和宠物食品。汉穆·茂赫一直认为，宠物食品会是一个极有潜力的领域，"人们爱他们的宠物，而且为它们花多少钱都乐意"。

但在当时，这个创意对一个传统瑞士食品公司来说，似乎有点太"过"了。据《肯定是你》一书记载，汉穆·茂赫颇具幽默感地回忆起自己提出这个想法时其他人的反应："人们恨不得把我扔出去，他们说：'我们才不做什么猫粮、狗粮呢！'"

事实证明，汉穆·茂赫的看法是对的。在之后的岁月里，人们逐渐把宠物视为家庭成员（这个趋势又被称为"宠物人类化"），为它们不惜花费大量精力和金钱。2001 年，雀巢在宠物食品方面也成了世界冠军——汉穆·茂赫的继任者包必达花了 103 亿美元收购罗尔斯顿·普瑞纳，把它和喜跃合并，成立了雀巢普瑞纳宠物食品公司。

汉穆·茂赫还有一个看法是，雀巢应该及早进军早餐谷物行业，从动物获取食物的原材料的成本是从植物获取原材料成本的 7 倍。

而且，在消费者开始重视健康的潮流中，早餐谷物将是一种无法阻挡的饮食趋势。1990 年，雀巢和通用磨坊公司合资，开始生产早餐谷物时，人们的脑子里还只有“咖啡、巧克力和牛奶”。

同时，汉穆·茂赫认定，水对于人的健康和生活来说极为重要——瑞士国土大部分是自然资源贫乏的山地，唯独水资源极为丰富。他用石油来比喻水源的珍贵，认为地球上的水会越来越少，所以为消费者提供高质量的饮用水会是一个好生意。在整个 20 世纪 90 年代，雀巢在欧洲、美国等地都收购了大量的优质水源和矿泉水品牌。在中国，雀巢在 2010 年收购了位列云南省矿泉水第一名的云南大山饮品有限公司。

这使得雀巢集团水业务的产品线十分丰富，甚至可以说包罗万象：既有法国的巴黎水和意大利的圣培露这样的高端品牌，也包括一些符合各区域消费者喜好的本地品牌，例如中国云南的大山矿泉水，还有人人都能消费得起的，含有定量矿物盐的高质量饮用水——雀巢优活（Nestlé Pure Life）——它是雀巢水业务集团的核心品牌。

此外，汉穆·茂赫对社会发展中出现的各种新趋势都很敏感，他说：“我们必须针对正在成长的特定族群人口（比如老年人和运动员），创造出新的商品。”他不光看重雀巢在基因学和用植物蛋白质代替动物蛋白质等方面的前瞻性研究，也对各种社会上的流行趋势保持了警觉。

茂赫的两位继任者——包必达和保罗·薄凯和他一样，都是富有战略眼光和“联系性思维”的创新者。

他们在任期内对人口爆炸、老龄化、城市化及居民收入大幅度增长这些社会发展趋势也都做出了具有前瞻性的反应。包必达和保罗·薄凯都积极支持针对这些领域的研发，并对此做了巨大投入——通过雀巢的“倒金字塔”形三层研发系统和特有的管理组织架构，这些研究成果和创新思维纷纷转化为产品，并获得了不错的回报。

中国研发中心的秘密

管理学大师彼得·德鲁克在指出创新的种种好处后，也曾经不止一次警告过人们，“大多数创新性理念不一定都能转化为有用的良策”。

不光是管理学大师们抱持这一观点，在具体运营中，凡是有过企业管理经验的职业经理人或创始人都明白，要将一个新理念转化为现实的成功，是一件既困难又极具风险的事情。一个领导者当然可以思维活跃，不断冒出新点子，但如果它们无法落地或者在实施过程中走了样，就往往会得不偿失。

对雀巢来说，幸运的是，除了《创新者的基因》一书中强调的“联系性思维”，汉穆·茂赫和他的继任者都在力推让创新落地和激发创新的其他 4 项行动技能：发问、观察、交际和实验。

汉穆·茂赫和包必达一起进行了管理制度改革，将雀巢公司原本就具有的企业文化特点变得更为稳定、清晰，将它们一一写入雀巢的管理原则并固化为价值观。包括保罗·薄凯在内，雀巢这三任 CEO 都很重视创新，并且试图将这一基因整合进雀巢的日常管理制度里。

他们希望的是，通过雀巢遍布全球的三层研发体系，加上和各个业务部门之间的相互作用与沟通，不断开发出新产品，在食品工业的创新前沿保持和巩固公司的领先地位。要知道，雀巢现有的成功很大程度上要归功于它所拥有的大量独一无二的产品，它们基本都是这个研发创新机制下产出的成果。

在“倒金字塔”顶端的瑞士雀巢研究中心里，科学家们的工作主要是为整个集团在食品和生命科学等方面的研究奠定基础，他们和全球很多的大学及研究机构都有合作，研究领域涵盖雀巢所有业务中必备的技术知识和几乎所有与食品有关的科学分支里，例如原材料、植物学、人类大脑功能、分子生物学、营养学和人类机体生物功能等。

然而，由于雀巢是一个全球化的公司，并且随着地域的不同，人们的饮食习惯也千差万别，雀巢的任何一个分公司如果不能满足当地需求，那么它的产品就没有销路。这里还不仅仅指的是口味，世界各地的消费者对于食物的烹饪和所使用的原料也有着天壤之别——就连中国各个省之间，例如浙江和四川的消费者偏好也是相差甚远的。因此，仅在亚洲，雀巢就在新加坡、日本、中国、印度等地设有多个区域研发中心——它们负责让雀巢在当地销售的产品的口味更符合本地消费者的喜好，生产工艺也更为完善。

各区域研发中心所研发的产品与项目不仅仅和自己所处的地理位置有关，也秉承资源优化的原则，有各自的主攻方向，如乳制品、咖啡、冰激凌、调味品等。它们负责了解和研究当地的消费者喜好，并且将其纳入自己的研究方向，为雀巢在全球各地的工厂提供必要的技术支持。雀巢目前在全球一共有 34 个区域研发中心及产品技术中心，后者则是负责在几大类产品的生产制造及工艺流程上进行改善、研发和创新，例如咖啡、巧克力、冰激凌、水等。

截至2016年，雀巢在中国已经有了4家研发中心，分别位于北京、厦门、上海和东莞。

中国这4个研发中心所负责的产品和研究项目都不一样，虽然是着重为中国市场服务，但它们也会发挥协同效应，与其他国家和地区的研发中心在一些项目上互为支持。

“简单地说，上海研发中心研究的是烹饪类产品，也就是‘咸味’和‘鲜味’的调味品，然后他们会支持雀巢专业餐饮部门售卖的产品，也会负责研发一部分机器设备。”雀巢中国研发中心总经理连慧萍解释说，因为中国已经成为最大的全球小家电设备生产基地，雀巢在全球销售的奈斯派索和多趣酷思胶囊咖啡机有一部分是在中国制造的，因此上海研发中心也设有相关的研究项目。

上海研发中心是2001年启用的，是雀巢在中国建立的第一个区域研发中心。它就坐落于雀巢的合作伙伴太太乐的厂区内，不但可以支持太太乐自己的研发团队，还负责将前者的一部分核心技术，例如鸡精的结晶技术，输出到雀巢全球的其他区域里去。

“北京研发中心的主攻方向则主要是奶、咖啡、麦片、混合饮料和营养品，另外也对包装、消费者洞察有所涉猎。”连慧萍说，“在健康科学基础研究这个领域，雀巢已经注意到中国和其他亚洲国家老龄化加剧这一情况，北京研发中心近些年在这一领域有不少成果。他们也开展了对中国食材的研究，比如研究枸杞和桑葚等一系列传统中国食材的药用功能，这些研发成果其实不限于在中国使用。”

北京研发中心在2008年启用，时值中国奶业“三聚氰胺事件”大爆发。随后，食品安全问题在中国日益成为一个高度敏感的话题。所以2014年雀巢特意在北京正式成立了食品安全研究院。食品安全研究院是与雀巢集团的25个质量保证中心联网的，该研究院的工作是让专家在此对雀巢的食品和整个行业的发展进行风险评估、早期预警和科学研究。中国一旦发生食品安全事件，即使与雀巢无关，食品安全研究院也会将信息传回瑞士，并及时寻找到检测、解决办法。这样一来，无论是雀巢自己的工厂还是其他合作伙伴遇到突发事件，雀巢都能够利用全球的经验快捷、准确地去处理。

雀巢北京研发中心

东莞研发中心就建在雀巢收购的徐福记厂区内，徐福记从1998年开始就占据了国内糖果市场上第一名的位置，因此东莞研发中心的研发主攻方向与烘焙食品、糖果、巧克力和冰激凌有关。厦门研发中心则建在雀巢收购的厦门银鹭食品集团有限公司里，鉴于后者以花生牛奶和八宝粥著名——这个中心的研究方向也是即饮即食产品。

雀巢东莞研发中心

东莞和厦门这两个研发中心都是在2014年到2015年间新建的，东莞研发中心除支持徐福记外，还会为雀巢在1999年开始授权使用的广州冰激凌品牌“五羊”服务。五羊从20世纪60年代起就一直是广东省最受欢迎的冷饮品牌之一——对很多当地人来说，五羊的各色雪糕、甜筒，尤其是香芋甜筒，和他们的童年回忆紧密地联系在一起。

在中国的4个研发中心中，有上百名研究人员在为中国消费者和雀巢在中国出售的产品工作。

他们已经注意到：一方面，中国消费者的口味尽管和其他国家不同，但是不断壮大的中产阶级有着强烈的与国际接轨的愿望；另一方面，中国还面临自己独特的问题，比如城市化速度正在加快、中产的崛起和打工人口的增加等。另外，在计划生育政策实施多年后，中国人口老龄化从2000年开始就呈现出加速的态势。这些趋势都使得消费者对自己、对父母和孩子的营养、健康和食品安全格外重视。

这4个研发中心都归属于雀巢研发（中国）有限公司——它们组成了一个“大研发中心”的概念，由连慧萍任总经理，同时，连慧萍也分管北京研发中心。在这个“大研发中心”里，也有金字塔的顶端——雀巢研究中心的成员，他们和总部的科研人员一样，在中国联合一些大学和研究机构推动了很多“无围墙实验室”的具备前瞻性的项目，同时还要负责根据中国的实际情况，将瑞士总部的研发成果引入区域性销售的产品中。

“雀巢研究中心目前在中国的研究主要集中在中老年人和母婴部分，其中，和中老年人有关的是代谢、心血管和骨健康等问题，还包括脑发育等课题。”雀巢研究中心分部的赵西西说，他们和西安交通大学、复旦大学、厦门大学等高校的医学院和生命科学院都有与此相关的产品项目合作。

比如说，研究中心把雀巢在欧洲对于植物甾醇降低高血脂人群胆固醇水平的研究成果带入了中国，最后让植物甾醇附着在奶粉这种产品上落了地——这就是后来雀巢在国内卖得很好的“健心”系列中老年奶粉。

在母婴方面，从2011年开始，由雀巢中国发起，北京大学公共卫生学院、雀巢研发中心和雀巢营养科学院共同完成了一项大型母婴营养健康和母乳成分研究项目——“明（MING，Maternal Infant Nutritional Growth）研究”。在北京大学公共卫生学院的帮助下，雀巢花了两年多的时间，在8个城市进行了抽样调查，样本包括2000多名0~36个月的孩子，近600名孕妇及在哺乳期内的母亲。

“明研究”对中国 8 个城市中 418 例 7~12 个月的婴儿进行了问卷调查，按生后 0~6 月的喂养方式分为纯人工喂养组、混合喂养组和纯母乳喂养组，采用 24 小时膳食回顾获得其膳食情况，并测量其身长和体重。在这次调查中，他们还采集和分析了 436 份来自北京、苏州、广州三地 20~41 岁母亲产后 5~11 天、12~30 天、1~2 个月、2~4 个月等不同阶段的母乳样本，测定了蛋白质、脂肪和乳糖含量。

在中国，雀巢的“明研究”是首个全面覆盖生命早期 1000 天所有相关健康人群较大样本的膳食调查，也是自 20 世纪 80 年代以来，国内首次全面深度地对母婴营养与健康状况进行分析。“雀巢在其他国家也有类似的项目，比如在美国，母婴研究项目的名字叫‘FITS’。”“明研究”的项目经理冯沛霖（Gerard Vinyes Pares）说。

通过“明研究”的大规模调查，雀巢获得了很多关于国内母婴健康的一手资料，例如，他们发现了样本中有 43% 的女性在怀孕时出现了超重的情况。在中国，尽管人们已经对孕期妇女的营养问题越来越重视，但在她们中还是存在着 16.3% 的贫血率。所有这些数据对于研究国内母婴健康营养的学者来说，是极为重要的。

这些资料和数据不仅会用来支持雀巢自己的婴幼儿产品研发，也开放给了北大公共卫生学院，后者和雀巢研究中心的专家一起就此进行了分析和研究。截至 2016 年年底，由“明研究”项目产生的、公开发表的有关国内母婴营养健康方面的论文已经达到了 23 篇。“和在其他国家一样，我们的研究结果最终都会通过论文和其他方式与公众分享，”雀巢研究中心消费者科学与公共卫生研究团队主管余恺说，“这其实也是雀巢创造共享价值的一部分。”

尽管这 4 个区域研发中心投入精力的领域和方式各不相同，但它们在日常的创新工作中会遵循几个共同的原则。

“第一个原则是要保证产品质量，不论如何创新，如何节省成本，质量是第一位的——因为雀巢始终是通过产品和消费者沟通；第二个原则是关注环保，雀巢很强调企业社会责任，所以现在研发产品时，我们开始使用一个对产品成本进行测算的系统 EcodEX，它的特点是会把环境保护、对农业社区和供应商的影响等因素都计算进去，以确保我们从取得原料到生产和销售的过程都遵循可持续发展的原则。”连慧萍说，“这也是雀巢提倡的‘创造共享价值’的一部分。

“这几年，这些关于可持续发展的要求在雀巢的产品里越来越明确了。”连慧萍说，“第三个原则是雀巢作为一个商业公司，必须考虑节省成本，这是增强产品竞争力的一个重要因素，所以研发人员一定要从这个角度去思考问题；最后一个原则是安全，这是雀巢最重视的一点，我们要在产品研发之初就考虑到如何保障员工、合作伙伴和消费者的安全。”

美极鲜味汁的故事

其实，就在连慧萍阐述雀巢研发工作的总原则时，几乎就已经描述出了雀巢内部研发创新团队的人员构成和特点——要想完美地完成她所说的工作并且创造出新产品，需要一整队知识面能够涵盖从原料获取、工厂生产到消费者需求的研究人员，也就是说，雀巢的研发其实覆盖了一条端到端的食品供应链。

《创新者的基因》一书认为，确保创新团队拥有互补的发现和实现技能是很重要的，“一个有创新能力的团队必须容纳多学科的人才”。举例来说，人类学家和从事认知科学研究的人能从顾客角度提供意见——他们善于观察顾客，并且与他们感同身受。技术专家则掌握了很多能够让新产品创意落地的知识。另外，销售、市场这样的业务部门的人才也是必不可少的，他们对新产品或者服务是否真正具有市场潜力非常敏感。在创新的整个过程中，这些领域的专业人士必须从始至终都在一起协调工作，来确保产品从一开始就用集众人之所长的最佳方案设计、定价、制造、推广和销售。

最早在设计整个雀巢人力资源架构时，汉穆·茂赫就一直强调“互补”。不光是他，雀巢的历任 CEO 都喜欢把有不同专长、经验和性格的人，年纪大的和年纪轻的人放到一起工作。他们认为在这种复杂的组合下，只要大家的价值观一致，彼此碰撞时更容易产生火花。

从这个角度来看，雀巢中国研发中心的人员构成足够复杂多样了。

职能上，他们覆盖了从取得原料到将产品送到消费者餐桌上的整个供应链条。专业上，这些负责研究食品质量与安全、食品科学技术、食品营养、口味与消费者喜好和包装设计的研究人员分别具有医学、营养学、人类学、社会学和设计等学科的广泛背景，并且年龄和工作经历都各不相同，不少人来自其他国家——连慧萍本人就是新加坡人。

汉穆·茂赫和他的继任者都曾经描述过理想中的创新者，他们要“聪明、有天分、有经验、具有正能量”，其中，“聪明”包括了观察能力、学习能力、广泛的兴趣和良好的交流能力，“有经验”其实是很重要的一点——雀巢的 CEO 们一直反对自己的员工在创新时与现实脱节，落入一套套的理论与空想。

这一传统其实贯穿了雀巢整个的研发历史，亨利·雀巢本人就是极好的例子——据说还在为药剂师做助手时，亨利·雀巢就曾突发奇想在矿泉水里加入柠檬汁，并且将饮水管直接接到了经营场所以便销售。

也许，连慧萍本人的经历最能说明，雀巢到底需要什么样的人来创造和改良那些每天都要出现在人们餐桌上的食品。

在亚洲地区，雀巢最早的区域研发中心是 1983 年在新加坡建立的——连慧萍就是在那一年加入了新加坡研发中心，她当时刚刚从英国拿到食品工程博士学位。一进入雀巢新加坡研发中心，连慧萍就发现，做学问的人往往“只是从科学上了解很多关于蛋白质的知识”，具体怎样做出一个新产品，雀巢需要研发人员有将其落地变为现实的能力。

幸运的是，或者说按照雀巢在人力资源方面培养新人的惯例，连慧萍当时的上司是一个在工厂生产方面经验极为丰富的德国专家，“在这方面我跟他学了很多”。

20 世纪 90 年代，雀巢在全球对工厂的生产能力和供应链进行了多次整合与优化，他们在马来西亚生产巧克力，在泰国生产咖啡伴侣，在菲律宾生产早餐谷物，而在新加坡生产美极系列产品——新加坡研发中心很快就靠在美极鲜味汁上的研究成果赢得了自己在全球区域研发中心里的一席之地。

真正的美极鲜味汁源自瑞士，是朱利亚斯·美极（Julius Maggi）于 1884 年在瑞士开创的烹调品牌，雀巢公司在 1947 年并购美极之后，美极鲜味汁一直是它的招牌产品，在欧洲家喻户晓。

美极鲜味汁里的鲜味来自其中的氨基酸等物质，这些物质含量越高，鲜度就越高。因为是不折不扣的欧洲产品，所以美极鲜味汁的工艺制造思路和亚洲传统的酱油酿造方法完全不同。它一开始是从肉类中分解出氨基酸，这套工艺后来逐渐改用植物原料（大豆等），然后用酸解工艺将氨基酸从蛋白质分子里分离出来。

到20世纪80年代，西方食品营养学界开始陆续有论文出现，列举了酸解工艺的可能带来的各种问题，雀巢注意到了这个趋势，决定改良美极鲜味汁的制造工艺。当时，雀巢设置了两组科研人员研究如何改进美极鲜味汁，一组人在瑞士，另一组人在新加坡——连慧萍就在当时新加坡的研发小组里。

当时的新加坡研发中心在雀巢的研发版图里还很“年轻”，但这个研发小组的优势在于了解亚洲传统的酱油发酵工艺。

“我们是从东方人的角度去研究这个东西的。”连慧萍说，但这个优势“有利也有弊”。困扰新加坡研发小组的问题是，如何既借鉴亚洲的传统发酵工艺，又保持美极鲜味汁的与众不同——因为它其实是不折不扣的欧洲“血统”，味道和传统的东方酱油有着微妙的差异。

“因此，我们从选择原料开始就做了大量实验。”最终，新加坡的研发人员决定弃用传统的黄豆豆粕，“豆粕发酵后做出来的味道太像酱油，这样一来，美极鲜味汁的特殊风味就没有了。”连慧萍说。

他们最后找到的办法是使用小麦替代豆粕作为原料，并且开发出一种新的发酵工艺，经过三个步骤从小麦蛋白中分解出氨基酸，“用这个新工艺做出来的鲜味汁比以前更鲜，没有酸解带来的问题，而且保持了美极的风格”。

因为涉及工厂大规模生产环节，改变美极鲜味汁制造工艺的工作并不轻松。举例来说，这一新工艺到1990年已算基本成熟，但当时新加坡的研究人员都是在中试车间（供企业生产或开发工艺非成熟产品的车间，其设备多为通用型设备，目标是为连续化生产做准备）生产，一次做50、100升没问题，但如果让工厂连续几十吨地生产，外部环境和条件不一样了，这个工艺能过关吗？

答案并不确定。

在食品工业中，产品从实验室开发出来到能够真正实现大批量生产，因为外部环境和时间等条件的改变，还需要做大量的实验。幸亏当时研发小组和雀巢新加坡美极工厂合作紧密，工厂在生产上给予他们许多帮助——直到1992年，这套新工艺才算真正从概念落实到了生产上。

“美极鲜味汁这个新工艺的诞生和推广过程非常特别。”连慧萍回忆说，原因是当时瑞士总部也有一个小组在按他们自己的思路做研发。因此，新加坡的研究小组需要想办法说服雀巢总部采纳这个“东方式”的创新——这其实也是一场研发中心内部的比拼。

为此，新加坡的研发人员需要给出大量证据，它们都是量化的客观数据，包括“和竞争产品的比对”“用户测试的结果”等。为此，他们不但需要美极工厂在生产上给予配合，还得去说服美极的销售人员和市场调查人员，帮助测试用新工艺生产的美极鲜味汁在市场引发的反应。

“那时香港是美极在亚洲最重要的市场之一，香港饮食文化发达，粤菜大厨们很喜欢用这种调味汁做菜。”连慧萍说，“我们要跟香港的销售好好沟通才能达成共识，因为他们担心采用新工艺做出来的东西味道会有差异，这样雀巢就会失去原有的市场份额。”由于消费者对新产品都表示了认可，最终，新加坡小组研发出的这个新工艺在全球范围内被采纳了。

“现在，在不同国家，美极鲜味汁的口味可能会有微调，但基础生产工艺都是一样的——这都是新加坡小组的成果。”

这其实是一个非常典型的雀巢内部创新的例子：每一个区域研发中心，每一个工厂都可以找到或者被分配参与创新的项目，每个人都可能有新颖的想法，他们不但需要积极提供自己的见解和解决方案来说服同事，也需要去打败竞争对手（不管它来自内部还是外部）。最终，衡量一个新产品或者革新是否具备市场价值，靠的不是公司内部管理者的主观判断，而是反映了消费者或需求方喜好的大量客观证据和数据。

雀巢在内部的创新机制里会给消费者的喜好和竞争对手产品的挑战以很大的权重，让它们与雀巢的新产品激烈竞争。这些竞争也许会让雀巢在推出新品上比竞争对手费时费力一些，但设置这些比拼的初衷，是为了保证产品的口味、质量和竞争力——不管怎么样，最后的赢家一定是消费者。

如今，“精选小麦，经三步自然发酵酿造而成”已经成了对美极鲜味汁的经典描述——这一由新加坡研发中心开发的生产工艺，最后在中国广东东莞新建的美极工厂落户。连慧萍和这个产品缘分不浅，她后来还担任过东莞美极工厂的厂长。

连慧萍本人就是典型的雀巢人：既有丰富的研发经验，又有生产和管理的履历，而且对其他领域的知识始终保持着旺盛的好奇心。

雀巢研发人员的肖像

任何雀巢研发中心的来访者，都会很快感受到这个组织中成员的鲜明共性：这里的每个人都是各自领域的专家，都带有雀巢人所特有的量化、客观、用数据说话的特点；但他们并不学究气，对其他学科和其他区域的同事在做的事情保持着浓厚兴趣，也都很擅长表达自己的观点。在这个组织中，调查、动手和实践的气氛很浓。

关于这些研究人员的日常工作，最有趣的一点在于，他们是在为一个食品公司工作——美味的食品一直是这个世界上最令人愉快的事物之一。

“食品科学并不是送人上火星这种‘高科技’，我们做的很多工作其实都是想让消费者吃完东西以后心情好一点儿，身体也健康一点儿，”连慧萍说，“食品是花小钱就能让人高兴的好东西——喝上一杯美味的咖啡，你就会一下午都觉得很有精神，很开心。”

也许是因为随时随地都能吃到美味的巧克力、咖啡、糖果和零食，研发人员都是令人愉快的交谈者。连慧萍和她的同事——奶品及营养品开发部门的王军宽博士总会给研发中心的来访者送上糖果、咖啡和点心，还会附带讲一些跟食品有关的小故事。

“来，吃块巧克力，”王军宽博士招呼说，“保证你一整天的心情都会很好。”他是个好脾气的科学家，正如前文所说，因为一直在从事中国特色食材方面的研究工作，他又被称为“枸杞先生”。

连慧萍会告诉来访者，雀巢在瑞士的研究人员已经发现，让人产生“好吃、愉悦”感觉的巧克力不光要重视原料和制作工艺，连形状都需要创新。他们在巧克力上做出了倾斜度，并且在其表面做出了一些漂亮的波纹，这些波纹会在口腔中最先融化，让吃巧克力的人产生香滑的感受，愉悦度远超传统的“平板”巧克力。

如果发现访客们面对点心糖果流露出纠结的表情，他们就会用雀巢人典型的口吻劝慰说：“不用怕发胖，其实只要不吃过量就好了。”

雀巢人似乎都掌握了如何愉快、健康地吃美味食品的秘诀——其实最简单的一招就是“控制好摄入量”。事实上，想做到尽量降低人们每天吃进去的食品所含的热量，又不损害食品的美味和营养，有很直接的办法——求助于对能量的量化和理性的自我控制。比如说，雀巢在和徐福记合资以后，徐福记的一些招牌糖果和点心（比如沙琪玛）都按雀巢对营养的要求换成了小包装，这是最简单的帮助消费者控制热量摄入的方法。

“我们现在的产品包装上都写有营养成分表，那上面标有产品的能量数，”王军宽说，“不过，就算换了小包装，最好也不要一次吃太多。”

在研发中心里，注重健康、安全、量化和研究的气氛往往会促成一些很好玩的实验和项目。

2014 年 9 月，雀巢北京研发中心的工会给每个研究人员发了一个计步器——出于健康的考虑，他们认为日常多走路会有助于大家增强心肺功能。这听上去像是个鼓励员工锻炼的福利项目，但这群人不愧是科学家出身——居然像做实验一样，把人分成 9 组，用计步器记录下自己每天的步数，然后还要算出每组每人的周平均步数彼此比拼。

连慧萍被分在第五组里：“我们这个组上周平均每个人每天走了 1.1 万步，即使是成绩垫底的小组也有 8000 步。”

据说，大家都感受到了这种随时随地锻炼的好处，有一些人汇报说，加上其他的体育活动，自己体重明显下降了。

王军宽所在的第一组成绩更好一些，每人每天的平均步数是 1.3 万步，他们对此感到很得意。王军宽和一些同事“现在上下楼都不坐电梯，改走楼梯”了。

当然，在鼓励大家锻炼之余，王军宽和连慧萍都不忘叮嘱：“上下楼梯的时候一定要注意安全，扶好楼梯扶手。”

安全，这一直是雀巢最重要的传统之一。

发问和观察

也许中国消费者并没有注意到，雀巢在中国出售的产品，无论是奶粉、糖果、冰激凌、饮料、调味品还是咖啡等，每年都在增加新成员。当然，其中一些熟悉的“面孔”也会因为消费者喜好的改变而消失。

那些声誉卓著的招牌产品，比如糖果里的脆脆鲨、雀巢 1+2 速溶咖啡，每年也在发生微妙的变化。雀巢还有一些品牌在全球享有盛誉，但是在中国市场却因为各种原因进进出出多次，命运一波三折。比如奇巧，这个诞生于 1935 年的全球第三大巧克力品牌在亚洲市场备受日本人青睐，在中国却一直不走运。

奇巧曾经在 20 世纪 90 年代和 2008 年两次进入中国市场，销售业绩都不理想。2011 年，奇巧彻底退出中国市场。四年之后的 2015 年，奇巧再度卷土重来——这一次，雀巢希望自己抓准了时机，让这款在其他市场都很受欢迎的巧克力威化能够站稳脚跟。

这也说明了一点，从主观上看，每个公司都想为消费者提供自己最好的产品，但是选择权始终是掌握在消费者手中的，得他们喜欢才行——这就要求企业对消费者的喜好具备敏锐的洞察力。

汉穆·茂赫在总结自己的管理经验时强调，雀巢一定要对市场变化有自己的辨别力，很多短期的流行潮流会被误以为是重大“消费者趋势”。以雀巢的规模来说，一旦错失关键机会，船大难掉头，即使及时改正也会遭受很大损失。因此，对管理者来说，找对正确的中长期目标尤为重要。

这样一来，《创新者的基因》中提到的两项技能，发问和观察就登场了。

《创新者的基因》的三位作者认为，问题可以启发创造性见解，除了来自发问者的灵感，好的问题基本都是从观察中来——发问和观察几乎是密不可分的一对双生子。创新者一般都是绝佳的发问者，他们总是能问别人或自己一些挑战现状的问题，比如：“如果这样做（如果不这样做），结果如何？为什么不这样做（那样做）？”毫无疑问，一个能这样发问的人会仔细观察身边的世界，包括顾客、产品、服务、公司和竞争对手。通过观察，他们才能形成各种特殊见解和好的问题。

在雀巢公司，发问和观察确实是紧密联系在一起的——它们已经被固定为一种工作方式。

“我的工作非常简单，就是观察和总结消费者的需求和对产品的反馈，支持产品开发。”雀巢研发（中国）有限公司的消费者研究及感官评定部门（以下简称消费者研究部门）经理贾建泷说，他所在的部门的主要职责就是观察和发问，并且让这两种行为互相佐证——这个部门是一条贯穿于研发中心、各地分公司的市场部和瑞士总部的纵线，是雀巢研究和提炼“消费者洞察”的一个主要执行者。

“我们对产品的观察范围非常广泛，从咖啡、冰激凌到沙琪玛，甚至也包括宠物食品。”

中国的消费者到底想要什么？

研发中心的消费者研究部门和市场部的工作密不可分，“我们这几年一共做了四五十个项目，几乎每个项目都是和市场部合作的，”贾建泷说，“我们一起设计到底选择哪些城市和人群，一起走访用户，这是一种协作关系。”

但双方分工略有不同。“研发中心会做大规模、深入的区域性消费者洞察的数据分析，有时候，产品开发人员也会跟我们一起走访消费者和看这些数据。”连慧萍解释说，研发中心对消费者数据的研究重点往往放在产品开发的初期和中期，就是一个新概念的产生，或者对实际产品进行研发的时候。

雀巢会采用市面上通行的所有常用的消费者调研方法，比如通过第三方公司大规模进行问卷调查，举办消费者座谈和品尝测试等。通过这些调查，他们可以了解到中国社会在宏观层面和区域范围内的各种变化，比如说中国的老龄化趋势越来越明显，城市化、流动人口包括现在刚刚开始实行的“二孩政策”，都对消费者的生活和饮食习惯产生了影响。

但正如营销界从业者常说的，“消费者心理洞察”基于对产品的需求，又是高于它的——这是消费者在使用产品时所衍生出来的最真实的内心期许。而这些感受，有时候连消费者自己都不一定能察觉到。这些洞察未必能被调查问卷问出，却可以被真正有经验的营销人员和产品经理在日常观察中体悟和捕捉到。汉穆·茂赫也说："再多的市场研究还是不能代替最优秀的营销人员、产品开发者和第一线的销售对消费者行为的了解。"

因此，贾建泷和他的同事做过很多消费者入户调查。

"事实上，只要有时间，我们就会去消费者家里做一些观察和调研，"他说，"比如，我们会在下午五六点钟去消费者家里，花 45 分钟或者 1 小时在旁边看看他到底做什么菜给自己和家人吃，他自己决定做什么和怎么做，我们完全不干涉，只负责在旁边看。"

在一个和麦片有关的调研项目里，贾建泷他们其实更多是带着"中国人到底是怎么吃早餐的，有什么习惯"这一问题去观察消费者的——这已经超越了为某一类产品做调研的范畴。

事实上，对于食品公司而言，全球消费者的早餐餐桌一直都是个竞争激烈的市场。雀巢研发中心和市场部的消费者研究部门当时为麦片的项目选择了北京、南京等一些在地域和饮食习惯上都有很大差别的城市，以求得到对中国消费者更充分和更完整的观察机会。

因此，除去常规的市场调查，他们在这个项目里还直接走访了消费者，"有时候，负责产品开发的同事也会跟我们一起去"。

在这些更进一步和更细致的观察中，贾建泷和同事们发现，早餐对中国人来说，其实已经逐渐演变成了一个难题：有工作的人往往无暇做早餐；传统的早餐供应点越来越少；食品安全事件愈演愈烈；再加上饮食习惯与观念发生了变化——"比如，炸油条现在已经被认为是不健康的食品"；很多人在家里吃早餐的主要目的是为了填饱肚子外加节省时间，所以往往只吃个面包或来碗方便面，但长此以往，这样单一的饮食结构并不均衡——碳水化合物太多，缺少膳食纤维、微量元素和蛋白质。

“我们在实地考察时还发现了很有趣的一点，在有小孩的家庭里，家长的早餐往往是以小孩的食谱为核心，自己则随便将就着吃一点。”贾建泷说。

每年，雀巢都会针对不同产品或者不同科目做很多调研，他们得到的数据和资料都不会被浪费——它们最后会在研发中心和市场部这里累积、汇总，最终形成一个个针对中国不同收入阶层、不同城市消费者饮食习惯和行为的“侧写”和“画像”。

在为一个冲调饮品雀巢果维C做的调查中，贾建泷和同事们还顺便得到了城市里中低收入者早餐的一些数据和描述：“他们的厨房空间特别小，所以如果做饭的话一般都很简单。父母吃的早餐就是头一天的剩菜，但他们很在意孩子的营养，会给孩子们喝牛奶或者吃比较好的食品。”

“这种一对一的入户访问，只做一两次是看不出什么的，但是不断积累，然后综合其他资料放在一起进行分析，最终就会成为了解消费者的有效途径。”连慧萍说。然后，他们会利用总部提供的一些分析工具，在这些数据和信息中找出其中蕴含的趋势与“洞察”。

这些结论可以有力地支持雀巢的新品研发。“我们（研发中心）、市场部还有产品研发人员要开一种‘创新会’，这种会的目的就是要产生一个新的产品概念。”这是雀巢内部开发新产品的一个必备步骤——与会者先要给出即将诞生的新产品一个准确的概念性描述。“我们要先想清楚产品定位，这个产品是什么？消费者的需求到底是什么？雀巢的产品能给消费者提供什么？”

这种创新会，一般要持续开上两到三天，研发中心会从自己的研究角度把营养、消费者研究方面的信息和数据汇总起来给市场部的同事，然后“大家一起做头脑风暴，去想这个新产品的概念”。

在做新产品开发时，雀巢最大的优势就是其规模和遍布全球的网络，雀巢在全球的 80 多个国家和地区里有 500 多家工厂，生产并出售几千种产品——中国市场可以充分借鉴其他区域已有的工艺和产品概念。

即便如此，各个国家，尤其中国消费者的特殊口味和饮食习惯还是不容忽视的。

“如果我们是做巧克力威化产品的研发，那可能就会简单一些。巧克力从某种程度上看是种很‘国际化’的食品，全球不少研发中心和在英国的巧克力产品技术中心都可以帮到我们，”连慧萍说，“但是如果要做一个适合中国人口味的方便营养早餐产品，那可是一件难得多的事情。”

为此，在创新会里，研发中心、市场部和产品研发人员坐到了一起，把长期以来收集到的关于中国人的早餐需求、口味特点、营养等研究数据放在一起研究。他们参考了雀巢其他区域的产品和经验进行了组合，再加上市场部提供的燕麦流行趋势——市场部手头的数据表明，因为消费者越来越认可健康谷物和在饮食中增加膳食纤维的概念，燕麦类产品每年出现了百分之三四十的增长。“有很多中老年人都在吃燕麦，但是之前的市场上没有即食的快熟燕麦，大多数燕麦都需要跟牛奶一起煮。”

“当时，我们一共想出了十几个不同的概念，要从中慢慢筛选出最让消费者中意的那个，工作量还是不小的。”连慧萍回忆说。而且，光凭研发和市场人员的看法，并不能决定一个新产品是否上市，“最后产品出来了，还要靠做消费者测试，去确定它的口味是不是真的能够部分优于竞争对手，更讨大家喜欢”。

最终，雀巢的优麦系列（谷物系列）中的新成员——“雀巢优麦风味燕麦粥”诞生了，这是一种咸味即食粥，有牛肉蔬菜和鸡肉玉米两种口味。北京研发中心还负责了这款产品的包装设计，用一种色调明快的绿色纸盒包装来强调了这款产品所代表的健康和营养感。

“我们想给消费者的早餐提供一个一分钟解决方案，”贾建泷说，“早上起来直接拿热水一冲，粥就好了，口味还不错——人一天所需要的那些营养、微量元素和膳食纤维也都能被满足。”

“当然，你可以在一天的任何时候吃这个粥，但是基本上 60% 的消费者是拿它来当早餐的，这符合我们设计的初衷。”

雀巢在寻找消费者洞察的背后，有一些“独门秘籍”。他们收集到大量数据和信息后，会使用雀巢自己开发的软件和模型做数据分析——瑞士总部有一个专门团队在开发这类软件。

“我们现在用的‘消费者喜好性地图’就是雀巢从欧洲开始用的，因为效果非常好，就在中国大面积地使用起来。”贾建泷说。这个工具是把不同消费者体验产品后的感受和喜好梳理得可视、具体和标签化，然后放在一张地图上，从整体上观察这些标签的分布。“我们要知道消费者为什么喜欢，为什么不喜欢，这样才能知道开发什么样的产品去满足用户的需求。雀巢有自己的很独特的分析方法，这往往使得我们的消费者研究和市场研究能力比一般的第三方公司要强大。”

“雀巢自己的研究数据和结论确实非常吸引人。”雀巢专业餐饮的大客户总监贾本汉也同意这一点，他所在的部门——雀巢专业餐饮是专门为肯德基、必胜客这样的大型连锁餐饮企业提供产品的。在中国，一些大型连锁餐厅、中餐馆，甚至机构食堂都在使用这个部门供应的雀巢冰爽茶、咖啡等饮料和烹调用品，肯德基在中国售卖的圣代的大部分原料也是由雀巢专业餐饮提供的。

经常与贾本汉合作的，像汉堡王、百胜集团这样的全球性连锁餐饮企业的业绩和消费者的喜好密切相关，因此都配备有相当能干的消费者研究部门，但是它们也很愿意不定期地和雀巢交流一下对消费趋势的看法。

“雀巢的很多针对市场、产品和消费者的研究确实很被市场上的同行或者客户认可，”贾本汉说，“我们会定期应邀跟合作伙伴交流一些研究结果。再比如我们的食品安全研究院积累的案例、数据都很全面，不少合作伙伴的研发人员和负责食品安全的人也都希望和食品安全研究院交流和分享经验。”

“雀巢愿意和他们分享这些东西，因为这对整个行业都有好处——这其实也是一种创造共享价值的行为，这一直是我们的一个宗旨。”

怎么才能问出正确的问题

不过，观察和发问并不是市场部、研发中心或者产品研发人员等某一群人的专利。

只要公司具有创新基因，只要身在其中的人有创新力，他们中的一些人总是在不断思考，试图总结和构造自己感兴趣的某个领域的一些规律与运作模型——不管是关于产品、服务、人际关系还是其他的什么。然后，他们还会通过持续的观察和提问来修正它们。

观察能够让人问出启发性的问题，而好的问题又能引发有洞察力的见解。彼得·德鲁克曾经说过："最重要、最艰难的工作从来都不是找到对的答案，而是问出正确的问题。世界上最无用，甚至是最危险的情况，就是虽然答对了，但是一开始问错了。"

创新者不会墨守成规，他们总是在质疑"现状"。同时，他们也必须具备通过观察及时调整自己的认知，提出正确问题并顺着这个思路去寻找答案的能力。

雀巢之所以能够对一个市场中的用户需求做出正确的判断，各个研发中心和市场部除了不断通过观察和发问的规定流程去了解消费者，它们也希望自己的销售和市场人员能够具备顶尖一线人员的天赋：和消费者或者客户进行无障碍沟通，而且对他们的行为有着超乎常人的敏感和洞察。这些敏锐的一线人员反馈的信息和做出的决策，会以自下而上的方式无障碍地流向雀巢总部，对雀巢在各个市场的策略和创新力不断地进行修正和微调。

在很多情况下，雀巢在中国或者任何区域的某些"神来之笔"，往往是因为有这样的人——他们能够敏锐地把握现状，问出正确的问题。这一点，在雀巢进入中国的过程中，已经显露无遗。

在 20 世纪 90 年代，雀巢刚刚进入中国时，遇到的第一个挑战就是如何让自己的产品适应中国消费者的口味。

除奶粉销售能够很快进入正轨外，雀巢其他产品的销售经验仅仅来源于东南亚和中国香港，中国内地市场对雀巢来说，不仅意味着机会，也是一块充满未知的新大陆。

“绝大多数来自东南亚，甚至中国香港的销售经验都不适用于中国内地，因为中国内地太大，太特殊了。而且这里的消费者对雀巢一点儿也不了解，我们对他们也是一样，”雀巢亚大非区副总裁刘金辉回忆说，“比如，我们一开始决定在中国生产并销售鹰唛炼乳，因为这款炼乳在新加坡、马来西亚、菲律宾这些地方的华侨社区里非常流行，人们会用它来冲奶茶喝。”但是他们很快发现，中国人没有喝奶茶的习惯，他们倒是发明了一个新吃法：用馒头片蘸鹰唛炼乳佐餐。

前文提到，雀巢最著名的产品速溶咖啡刚开始在中国销售时，咖啡伴侣（植脂末）和速溶咖啡是分别装在两个大玻璃瓶子里的，但因为中国消费者总掌握不好咖啡伴侣和咖啡的配比，雀巢的销售人员发现，比起“苦苦”的速溶咖啡，人们似乎更喜欢“那个带盖子的大玻璃瓶子”——“因为够大而且密封性好，很多出租车司机都拿它当茶杯在车上喝水”。

1996 年，时任新加坡雀巢市场总裁的刘金辉被派到中国市场工作，他面临的就是这样一个状况：除了常规的奶粉销售，大家都还摸不清楚中国人的口味和喜好，而公司已经在中国投入大量资金建立了 4 个工厂。

“除了奶粉、咖啡，我们当年还试过卖美极方便面、奇巧巧克力，这些产品的销量都不是很理想，”刘金辉说，“如果销售人员找不到好的产品去卖，工厂产能就要闲置，这样下去雀巢就会亏损。”

刘金辉已经为雀巢工作了 30 多年，他和当时的雀巢大中华区总裁穆立（Josef Mueller）一样，都是那种“总是在不断思考和总结规律”的人。在仔细观察了中国消费者之后，他们得出的结论是：“雀巢本来就有很多好产品，我们现在要做的，就是如何把这些产品变得跟国内的消费者更相关一点儿。”而这个相关性，既体现在口味、包装这些产品细节上，也体现在销售渠道、价格和与当时的中国消费者的情感联系上。

刘金辉和同事们为当时雀巢在中国市场的产品研发定下了一个基调：先顺应消费者的要求，在雀巢已有产能和已经投放市场的产品基础上进行改动和调整，而不是在一个原本就不熟悉雀巢的市场里去凭空推出一个新产品。

刘金辉的第一个“问对的问题”的案例是改进奇巧巧克力。

众所周知，奇巧巧克力是雀巢的明星产品，目前在超过 70 个国家和地区销售，其规模在全球巧克力市场排名第三。有人计算过，全球每秒都约有 540 支“奇巧”被吃掉，而且这个数字还一直在增加。

但是，奇巧在中国却始终不走运。当时雀巢的天津工厂负责生产奇巧，因为销量太少产能过剩，一直处于亏损状态。雀巢如果再投资新设备，调整策略去生产威化之外的新产品又不现实。因此，刘金辉上任后做的第一件事就是在北京、上海、广州为奇巧巧克力做了一次 500 人规模的市场调研。

在这个调研里，面对并不像欧美消费者那样熟悉巧克力（甚至可以说对巧克力完全陌生）的中国消费者，刘金辉们问的问题不是“你们喜欢什么样的巧克力”，而是“你们为什么不喜欢奇巧巧克力”。

对此，人们给出的反馈非常明确，一包奇巧要卖两元五角，大家都觉得太贵，而且给的量又太少（里面只有两条威化巧克力），让人心理上感到很不满足——“以当时的消费水平，在国内很多中小城市里，你花上两元五角都能买到足够多的食物让全家吃个饱了。”

“另外，中国消费者还有一个根深蒂固的观念，吃多巧克力会‘上火’，他们并不是嫌奇巧里的巧克力少，”刘金辉说，“实际上，巧克力威化里的威化所占比例很高，这会使得人们对巧克力质感的需求没那么强烈。”

在结束这轮消费者调查后，刘金辉和同事们对产品研发和生产人员给出的不是奇巧的改进方案，而是一个全新的巧克力威化产品概念：“我告诉他们，这款产品要一元钱一个，体积至少要比现在的奇巧大三倍以上，这样大家才会觉得值。”

就在1999年，雀巢的全球研发中心推出了一种可以投放工业生产的专利合成巧克力，时任雀巢大中华区总裁穆立认为，他们可以在中国使用这一专利制造巧克力威化（当然会在产品标签上注明原料是“代可可脂”），这样一来就降低了运输和制造成本（可可脂在运输中温度不能过高），让雀巢相比当时的竞争对手，比如好时、吉百利，在产品价格上取得了极其明显的优势。

三个月后，这个新产品出来了，这就是中国消费者熟悉的“脆脆鲨”——除了都是威化产品，它跟奇巧迥然不同，连包装和名字都是为中国消费者量身定做的。

“这款产品一元一个，包装是中国传统的红黄两色，非常讨喜。而且威化让它咬起来有种‘咔嚓咔嚓’很脆的感觉，由此衍生出的‘脆脆鲨’这个名字也很有趣。”

脆脆鲨一经推出，便因为使用了代可可脂取得了价格和运输优势，而且穆立对经销商采取了很特别的限量营销方法，这使得它很快就在中国市场大受欢迎——这是一款符合中国人喜好的、便宜而又美味的小零食。甚至不需要为脆脆鲨怎么打广告，在一年之内，天津巧克力工厂就赢利了，而且逐渐从产能过剩变成了需要加班加点生产。

到现在为止，脆脆鲨仍旧是雀巢在中国卖得最好的产品之一。

和奇巧在中国最后催生出了“脆脆鲨”一样，同样的一些变化也发生在奶粉上。

“中国人冲泡奶粉的时候喜欢加糖，这是个根深蒂固的习惯，所以雀巢推出了一款甜奶粉，”刘金辉说，“而在全球其他市场，雀巢是没有甜奶粉这个概念的。”

雀巢在速溶咖啡上为中国消费者做的调整也是如此，“雀巢当时通过消费者调查来提出问题——为什么大家不喜欢现在这样的咖啡伴侣和速溶咖啡分装的形式？”消费者的回答是，他们不习惯也不喜欢自己调配咖啡，他们喜欢咖啡的香气，却不喜欢咖啡的苦味。换言之，“大家希望很方便地喝咖啡，而且要大量加糖加奶”。

“就这样，我们开始卖真正合中国人口味的雀巢咖啡 1+2，”刘金辉说，“到现在为止，在我们咖啡销售中占比最大的还是雀巢咖啡 1+2。”

目前，雀巢在中国市场出售的一系列咖啡产品完全是根据中国消费者的反馈专门研制的，它们其实一直在随着消费者口味的改变而变化。就在 2015 年，雀巢北京研发中心还根据消费者调研的结果，全面改良了整个雀巢咖啡 1+2 系列的配方。

“尽管中国人习惯喝茶，但我在中国工作了 20 多年，还是能够观察到中国消费者对咖啡的喜好和口味发生了很明显的变化，”连慧萍说，“有一部分人正在逐渐对咖啡着迷，他们可能会逐渐成长为奈斯派索、多趣酷思胶囊咖啡机的用户，而普通消费者对雀巢咖啡1+2 香味、顺滑感的要求也更高了。”

“但是中国消费者有一点始终不变，他们特别喜欢牛奶含量高一点儿的咖啡，”她同意刘金辉一开始就抱持的看法，“中国人要在咖啡里大量加奶加糖，这在欧洲是不可想象的——你看德国人，他们就是要喝又黑又浓又苦又酸的咖啡才觉得过瘾。”

另外一个需要有人“问对的问题”，或者说要及时从消费者的需求改变中得出结论，并且迅速做出改变的例子发生在雀巢的专业餐饮部门。

众所周知，一开始是麦当劳、肯德基，到现在为止，几乎每个西式快餐行业的品牌都有自己的圣代或者冰激凌产品。从 2008 年起，肯德基在中国绝大部分门店使用的圣代原料——“冰激凌粉”就是由雀巢提供的。

2011 年前后，肯德基的消费者研究部门发现市场上出现了一种趋势，那就是消费者更喜欢由新鲜原料制成的冰激凌。在冰激凌这个领域，消费者概念里的“新鲜”，就是用液体奶浆做原料——他们觉得这样做成的冰激凌味道更新鲜，奶味更足，感觉更好。

“其实，在大多数情况下，消费者并不知道快餐店用的原料是冰激凌粉还是液体奶浆，但是他们似乎就是觉得用奶浆制作的产品味道更好吃一些。”

2011 年，肯德基向自己的供应商——雀巢专业餐饮部门提及了这个趋势，很自然，雀巢的第一个反应并不是淘汰冰激凌粉，而是改良。“最开始我们想的是，也许是冰激凌粉的口味还不够好？”贾本汉的同事，雀巢专业餐饮重点客户助理经理周楠回忆说，“凭借雀巢的研发能力和消费者洞察，我们觉得可以试着把现有的冰激凌粉口味改得更好。”他们的确这样做了，并且雀巢的消费者测试表明，改良后的冰激凌粉制成的圣代口味确实有所提升。

“但是到 2012 年，越来越多的消费者表示更喜欢用液体奶浆做原料的冰激凌。肯德基内部也在做更多的测试，看看产品原料形式不同是不是真的会对用户的接受度造成很大影响。”

“当时，我们意识到这可能是国内食品市场上出现的一种重要趋势。并不是说你的产品味道不好，而是消费者有关食品的一些概念发生了变化。”周楠说。人们开始越来越看重“新鲜”“现做”这类概念，比如豆浆、咖啡就应该是现磨现冲的，这样才给人更健康和更能保留原始风味的感觉。“无论你给消费者怎样解释，你有多少专利，你的工艺如何能够保证食物原料中的风味和营养更加稳定，但消费者就是会觉得，由新鲜原料（哪怕只是看上去更新鲜）加工而成的食品更好吃。”

“不要去评价这个想法是对还是错，这就是一种消费者认知，”贾本汉说，“最终，是他们说了算。”

雀巢对此做出的判断是，这一变化不是一个被汉穆·茂赫称为“短期流行潮流”的陷阱。因此，再纠缠在是否应该改善原有的产品口味这个问题上毫无意义，为了应对市场的变化，雀巢必须迅速做出改变。

将冰激凌原料从粉状变为液体的这个创新，对多数人来说，可能无法达到克莱顿·克里斯坦森在他的创新研究中所谈到的“延续性创新”和“破坏性创新”的高度——克里斯坦森认为多数公司，尤其是高科技公司在凭借自己的创新能力进入主流市场，并且获得了稳定和优势份额后，就会因为种种顾虑缺乏打破现有局面的动力，只是不断进行持续改善（延续性创新），这最终会让它们被勇于突破（破坏性创新）的后来者淘汰。

但是，在这个例子里，在相对“保守”的食品工业里重寻一个问题的答案，意味着你不但需要换一种思路，还要改变很多原有的规则：将原料改为液体奶浆，无论在技术、物流还是工艺上都给供应商提出了更高的要求。冰激凌粉的保质期大概有两年，而市场上的液体奶浆保质期基本只有两周，还需要冷藏运输，这些都将极大地改变这个生意的成本结构。

还有一个最关键的问题是，在雀巢专业餐饮部里，中国的冰激凌粉生意无论是从销售额还是从量上来看，在当时都已经成了雀巢全球销售规模最大的单品——对一个价值几个亿的明星生意进行整体供应链上的改变，确实是需要一个企业和它的管理者具有创新的动力。

从2013年开始，雀巢专业餐饮部门牵头启动了液体奶浆的研发项目。贾本汉他们选择和雀巢青岛莱西工厂合作，因为它几乎生产了在中国市场销售的所有的液态奶：超高温灭菌液体奶、雀巢淡奶油、雀巢鹰唛炼奶、雀巢三花淡奶等。在研发液态奶制品这方面，青岛莱西工厂的产品研发小组有天然的技术优势。

“莱西工厂的产品研发人员研究了当时市场上已有的类似产品，发现要开发出这么一个新产品需要更多的技术支持，”周楠说，“因此，我们向研发中心的连慧萍连博士提出了请求，希望派出这方面的专家来帮忙。”研发中心的介入，相当于为这个项目带来了更多的全球性资源，这里面包括了瑞士总部和各个区域研发中心提供的研发资料，也包括了产品技术中心在工艺流程上的技术支持。

“我们的第一个液体奶浆样品，是在2014年的第一季度做出来的。”在贾本汉的记忆里，这个时间点并不完全是客户硬性要求的，因为当时肯德基也在为液体奶浆原料的产品做试点，“但是，我们的研发确实是由客户和消费者需求驱动的，如果再耽搁下去，雀巢的市场份额就要被竞争对手抢走了。”

液体奶浆之所以受欢迎，除了消费者的认知发生了改变，还有一个原因是类似肯德基这样的快餐连锁店的员工也喜欢它。原来的冰激凌粉需要店员们按一定的配方加水做成冰水混合物再倒入机器搅打，但是液体奶浆则只需要直接倒入机器就好了——快餐店员工工作的复杂程度大大降低了。

“在这种时候，消费者的喜好、客户希望操作流程更简便、我们自己对物流、保质期的要求，还有节省成本的各种想法交织在一起，”贾本汉形容这是一张长长的“愿望单”，“你在为这个项目做前期调研时，会听到各种各样的需求和愿望。”作为推动项目的人，他和同事们得特别小心地在这张单子上勾选：“对应我们的能力，这些愿望有些能实现，有些就实现不了。”

事实上，在这个项目上，除了客户的需求，雀巢还充分考虑了自己在中国市场的各种优势：来自全球研发中心的帮助、自己的生产工厂和一个完整覆盖全中国的物流分销与运输网络。最终，他们的结论是，依靠专家们的帮助，雀巢可以开发出一种保质期在6个月左右的液体奶浆——这样一来，他们就可以不依赖于冷链，而以保存常温牛奶的方式运输，不但能充分利用自己的运输网络，还能节省成本。

“但是，无论我们怎么做，最后决定这个产品命运的，还是消费者，他们得觉得好吃才行。”贾本汉说，“到适当的时候，我们就要进行雀巢最有名的消费者调查来看看他们的反应。结果，在研发中心和市场部负责消费者测试的同事的帮助下，我们真的做到了。”

在持续改进中再创新

汉穆·茂赫曾经说过，改革并不一定是大的、戏剧性的创新或者结构重组，而应当被视为在各个方面一直进行小调整的持续过程，而且创新“应该广泛应用在管理、领导能力、组织以及产品上”。

他和继任者包必达一起，为通过大规模并购成为全球最大食品企业的雀巢选定了一种名为“变化中的连续性”的策略。包必达对这个策略的概括是：“找准发展方向，建立起合理的组织管理结构，提高生产和管理效率，并且充分发挥研发的创新作用。”

然后，雀巢要一再重复这些动作。

在包必达和保罗·薄凯的任期内，他们都针对雀巢的生产、销售和业务进行了多次结构重组——尤其是在21世纪初，雀巢当时用于结构重组的费用每次都高达上亿瑞士法郎。一些从长期看不令人满意或者分散精力的业务被放弃了，很多可以外包给符合雀巢要求的专业供应商的生产项目也被出售了。雀巢持续加大了对研发的投入，通过合理布局和流程管理提高了企业的运营效率——更充分地利用现有资源，并且不断改善自己的供应链。同时，随着对环境的关切和对食品安全的关注，雀巢在环保、关注农民生计及产品质量安全上的把控也在不断加强。

最重要的是，在这一不断重组的过程中，雀巢的员工对这类变革产生了适应能力，他们更倾向于将这些大大小小的改变看成机遇和学习的机会。在这个竞争激烈的市场里，一个企业只有拥有这种主动寻求、适应变革的价值观和企业文化，才能生存下来。

用保罗·薄凯的话说，就是雀巢现在“既要抓住大的技术突破机会，也不能放弃几百个小的改善”。

管理学大师彼得·德鲁克称后者为“有组织的改进”，他认为，一个企业无论是对内还是对外，都需要系统地、不断地改进产品和服务的生产流程、销售、服务和技术水平等。只有不断变革的企业才能在这一过程中使原本的操作方式发生根本性的改善，也能从中抓住大的商机。

这就意味着，雀巢在自己的组织里至少要保持三条通路的通畅：首先，它必须有从上至下的创新推动力——这点在雀巢的研发体系中已经有所体现；其次，它要有一个自下而上、顺畅的信息通路，这会使得区域市场直接能够向总部反馈当地政策、市场和消费者喜好的变化；再次，各个区域市场之间横向的信息传递和知识共享渠道也必须是有效的，这样将有助于各个市场之间互相学习，取长补短，少走弯路。

雀巢能做到这一切的大前提是，它原本采取的就是集中—分散型管理：为了加快对当地消费者的响应速度，雀巢的组织结构设计给予了区域市场很大的自主权，很多需求会被在当地消化掉，形成在产品和其市场策略上的一种“再创新”。

从2000年开始，雀巢对自己的研发系统和组织结构进行了大规模重组，既包括加强各个研发中心的合作与交流，也包括让各企业内部所有创新和再创新的参与者之间的合作更紧密。

卷入这种“再创新”的人越来越多，除去传统的销售人员、研发人员、市场部之外，食品法规、环保、食品安全、知识产权和专利方面的专家和雀巢的各个工厂也参与了进来。雀巢不但希望借此在横向和纵向上让技术和思想交流变得更便捷，还想让各个区域和工厂所遇到的法规、环保问题和针对不同市场的创新都能够为彼此提供借鉴。

《创新者的基因》一书总结出来的“联系、发问、观察、交际、实验”这5个特点中，除“联系”是认知技能外，其他4个都是行动技能。在这三位学者所访谈的拥有创新基因的企业和管理者身上，这些特点或多或少，都以一定的形式存在。

观察雀巢研发体系的运转，人们不难发现，联系、发问、观察、交际和实验这些特质确实都已经被嵌入企业的创新机制和管理流程中去了。

事实上，研究中心和区域研发中心的工作人员，除了需要仔细观察，并且找出消费者的喜好趋势外，还需要和其他部门、区域市场及不同研发中心的同事不断交流，通过运用内部或外部的关系网来实践，或是形成更多的关于产品的想法——这就是创新者的“交际”功能。同时，他们中的很多人都具有某种热情，愿意动手或者尝试将自己的想法付诸实践，不断“实验”和试错。

想要跳出常规思考的框框，势必要用个人的想法，与具有不同思考方式的人的想法碰撞。雀巢解决这个问题的办法分为横向和纵向两种。

横向就是在全球区域内举行各种培训，雀巢做得最出色的内部管理工作之一，就是建立了自己的人才培训体系，在瑞士总部和各个区域，既有给来自全球的经理、技术人员和工厂管理者提供的为期一至两周的短训课和“头脑风暴”，也有长达几年的内部人才培养项目。正如《创新者的基因》一书所说，创新者喜欢结交不同知识领域和地域的专家，进行交互培训和脑力激荡，这类的“交际”会拓宽他们的知识面，对激发创新极有成效。

“我在雀巢十几年，参加过大大小小不同类型的培训。这些培训不光是这个部门（专业餐饮）的，很多时候，我们都是和其他部门的人混合在一起接受培训，”贾本汉说，“我能感觉到，公司不光想培养员工的职业技能，还希望大家能够跨越自己的职位和领域互相影响，这是一种能激发正能量和灵感的好办法。”

纵向的交流往往是以创造、生产或者改善一个产品为核心，让各个部门参与进来。

创新者产生了创意，势必要花费时间和精力检验自己的想法。这就引发了创新者的另外一个技能：实验。

尽管研发中心的科学家也会不断地做实验，但是在雀巢的工厂中，这两种实验不尽相同。这里的人们会尝试各种体验，会去理解每个流程或者机器的运作原理，通过解决问题摸索出更好的工作方法，以期避免发生同样的问题。作为一个生产产品的企业，无论在前期如何做足发问、观察和交际的准备工作，最终它们都是要通过坚持不懈的实验，将结果落实在生产上的。

对于工厂来说，当当地市场的政策法规和食品安全条例发生变化时，质量部门、法规部门和食品安全研究院的应对、调整，最终都将汇集在这里。而当供应商发生改变时，研发人员需要接受采购人员给出的新名单，根据原材料的变化，对产品做出快速调整。当地的消费者口味发生细微变化时，或者某种新包装、新产品、新趋势出现在当地市场时，通过市场部、采购部或销售人员给出的信息，研究人员也要对这些变化做出及时的响应。

“2012 年前后，我们发现玉米价格在上涨，小麦价格则在下降，”雀巢大中华区集团采购部副总裁李申说，“因为采购部门要追踪市场价格，所以我们就把这个信息传达给了市场部和生产部。”

2012 年之前，在整个国际市场，玉米都比小麦便宜很多，雀巢更倾向于从玉米中获取淀粉。而在玉米价格持续上涨远远超过小麦后，采购部提议并且促成了一次原料和生产上的替换，将提取淀粉的原料逐步改为小麦，以获取价格优势。

对食品企业来说，这是个实时应对市场变化的小改动，“我们的工厂在两三个月就把这件事搞定了”。

这样一来，不难看出，工厂本身和工厂里的研发小组往往会成为雀巢所推崇的“再创新”的枢纽，尤其是后者，它们原本就是负责根据随时可能发生变化的外部条件来对产品进行微调和改进。

举个例子，我们就能看出工厂研发小组在“再创新”中扮演了什么样的角色。

广州五羊是雀巢冰激凌业务单元中重要的组成部分。五羊雪糕在广州已经有 40 多年的历史，是真正的本地名牌。它的声名鹊起和广东人喜欢甜品和在“冰室”吃冷饮的习惯密切相关。

“五羊的‘甜筒’和‘飞鱼脆皮’这些年一直特别受广州人欢迎，这个品牌在广州、广东乃至整个华南地区的冰激凌市场里都有很强的影响力。”雀巢冰激凌及冷冻食品业务单位副总裁欧阳凯说，五羊的绝大部分年轻员工都是吃着五羊的冷饮长大的。他本人也是从五羊开始了自己的职业生涯。

2014年，五羊甜筒家族多了一个新成员，在原有的几款经典的香芋等口味之外，五羊推出了一款荔枝口味的甜筒——这款甜筒的诞生，能比较充分地说明工厂为什么最终会成为“再创新”的枢纽。

因为冰激凌是一种既要保持一贯口感，又要不断激发人们“新鲜”与“有趣”感受的食品。五羊的新产品开发周期是一年，每一年推出的新品一般是4~5个。

“每年从3月开始，市场部、研发和销售的同事都会在一起讨论第二年到底要推什么新产品，”五羊的新产品开发经理许喆说，“五羊主要是在广东一带销售，所以我们在新产品的概念里很重视广东人的口味。”技术与市场团队会从口感、概念到整体产品设计，紧紧围绕广东消费者的喜好有针对性地进行开发。

在荔枝味甜筒的这次创新中，变化集中在口味方面，因此五羊自己的研发团队成了绝对主力。

“五羊一直在把一些南方特有的水果，比如荔枝、杧果的口味加进雪糕中，这些口味都被列进了新产品研发的单子。这些概念都要经过市场调查，还要经过五羊和总部的几轮讨论，最后，大家得出的结论是，消费者在当时那个时间点，可能比较想吃到荔枝口味的甜筒。”许喆说。

2013年，广东市场上已经有荔枝口味的冰激凌了，但多是意大利冰激凌（Gelato）或挖球的形式。同时，研发团队意识到，广东人对荔枝的口味特别敏感和挑剔。“我们这里盛产各类荔枝，本地人一尝就知道其中的区别，比如桂味、糯米糍等。所以做这个东西，一定要选定口味和研发方向，才能和原料供应商一起，做出能抓住广东消费者的‘心灵荔枝’口味。”许喆说。

除去南方特有的水果口味，五羊的产品研发团队一直在试图把更广泛的“广东概念”不断引入产品。从2013年4月开始，技术和市场部的同事一起，走访和品尝了20多家当地“糖水铺”（例如广州著名的百花甜品店）里的各种招牌甜品。

“我们一边吃一边讨论，这些概念可不可以做到甜筒或雪糕里面去？”许喆回忆说，调研结束后，他们和市场部的同事一起列出了20多条新产品概念。

这既不是五羊第一次，也不是最后一次试图从传统甜品里找到灵感，他们之前就推出过双皮奶、芝麻等口味的冷饮。到2016年，五羊甜筒里又增添了两个新成员：杨枝甘露和椰香红豆口味——这显然是取材自粤式经典甜品。

回到荔枝口味甜筒的研发过程中来，在许喆他们做出产品原型的过程中，市场部、研发部门、销售和公司中很多味觉灵敏的同事都参与了“试吃”。

无论是口味研发，还是对产品概念的全新颠覆，雀巢产品研发中都有一个特别关键的过程——“试吃”。试吃是为了准确了解并描述消费者对新口味雪糕或新概念产品而采用的科学方法，所有的个人喜好最终要用科学的词组量化描述出来。

参与“试吃”的人都是雀巢内部的“品尝员”——这是雀巢或

者说食品公司内部的一个惯例。雀巢在中国的各个工厂、总部的各个部门里都“埋伏”着许多嗅觉和味觉极为灵敏的员工，他们只要报名，而且定期通过测试，就会获得“品尝员”的资格。这些人都会自愿参加自己所在公司或者工厂内部的新品品尝测试活动。

雀巢双城工厂质量保证部项目经理马世杰就有“品尝员”的资格，他和同事们是以参加双城工厂新产品测试为主的。“我们特别愿意把不同部门的人都叫进来参与这种新产品开发项目，为什么呢？因为大家看问题的方法和感受都不一样，”马世杰解释说，“所以产品研发部门、生产部、质量保证部还有市场部的人，最好在产品开发前期就都以各种方式参与进来。这样做，一开始就能给项目带来很多不同的思考角度。”

不过，千万不要以为这种工作中的“吃吃喝喝”很轻松。

“我们会在实验室里每次做出五六种不同概念和方向的产品，然后每种大概做出十几个样品给同事品尝，每一轮他们都会给出品尝意见。”许喆说。

即便是经过了训练，“品尝员”们对食物提出的意见也不都是理性、量化的，很多直接跟个人感受有关，比如，在品尝“荔枝口味”雪糕时，就有“有点甜”“荔枝香味不够浓郁”“奶味不太够”“不够清爽”“太人工了”等反馈。研发人员只有将这些感受转成科学语言，才有了甜度、奶味、荔枝味、清爽等词语描述。

荔枝口味的甜筒做了五六轮这样的测试，每做完一轮品尝，技术部门都要筛掉一批产品，然后修改配方，改完配方再做样品，“就这么不断地循环实验”。在整个过程中，采购人员都会积极配合研发团队，去供应商那里给荔枝味甜筒寻找更多可供选择的色素和香精。“如果这款甜筒里要加入颗粒，比如椰果什么的，那就更需要采购部的同事帮忙了。”

许喆和质检、营养、研发等方面的同事在各种场合都曾提到，雀巢要求食品要使用天然色素，对香精等各种原料的质量要求都比较严格，很多原料的采购量并不大，这无形中对负责采购的李申和他的同事也提出了很高的要求。

广东人非常喜欢五羊甜筒，它是五羊最重要的常规产品之一，生产这一产品共涉及 11 条生产线，灌注包装线每天的产能超过 20 万支甜筒。推出一款荔枝口味的甜筒在工艺流程上不需要做太大改变，不会涉及太多更新设备的问题。

如果是开发或者生产截然不同的产品，比如像雀巢的笨 nana，那种又好吃又好玩的剥皮香蕉式的雪糕，或是在 2016 年上市的“杨枝甘露”，那么连生产工艺都会发生很大改变，就需要更新设备，重新研发工艺流程了。

“那样的话，在我们做样品实验口味的同时，工厂就已经要跟采购部沟通，开始做设备方面的设计和采购了。”许喆说。

五羊的荔枝味甜筒的项目是从 2013 年 3 月开始启动的，到 7 月基本确定下来口味，并且开始调试设备做生产线测试，这样才能保证在 2014 年年初顺利投产——这就是消费者在便利店五羊的冰柜里看到的荔枝味甜筒背后的整个研发过程。

这样一个应季改变甜筒口味的小小创新，不但调动了总部冰激凌业务和五羊的市场部、五羊的研发团队和工厂、冰激凌销售人员和设备及原料的采购人员，还要经过雀巢内部 NF 和第三方检测机构的测试。

在总部的冰激凌业务单位的生产事务经理周洪波和欧阳凯也都会根据自己多年的生产和销售经验，给许喆及他的团队提出各种建议。

最后，当这款产品通过了一切测试，准备正式投入生产面对市场上的消费者时，雀巢牢牢把住产品质量关的质检团队——质量保证部该参与进来了。在生产过程中，除了常规生产效率的改善和质量的提高，工厂中的安全健康环境部门，也会从自己的角度对生产中的安全隐患、环境可持续发展等问题进行不断修正和干预。最终，要保证荔枝味甜筒迅速进入渠道，让消费者能够吃到并且看到有关的广告和信息，市场部和销售部门以及经销商还要付出大量的努力。

雀巢在冰激凌市场方面的并购大动作基本上集中在2002年之后，在那段时间里，它购买了哈根达斯冰激凌在美国的全部注册商标权，还并购了德国的Schoellers（舍勒）公司以及美国第三大冰激凌公司Dreyer's（德雷尔）公司。此外，雀巢一直在区域内对一些很受欢迎的本地冰激凌品牌进行收购与合资的活动，比如中国的五羊和希腊的Delta冰激凌等。借助这些并购，雀巢在冰激凌市场跟另外一个食品巨头——联合利华形成了对峙的局面。

“如果我们要做和五羊现有的产品完全不同的东西，除了设在东莞的区域研发中心要帮忙，连远在美国的冰激凌产品技术中心都会提供帮助。在该中心的研究人员里，有很多人都在做和冰激凌有关的微观结构研究，涉及质感、配方、配料等。”许喆说。

这一切，都属于保罗·薄凯所说企业内部的“几百个小的改善”。

这些每天都在进行的有组织的改进，是以产品和日常运营为载体和动力的。通过不断地试验、修正和再创新，雀巢在管理、产品销售、市场推广、供应链和可持续发展方面保持了持续创新的节奏。

这也是为什么雀巢的工厂能成为观察其“再创新”的最佳观测点的原因。

实验精神与追求卓越

几乎所有来到雀巢的工厂，尤其是奶粉工厂参观的人，第一印象都是其严格的卫生条件。

在双城工厂和惠氏营养品有限公司苏州工厂，参观者即使从头到脚包裹在防护服中，也无法进入敏感区域。整个奶粉的生产过程几乎是在封闭的自动系统中进行的，只有在包装线上才能见到大量的员工。雀巢的奶粉和速溶咖啡都采用了类似的喷雾干燥技术，这两类产品的生产场景也惊人的类似。

而雀巢其他的产品生产厂，比如饮用水厂、液体奶生产厂、冰激凌厂等，虽然生产的工艺流程各不同，但还是有一些共同点，使得人们能够一眼就将它们和雀巢遍布全球的其他工厂联系起来：井然有序、严格的生产现场管理，各种功能性标志和安全警示十分齐全到位，楼梯扶手上永远贴有提醒员工上下楼梯扶好扶手的标志，室内和室外异常整洁，厂区中有大片的绿地，人行道和车行道有严格的区分，建筑物光洁如新……一言以蔽之，雀巢的工厂一直给人一种被精心呵护的感觉。

如果把在雀巢的生产场景中长期工作过的人们聚在一起，旁观者也能很快发现他们之间的共同点：富于动手能力，对产品的质量和安全要求精益求精，分析问题能力极强等。

这些特点还不能完全用人们通常认为属于自我完善型的“工程师性格”来概括，因为这些人不但性格各异，其中不少人都已经，或者正在成为雀巢在各个领域里的管理骨干——他们还具有很强的洞察他人需求、交流、协调和管理能力。

但这些特点，或者说他们的职业选择确实又与工厂和食品生产息息相关。

前文提到的许喆现在是五羊的新产品开发经理，在这之前，他做过两年的技术培训生，之后调至生产部做到生产主任，积累了很多关于生产的知识后，他选择了产品开发这条职业路径。他的同事，五羊质量保证部经理魏穗芬也是技术培训生出身。许喆在总部的合作者之一，冰激凌业务单位的生产事务经理周洪波则曾经在雀巢天津冰激凌工厂担任了长达 6 年的生产经理。惠氏营养品有限公司苏州工厂的厂长郑世友曾是双城工厂的生产经理。在雀巢的研发中心里，连慧萍博士也担任过雀巢美极东莞工厂的厂长。

这些人都符合《创新者的基因》一书中所说的这一点：“创新者擅长而且喜欢做实验。”他们会通过创造产品原型和开展试点测试，积极尝试新的想法。不过，和科学家在实验室内进行建构在超强理论基础上的实验有些不同，雀巢在自己的系统中培养出的员工的行为模式更宽泛，他们往往乐于尝试在不同领域或者地域里的新体验，喜欢“品尝”、“拆解”竞争对手或者自己的产品与工作流程，反复琢磨失败或者直面现存的问题，也善于寻求其他人的帮助和协作。

最重要的一点是，在食品生产的工业背景下，这些人的想法都不是空想，也不是不切实际和“一蹴而就”的，他们都在围绕产品，即“食物”本身进行思考和实验，为更好的质量、更安全的生产方式或者更可行的管理方案不断积累经验、搜寻数据。

工厂里的持续革新

管理学大师彼得·德鲁克曾在自己的著作中历数推动企业系统化创新的动力来源，其中有4个存在于企业内部，它们包括：一是“意外之事”，包括意外的成功、意外的失败、意外的外在事件；二是“不协调之事”，比如现实和设想的不一致；三是基于生产或者管理流程需要的创新；四是工业结构或者市场结构发生了变化。

雀巢工厂中发生的绝大部分创新都与德鲁克的这一理论中的后两条相符。

“雀巢的特色是，很多技术都在瑞士总部的研发中心或者产品技术中心，做过小试或者中试（根据实验室结果对生产规模进行不同程度的放大），我们在各个国家的工厂里做的其实是一种将其变成大规模工业化生产的实验，”郑世友说，“工厂的人要在现场的条件下根据实际情况和经验，对生产过程进行管控，让产品顺利问世，同时调整好工厂的生产计划。”

郑世友是1996年加入雀巢的，他是学空气动力学出身，做了几年和飞机制造相关的研究工作，却在机缘巧合之下进入了一个食品公司的生产部门，成了双城工厂的干燥塔主管，继而进入技术部参与了大量新产品的引入工作，最终成长为一个奶粉厂的管理者。在他的职业生涯中，围绕双城工厂不断添加的新产品，郑世友参与过无数次将其“工业化”的项目，这也是他个人的成长路径——在雀巢，通常会有一位或多位年长和有经验的工程师（来自总部或者其他区域市场），充当一些被选中的年轻工程师的“导师”或“师父”的角色。

“每当一个新产品上线，都有总部、产品技术中心或者其他市场的经验丰富的工程师参与项目，”郑世友说，“雀巢的这种知识传授的系统是非常强大的。”

郑世友还清楚地记得自己1999年第一次参与的技术部项目。

“我们当时是要在力多精婴儿配方奶粉里（这是双城工厂最早生产的产品之一）里添加长链不饱和脂肪酸，力多精是雀巢的经典产品，到现在仍旧在不断进行产品更新，添加对婴儿有益的各类营养素。”这个项目组的成员包括北京总部技术部的同事、产品技术中心派来的外国专家和双城工厂的技术人员。

“我们一起把这个配方从瑞士研发中心放到工厂里做中试，然后再扩大到整个商业化市场。”

“你可能会说，我们这些工厂里的工程师只是执行人员，只要按照总部对质量的要求和配方来进行添加和生产就可以了，工作应该很简单，”郑世友说，“但是，小试、中试和大规模生产还是有所不同。就拿我参加的第一个项目来说，当时我们添加的这种原料怕氧化、怕光，对温度也比较敏感，所以我们和总部的人一起做了很多实验，然后添加了一套装备，在这个过程中加入了一些氮气和保护气体。虽然这只是一个小小的创新，但对我来讲是一段很有意思的经历。”

他的早期工作经验不仅仅局限在双城，还囊括了七八个雀巢的区域市场，“像丹麦、南非、法国、英国、荷兰和东南亚的一些工厂，我都跟着有经验的工程师去做过项目”。雀巢有这种惯例，就是将正在快速发展的市场的年轻、有潜力的工程师派去各个区域市场工作，并指定一些资深工程师做这些年轻人的导师。

郑世友的“师父”是一位比利时籍工程师，在20世纪90年代时就已经为雀巢工作了近40年，在营养学和生产制造方面有极其丰富的经验。有两年时间，他带着郑世友和来自西班牙、墨西哥、澳大利亚等市场的5位年轻工程师一起出差，到各地去做项目——这些经历为郑世友的职业生涯带来了极为宝贵的经验。直到现在，他还清楚地记得这个小团队是怎么在菲律宾帮助当地奶粉工厂更新干燥塔工艺的。

当时，雀巢开发出了一套新工艺，能够帮助奶粉工厂提高产品的质量和生产效率——这种创新的目的就是对原有生产线不断进行优化（工厂中是很少出现将现有设备“推倒重来”的技术革新的）。

这套工艺在小试时效果不错，但挪到菲律宾去进行大规模生产实验时，还是遇到了很大的挑战。“因为原来我们是在小型生产线上生产，一小时只做300多公斤，到菲律宾我们需要一小时产出5吨，同时干燥塔还要生产其他不同种类的产品，这就对现场的工程师提出了很高的要求。

“在这个项目里，有菲律宾本地的专家参与，我们这个团队代表总部，我‘师父’是导师，我那时候年轻，负责现场监控，就在干燥塔上做监控和各种数据记录，然后我们再对收集上来的大量数据做分析——这个调试一共花了两个多月的时间。”

郑世友职业生涯中的这些经验其实是雀巢工厂在工艺流程上进

行创新和改良的一个缩影：这种创新既是自上而下的，也是可以反向和横向流动的。

“比如说，在英国我们有节能减排项目，也有一些从总部过去的专家和英国专家坐在一起诊断分析这个工厂的现状，找出一些节约成本的机会点和关键点。”而雀巢在各地现场做的改良，包括在设备、流程上做的一些小改动，工厂和专家都会定期把这些经验总结成一个报告，通过总部的技术中心和其他市场的同事分享。

“总部会对这些革新进行评估，拿到全球市场进行分享。那些革新经验就是这么传到中国来的，同理，中国的经验也会影响其他市场。”郑世友说。

早在 20 世纪 90 年代，雀巢的惯例是在自己的季度会、月度会上通过各种媒介来分享这些创新经验，等到互联网普及后，这种知识的积累、流动和分享就成了实时的。由于积累的时间足够长，并且能够将各个市场遇到的问题、由此产生的解决方案汇集到一起，雀巢其实是拥有了一个巨大的、不断更新的知识库。

在这个基础上，雀巢推进的 NCE（“雀巢持续卓越”项目，一种融合了精益生产及六西格玛管理[①]的综合方法论），会持续推动全球 30 多万名员工在实际工作中，持续地提高效率，减少甚至消除浪费，并且减少生产过程中遇到的问题。

举例来说，在双城工厂的谷物车间，生产婴儿米粉类产品时最容易出现的质量问题是“料渣”——这种异物其实就是过热烧焦的

---

① 六西格玛管理：一种改善企业质量流程管理的技术，力求以“零缺陷”的完美商业追求，带动质量成本的大幅度降低，最终实现财务成效的提升与企业竞争力的突破。——编者注

米粉煳粒，跟生产工艺有关。

“料渣一旦带到产品里，冲调给婴儿吃的话还是会带来风险的，”谷物生产经理王卫东说，“即使加上一道过筛的工序，也不可能完全去除。”

如果仅仅是针对消费者投诉来进行应对，由于煳粒现象出现的概率很小，从生产出米粉到销售，再到消费者吃到异物，投诉往往会经过很长一段时间——煳粒现象就有可能会被忽视。但是NCE是由生产者和有关员工自发发起的项目，目的不仅仅是为了解决生产工艺中潜在的隐患，而且是要试着主动将失误和浪费尽量减少，甚至完全消除。

“在这个项目里，我们改造了一些设备，比如说在用滚筒干燥米粉的过程中调整了滚筒间隙和刮刀等，我们还吸收了其他工厂的经验，增加了清洗的次数，”王卫东说，“这个项目做了将近一年半。”因为只有花费这么长时间才能从消费者反馈里看出煳粒出现的概率确实是下降了——只有形成闭环这个项目才能算是正式结束。

“NCE的要求就是必须有精准的数据来支持结论，”王卫东说，“头一年，我们收到20多例投诉，项目结束时投诉下降到一年10例左右，而且这个比较低的数据一直维持下来了，这就证明改进是有效的。”

这样的一个NCE项目，双城工厂在设备改造上花的钱很少——调整设备和改进工艺流程，更多需要的是工程师的技能和来自其他婴幼儿食品生产厂的经验支持。

雀巢目前在全球有20多家生产婴幼儿食品的工厂，使用同样的设备和基本相同的工艺，在减少煳粒投诉的项目上，双城工厂会用自己的数据与这些同类型工厂做比对，然后去向做得好的工厂“取经”。

“从数据上看，马来西亚工厂在这方面的投诉就比双城工厂少，它分享给我们一个经验，就是不管一个生产循环周期是一周还是两周，每隔三天就要停下生产线 4~5 小时把滚筒干清洗一下，然后再重新生产。”王卫东说，“这样一来，粘在滚筒上的料渣就会被清除掉，就像摊煎饼时间长了要刷锅一样。”

虽然生产线每隔三天要停顿 4~5 小时，会带来一些效率损失，但是如果从为消费者着想和杜绝隐患的角度来看，这样做显然是值得的。

“雀巢内部还曾经开展过一类项目，就是派出一个专家小组来支持区域市场。这些人都是来自不同市场的技术精英和管理人员，他们直接到各个工厂来做一种类似‘现场诊断’的工作，在流程上帮你过一遍‘筛子’，看能不能帮到雀巢自己的工厂或者合资企业提高效率、降低成本。”周洪波回忆说。

这些专家中有不少人都为雀巢服务了多年，对这种知识分享和推动创新的工作很有经验，他们中的很多人还会被派往不同的区域市场任职。1997 年，周洪波曾经参与了一个在香港进行的项目，带队的就是现任雀巢大中华区技术部执行副总裁施明德（Christian Schmid）。

“我们在新加坡有一个负责婴儿谷物产品的专家，所有亚洲区工厂一旦有什么解决不了的疑难问题都会找他，”王卫东说，“他本人不但是技术专家，还对各个工厂的项目和最佳业务实践的情况都非常了解。我们求助时，他就会根据自己和各家工厂的经验来帮忙。”同样，双城工厂的谷物生产线在进行干清洗时，独创了一些清洗工具，“专家看了觉得这个不错，表示也会向其他工厂推荐一下”。

事实上，无论是工厂引入的新产品项目、NCE项目、来自总部的专家支援还是内部人才培养的方法，从长远看，都是雀巢创新体系的一部分。这些活生生的人之间的不断协作和交流，远比互联网传递知识更为高效和实用。创新者既充当了经验知识交流的载体，也能胜任导师、协作者甚至朋友的角色——人们对来自外界的帮助和支持一般都会保持善意、合作和积极的态度。

郑世友到现在还记得他在菲律宾工厂做项目时体验到的友好气氛。当时他们要在两个月内完成新工艺的调试任务，工作量很大，“但我们和菲律宾同事轮流倒班，他们的热情和大力配合给我留下了非常深刻的影响”。

“意外”带来改变

德鲁克所谈到的推动企业系统化创新的内部动力里，其中有两个，往往是以有问题、出岔子这样在外人看来“不好”的形式出现的。他所说的“意外之事”，固然包括意外的成功，但更多的是意外的失败、意外的外在事件。而“不协调之事”，则包括了现实和设想的不一致。

从心理层面看，任何一个企业或者个人，想从“意外”中寻找创新点子或是寻求进步，都绝非易事。同样，事物的实际状态和人们的设想之间也往往存在差异，如果因为恐惧或者爱面子，回避这些差异，就无法做出有效改变。要解决问题，就意味着员工要勇于承担责任，迅速应对挑战，要为掌控失衡的状态付出更多努力。

因此，管理者必须先在企业内部营造出一种“宽容”和“积极”的气氛。谷歌的执行董事长施密特说：“要想创新，就要大胆试错，败得明白，学会从失误中汲取教训。”因为所有的意外都会衍生出有关技术、用户以及营销方面的宝贵信息。他特别告诫管理者：“不要向创新失败的团队问罪。”因为下一批创新者正在看着，他们想看看失败的团队会不会受惩罚。

施密特还引用《反脆弱》（中信出版社于2014年1月出版）一书的作者，风险管理理论学者纳西姆·尼古拉斯·塔勒布（Nassim Nicholas Taleb）的话说，我们要建立一种机制，这种体制不仅能够经受外界的冲击和失败，反而能使我们变得越来越强大。

要知道，施密特和塔勒布并不是在鼓励失败，而是在讨论企业应该如何正确对待失败或者意外情况。一个创新型组织应该能够创造出一种安全的气氛和固定的运营流程，鼓励员工去使用这些流程，仔细研究出现的失败和问题，然后摸索出更好的解决办法。

几乎所有的员工都同意，雀巢对食品质量和安全（包括员工的个人安全）严格到了“近乎苛刻”的地方，每个人都能讲出与此有关的一两个小故事。雀巢在这方面的一贯态度是，本着对用户负责的态度，在食品安全和质量方面绝不妥协，为此，它在内部建立了尽可能多的监督和协作机制，来最大限度地保证产品在出厂前便能解决掉可能遇到的问题。

但是有趣的是，雀巢的员工也近乎一致地认为，雀巢的内部企业文化是宽容的，在一定程度上，它允许经验不足的新手犯错——这种企业文化不会让员工因为害怕被兴师问罪而争相推卸责任。

“能做到‘宽容’其实是因为雀巢内部的管理机制比较健全，它会给你时间成长。”许喆说，“一个新来的操作工，或者是新的班长，可能会在生产线上做了一些错误决定，但我们还有 QA（质量保证部，Quality Assurance）、QC（品质控制部门，Quality Control）和其他在线的人员来帮你纠错。你一旦犯错了，立即就会有人来帮助你，在造成更大错误之前把这些问题解决掉。”

这也是许喆喜欢五羊内部气氛的原因——这在雀巢的工厂中很具有典型性。五羊建厂时间很长，中层管理者中有一部分是雀巢花大力气培养的技术培训生出身，他们在一起工作的时间足够长，气质相近，也彼此信任。“我们这几个人面对问题，最基本的态度就是坐在一起讨论怎么解决，而不是第一时间想着推卸责任。”

在这种气氛里，人们就能不仅仅只是对“意外”进行简单分析，而且还会进行真正深入的调查，追求更精确的结果以求改善。

企业中的“意外”基本来自两个方面：在内部，有质量保证、品质控制等职能部门发现问题后给出提示；在外部，则有顾客的投诉，市场给予产品或服务的反馈等。

不管问题来自何方，创新者都喜欢通过实验去着手解决。他们的方法论是通过不断尝试来理解事物的运作原理，并且遵循这个原理解决问题，在这个过程中，一次次的实验还能引发改进的新想法。

在食品工厂，处理“意外”事件需要格外的仔细和有责任心。

许喆他们曾经收到过一个投诉，一罐香芋口味的冰激凌，顾客打开盖子发现一整盒只剩下了 2/3。“这种问题，其实我们凭经验看一下，就会推测出大概是冷链运输过程中温度升高导致冰激凌融化了。”但是，奇怪的是，这罐冰激凌下面还有一层冰，颜色比香芋冰激凌本身的淡紫色深很多。

“这个时候，就需要多想一下，是不是生产线出了什么问题，而我们没有及时发现？”

如果是在一个仅仅以解决问题为导向的企业里，人们很可能通过经验推测，就将这种现象简单归纳为“冷链运输出了问题”。但是对于有好奇心和愿意承担责任的员工来说，他们不但想搞明白在哪里出了错，还试图更多地去理解事物的运作原理。

许喆和他的同事是靠做实验来寻找更为精确的答案的。他们拿全新的香芋口味冰激凌实验了多次，最后发现，如果将一罐冰激凌在室温里放置8小时，再把它放到冰箱里冷藏，完全冻住之后就跟顾客投诉的那罐“一模一样”了。

雀巢内部还有很多实验是直接由它对质量、食品安全的要求驱动的。

在雀巢研发中心中有一个包装设计部门，和人们想象的一样，它的职责之一就是让产品变得更加吸引人。就是这三个分别位于北京、东莞、厦门研发中心里的包装设计研发团队和市场部、消费者研究部门一起设计了棕色的丝滑拿铁瓶子、绿色的“优麦”系列包装和雀巢咖啡1+2等消费者司空见惯的产品的“外貌”。

然而，在这个部门里，有更多的研发和实验是长周期并且反复进行的。“比如说中老年奶粉产品铁罐的盖子、塑料瓶的盖子等，这些都需要不断进行实验。”包装设计部的包装工程师谢敏说，就像饮用水的瓶盖，一般会设计成让消费者拧半圈大概180度，这个盖子就能打开。但非水类的饮料会在瓶中产生气体，这个盖子的设计就要改成旋转 720 度才能打开——消费者打开这种饮料瓶需要拧两圈，确保气体能够从中释放出来，不会伤到人。

“这些包装里的盖子，一方面要能让老人、小孩都能很容易地打开，另一方面又要保证盖上的时候密封性很好，我们会做上几百次实验，而且还要不断改进。”

还有一部分更重要的实验，是消费者永远“看不见”，却是包装设计部必须要做的——关于包装的安全性和保护性的研究。

“这种实验的周期非常长，每个新产品上市之前可能都要在实验室里待上一年多。”谢敏说。

比如说，包装设计部会考虑到底用什么材质来装蛋白粉，“这类包装最基本的功能就是阻水阻氧，一般我们会使用铝箔”。像蛋白粉这样的产品，从成分上看比较稳定，但奶粉类产品含有大量脂肪和油脂，对氧气和水分非常敏感，是不是要使用和蛋白粉一样规格的包装，谢敏和同事就需要模拟不同环境做各种实验。“包括像零摄氏度以下、4 摄氏度、20 摄氏度、30 摄氏度、37 摄氏度等，高温、高湿和低温的环境，我们都要模拟，然后把这些产品（带包装）真正放在这些环境里几个月再看结果。”谢敏说，“一个包装实验要做一年多，很多人会觉得不可思议，但雀巢对食品安全有严格的要求。除此之外，我们还要在这些实验里加入对环保、减少碳排放等一系列因素的考虑。”

“在雀巢内部，无论是新产品开发，还是解决投诉的问题或者改进生产，做这些事都需要拿数据说话，”许喆说，“所以你得有耐心、心态平和、踏实肯干，而且逻辑推理和分析能力要强。”

许喆的同事，质量保证部经理魏穗芬所在的部门有 33 个人，他们的工作，被魏穗芬高度简洁地概括为："五羊的产品在出厂之前和之后发生的任何问题都归我们部门管。"

事实上，质量保证部的工作由于涵盖整个供应链，包括了对原料供应、整个生产加工过程中成品和半成品、微生物及物理化学指标和分销链条的质量控制，因此，它的工作既包括发现"问题"和"意外"，也包括和各个部门协调解决这些问题——本着对消费者负责的态度，从某种程度上看，雀巢的质量保证体系可以算是驱动工厂不断进行"几百个小的改善"的重要源头之一。

每个工厂中这类通过质量保证部的检查来发现问题，然后持续改善的例子每天都在发生，数不胜数。

拿奶制品或冰激凌工厂来说，因为这类工厂特别重视产品生产加工过程中的微生物和物理化学指标，所有的设备都要定期严格清洗，其中不少设备需要 24 小时内拆一次并进行手工清洗。

"如果有疏漏，或者清洗不到位，微生物到了一定时间段就会有一个数量级的上升，虽然未必超标，但是指数会有波动。"魏穗芬说，质量保证部的实验室负责定点定时在各道工序中的关键点上采样化验，其中一个作用就是要为整个生产线防范微生物等食品工业中重要的指标超标带来的风险。

"一旦实验室检测到微生物指数波动这种情况，即使只是发现了预警信号，我们也要通过分析找到出现问题的关键点，这是通过大量的取样和化验确定的。"生产线上一个地方出现微生物超标的情况，不可能是"突发"的，之前检测人员就会在循环取样和化验中发现一些蛛丝马迹，例如微生物含量在正常或者非正常值之间波动，在经验丰富的质量保证部人员眼中，这些都是预警信号。

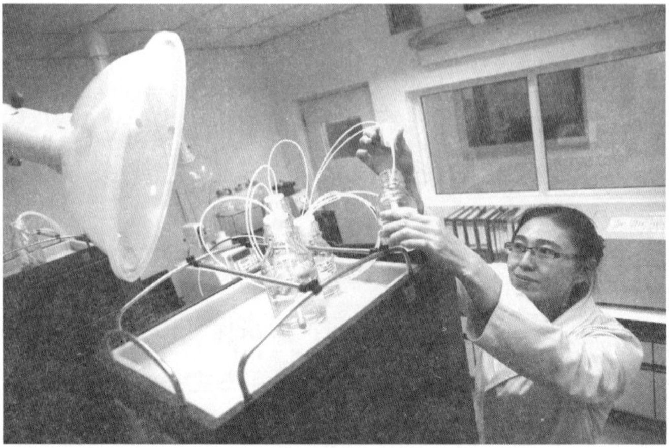

雀巢质检人员对产品进行检测

很多时候，生产线上的微生物超标确实是由于操作人员清洁不到位导致的。但对这一现象不能简单粗暴地责怪对方“工作不认真”，惩罚了事。如果仔细分析实际情况，这其中包含了很多改善生产性工作流程的可能。

产生这种现象的一个原因是，工厂中对如何清洁设备的描述一开始都是文字的，对这些规则条文的理解和记忆往往因人而异。因此，2010 年之后，五羊对生产中有关清洁的工序和标准进行了可视化的改善——图文并茂地讲解了操作者究竟该如何操作。

“其实最直观、易懂的说明就是图片，”魏穗芬说，“在生产线上的哪个地方做清洁需要什么工具，需要多少浓度的药水，要怎么做，拍成照片再加一些解释就可以说明很多问题。”他们在生产线上所做的这些改善，与雀巢的企业文化里提到的“对业务采取实用而非教条的方式”的要求完全相符。

在雀巢的农业部门，员工早就开始用可视化的教程给农户做培训了。普洱的农艺师们通过多年的实践证明，与其把对农户的要求写成让人摸不着头脑的条文，不如实实在在地将这些要求分解成该做的事和不该做的事，拍成照片做成 PPT（幻灯片演示文稿），在培训的时候反复播放。

有时候，因为添置了新设备，质量保证部和生产部还会预先对它的设计给生产带来的隐患做分析和评估，这又会带来一轮对设备的改善。

在 2015 年，五羊因为要在产品中使用巧克力酱，所以添置了一系列设备。魏穗芬形容说，巧克力酱的原料是粉末状的，它的最后一道工序是要经过一个筛网过筛（筛网的作用是阻挡异物进入原料），才能作为半成品储存使用。根据他们的经验，这个筛网将是一个质量和食品安全的关键控制点，需要经常检查有没有破损，“如果有破损的话，异物就有可能检测不出来，从而掉到巧克力酱原料里去，这样就会影响到后面的生产”。

但是这个设备是进口的，设备供应商的设计思路和雀巢对食品安全的考虑不一样，要想定时去打开设备查看筛网非常困难。“在操作中，我们发现员工拿它根本没有办法，如果一定要打开看，就会导致操作效率变得很低。”于是，工程部、生产部和质量保证部的人在一起想了很多方案，也咨询了供应商和总部的专家，对筛网做了一些改造。

“设备的筛网部分本来是封闭的，我们现在改装成可以打开的，然后做了一些保护措施，确保在查看时不会污染原材料和设备。”魏穗芬说。

工厂中绝大多数的创新、改善，都要涉及逻辑分析、各方协作和大量的实验。这些额外的改善工作一开始可能会耗费一些人力、物力，并占用一些资金和时间，但是经过反复测试，雀巢最后选取的方案，对于现场的操作人员来说是最方便、最可行的，也必须是最能保证食品安全的。

“我所在这个部门的很多创新，都不是研发什么新东西，而是要让设备维护变得更简单、（设备的）利用率更高。但无论怎样，保证产品质量和食品安全是第一位的。”双城工厂工程部经理潘旭说。

举例来说，双城工厂在封上奶粉罐的盖子时会使用封口机，这个机器上有一个封口轮是会转的，这样就需要有润滑油，润滑得不够好，机器磨损得就快。“但是用润滑油会出现一个问题，它可能会滴下来，掉到产品包装袋或盖子上去。”

“尤其我们现在是自动化生产，一分钟自动包装 90 罐。如果不改进，就会在短时间内出现很大的风险和损失，比如质检那边查出大量不合格产品，或者质检没看出来，让消费者买到了沾了润滑油的产品，这就更糟糕了。”

潘旭和同事们最后采用的解决办法，是将原来需要用润滑油的轴承换成了用石墨的——因为“石墨粉也有不错的润滑作用”，也不会滴下来。

“这就是工程部经常要做的创新，关于封口机的这个改进，我们还分享给了青岛工厂。”

而正是这类“小小的改善”，帮助工厂避免了最后因为这些关键点失控而损失大量的金钱和产品信誉。

正如《创新者的基因》一书中所说，在寻找问题的解决方案时，实验往往是回答“我们该怎么办”的最佳办法。只有做足发问、观察和交际的工作，通过坚持不懈地进行实验，才能将事物一步步向前推进。

灵感从“交际”中来

让我们再次回到杰夫·戴尔、赫尔·葛瑞格森与克莱顿·克里斯坦森的理论上来。

前文说到，在《创新者的基因》一书中，这三位学者创造性地将创新者的品质抽象为5个特点：联系、发问、观察、交际、实验。在雀巢员工身上和它的组织结构设计上，这5个特点都鲜明地存在，但排列顺序略有不同。

“交际”这一品质在雀巢内部很可能会被放在“实验”之后，成为一种决定性的品质——因为这个公司特别注重培养员工互相尊重、协同工作和交流的能力。在雀巢的企业文化里，管理者明文强调，希望员工们“互相以个性化和直接的方式相处，这意味着高度容忍别人的意见和主意，以及不屈不挠地承诺与他人积极合作”。

也就是说，联系、发问、观察、实验、交际，这些品质会在一个雀巢员工的身上同时出现，也可能加加减减，各有长短。但是尊重他人的观点，善于通过沟通协作实现自己的想法却是雀巢人所必备的技能——这和雀巢150年来推崇与传承的企业文化直接相关。

这种品质完全符合《创新者的基因》中提到的“交际”能力的特点：创新者对很多事情都有特殊的兴趣，乐于拓宽自己的知识面。那些能够跨越自己的本来的业务、人际圈子去和朋友或同事进行交往，能够换位思考的人，往往能够形成更有价值的想法——注意，这三位学者谈到的“交际”，并不是一般人意在升职加薪、推销自我和拓展社交关系的“资源交际”。为与后者有所区别，他们称之为“想法交际”，目的在于积极、深入地搜寻新想法和见解。

而真正有创意的企业或者个人，绝非无法沟通的“孤岛”，他们不光有想法，也有感染力和组织协调能力。他们能够很好地运用自己的内、外部关系网来实践新的想法。

正如《创新者的基因》所说，“在最创新的公司，研发绝对不仅仅是一个部门或者几个人的事情”，否则，那些精妙绝伦的好主意，大概只能夭折在公司内部或者他们的大脑里了。

构造“交际型”组织

要跳出常规思考，得到一个绝妙的主意，创新者需要将在个人认知领域得出的想法，与来自其他领域、依据不同规则思考的人的想法相结合或相互碰撞。

据说，黑莓手机的原型就是创始人迈克·拉扎里迪斯（Mike Lazarid）在一次偶然参加贸易展时，从一个为可口可乐公司设计的无线数据系统上得到的灵感。他忽然意识到，一味沉迷在计算机技术中没有意义，只有“无线技术＋计算机”才能做出别出心裁的产品——黑莓手机的雏形就是这么来的。

如今，我们在市面上所看到的绝大多数优秀的产品几乎都跟跨界有关。几乎每个公司都在想办法设置一些岗位，或是构造一种可行的组织架构——我们不妨称之为“交际型组织”，将拥有各类想法、所在领域不同，甚至年龄、国籍和性格都不同的人组合在一起，让他们在常规的工作流程中碰撞出火花，互相促进，积极探索新想法和新产品。

雀巢尤其擅长这样做。在雀巢的各级研发中心里，外人不难发现，研究人员分别具有医学、营养学、人类学、社会学和设计学等学科的广泛背景，并且他们的年龄、国籍和工作经历都各不相同。

不光汉穆·茂赫和他的继任们，大概所有的企业CEO都会鼓励这种人员配置，但这类做法也可能适得其反——如果没有亲密合作的氛围和对彼此的信任，这些人可能成为一个个充满敌意、自我封闭的信息"孤岛"。

在雀巢内部，这种情况似乎不太可能出现。汉穆·茂赫曾经这样形容雀巢各个区域市场之间的交流与合作氛围："雀巢的两个员工第一次见面，就能发现他们肯定有共同的朋友、熟人和曾在他们之前或之后共事在一家公司的同事，或者他们之间的业务有紧密关系。"

雀巢之所以能够形成这种交流氛围，有一个重要的原因是，它的总部所在国瑞士本身就是一个宗教、语言、政治和文化呈多元化特征的国家，有很强的开放性。另外，雀巢企业文化中还有一个重要特色：它很早就培养出了一批跨国专家型员工。这些来自不同区域或国家的管理人员都很适应甚至喜欢改变工作地点或工作性质，这就促成了一个跨界（地域）交流网络的形成，有助于知识、经验和创新成果的流动与分享。

时至今日，几乎每个雀巢的中层主管或那些有发展潜质的年轻人，都能讲出自己在不同国家、不同区域或不同岗位上任职的故事。即便他们中的一些人喜欢稳定的生活，愿意长期在同一个地点做同一份工作，也会得到各种去其他市场进行中短期培训的机会。

最富戏剧性的一个例子是，郑世友在双城工厂生产部任职时，对一位法国畜牧专家罗宾（Robin Pierre Vernhes）印象极深。罗宾能讲一口流利的中文，为帮助双城奶农养牛做了很多工作。之后，两人分别离开了双城，继续自己的职业生涯。

2012 年，雀巢以 118.5 亿美元收购了辉瑞旗下婴幼儿营养品业务惠氏之后，郑世友和罗宾在雀巢旧友重逢。这次，郑世友是惠氏营养品苏州工厂厂长，罗宾成了惠氏营养品全球质量经理，管理包括爱尔兰、菲律宾、新加坡、中国在内的整个惠氏营养品业务单元的质量——后者不但是畜牧专家，还曾管理过工厂，最后调入雀巢的质量管理体系，其职业跨度不可谓不大。

在雀巢，很多有学习能力和好奇心的人都会在职业生涯中转岗，或者更换所在的城市及国家，这不但能让他们的知识结构、人际关系和认知系统变得更加均衡、复杂和丰富，也使其更容易产生新的想法——按照《创新者的基因》一书的说法，置身于新环境，和不同社交网络中的人互动，“这一类的交际往往能够让人与灵感不期而遇”。

激发灵感，持续改善

在食品公司内部，除去常规、严谨和科学的口味测试和消费者实验，是否需要为一系列产品寻找瞬间迸发的灵感？它们到底从哪里来？是不是没有了这种灵感火花，产品开发就会逐渐陷入沉闷的按部就班？

拿冰激凌业务来举例子的话，答案是确定的。

食品中很多时候需要加入对本地消费者心理和口味的洞察。尽管有着最为完备的内部讨论流程和市场部、工厂、研发小组的组合，有时候一个人或者几个人的直觉、经验和坚持，在这个庞大的组织中也是有用的。关键在于，企业中要有一种机制和气氛，将领域、经验、年龄和性格各异的人组合在一起，让团队成员通过交流迸发灵感。

就拿许喆他们研发的荔枝口味甜筒来说，北方人和南方人对荔枝的感受截然不同——前者只是熟悉荔枝这一大类水果，后者则能够精细地尝出各地出产的荔枝香气和口感的不同。做产品研发时，如果只依靠香精公司提供的荔枝香精或产品研发人员的日常知识，是调配不出来真正能被南方人接受的荔枝口感的。那种感觉非常微妙，常规的市场调查未必能够抓到精髓。

“有广东的市场、销售和欧阳凯他们参与进来，这个研发的方向就截然不同了，”冰激凌业务单元的生产事务经理周洪波说，“他们描述得非常清楚，广东人公认增城的荔枝最好吃，所以五羊甜筒的荔枝味就要朝着那个方向调整。”

“这样一来，我们很快就把甜筒的味道调出来了。”

周洪波非常认可欧阳凯在冰激凌类产品上表现出来的职业敏感与直觉，这是经由他 20 多年职业训练所造就的，如果运用得当，绝对能够在产品研发中给予团队很多帮助。

而她的职位——生产事务经理，则是雀巢内部的一个特殊岗位，也很符合《创新者的基因》一书中提到的“交际”特质：只有存在一些能够跨越几个业务或不同职务的岗位，才能够让各方观点更有效地碰撞或调和，最终形成有价值的想法。

雀巢在很多主要业务单元都设有周洪波这样的职位——生产事务经理大多都是有深厚生产或研发背景、对产品有想法、协调沟通能力强，并且能够正确理解市场部和销售人员意图的人。

生产事务经理像是业务单元的运营部门（例如销售、市场）和工厂以及技术部门之间的一个三方接口，他们的工作包括：在前期参与新产品研发；负责协调解决新产品落地时在工厂生产时遇到的问题；当工厂需要设在美国的冰激凌业务产品技术中心给予技术支持或产品技术中心有新技术分享时，也会通过生产事务经理来协调。

因此，很多来自不同领域的想法和需求最终会在这个职位上汇聚起来，对产品的研发形成意料之中，但又出人意料的助力。

2015 年，雀巢的经典产品牛奶棒雪糕系列，增加了一个新成员——他们推出了一款草莓口味的牛奶棒雪糕。

在做草莓味牛奶棒的过程中，产品研发人员、市场部按惯例参考了酸奶、饮料这两个领域里比较经典和销量较大的草莓味产品，香精供应商也向他们推荐了一些公认是流行趋势的东西。定下大方向以后，产品研发人员做了几批样品，给市场部、周洪波及相关的人员试吃。

雀巢牛奶棒（草莓味）

周洪波很重视欧阳凯的感觉，也很在意自己的搭档——雀巢冰激凌业务单位业务及品牌发展经理翟威尔（Olivier Jakubowicz）和同事们的意见。“市场部做了这么多年的消费者研究，有自己的特殊体系，也有方法论；研发这边做了好几轮试吃，他们都会从自己的角度给出很靠谱的意见。”

草莓味牛奶棒最早的几批样品一出来，大家按常规流程反馈试吃意见，比如“不够滑”“奶味不够重”“草莓味不够浓”等，这样就筛掉了一批样品。就像许喆他们做荔枝口味甜筒一样，研发人员要通过反复实验和听取试吃人员的意见，来不断明确产品的具体走向。

但是经过几轮试吃和修改之后，周洪波意识到，再这样按部就班地进行下去——只在过去的基础上加加减减，肯定没办法做出来“让人眼前一亮”的产品了。

襁褓中的草莓味牛奶棒当时正面临特征模糊的危险，它们与市面上流行的草莓味产品思路太像，与雀巢牛奶棒本身的形象又有点距离——后者以奶味浓郁、口感细腻著称，原本应该给人带来一种自然、举重若轻，能用最常见的口味令人流连忘返的感觉。

“什么叫‘让人眼前一亮’？”她很形象地解释说，“就是那种拿出来，大家咬一口就知道，啊，应该‘就是它了’的东西。”

最终，在这一轮研发陷入胶着时，周洪波决定请工厂的研发人员另起炉灶。“我让他们在原料里只放草莓酱进去，其他什么都不加。”这个思路与之前使用草莓味香精调味的惯用手法完全不同，“等他们拿过来样品，我一尝，觉得这个产品的新思路基本就算有了”。

周洪波的这种灵感很难量化，也很难言说。她自己将之描述为有时候“会对具体产品和工艺有一种感觉，知道怎么做才能跟别人不一样”——这既来自她的生产经验和对产品的了解，也包括一些有趣的心理学的小窍门。

比如，做这一轮草莓酱版本的样品时，除了研发人员，她没有具体告诉翟威尔和其他同事自己的做法。而是等到“几轮试吃之后”直接拿出了这个新的“撒手锏”——这正好是一个大家对原有的路数不满意，却又没有形成新想法的心理结点。

“这个时候，我再把只放草莓酱的样品拿给翟威尔说‘你尝尝’，大家一尝——全亮了！”

通常，即便不是周洪波，也会有其他人采用这种小小的戏剧性手法，把产品研发带入新方向，让工作继续进行。

“欧阳凯在冰激凌业务单元工作了20多年，他不但有对市场的整体感觉，有外部视角，还懂一部分技术，所以他经常会挑战我。他会问，洪波，我们这么做行吗？翟威尔在口味和把握消费者感觉这些大方向上有很丰富的经验，他也会直率地提出自己的意见，”周洪波说，“在具体产品和技术上，我会有直觉，觉得这么做行或者不行。”

“我们这些人对产品有什么不同想法，都会坐下来平心静气地一点点说清楚，（我）为什么不喜欢这个产品，问题到底出在哪里？雀巢的研发体系就是这样的，大家各有所长，可以互相激发灵感，互相挑战，但是彼此又都是互相尊重和了解的。”

这种戏剧性的转折和灵感的迸发，发生在雀巢每个“让人眼前一亮”的产品的研发过程中。

在这些有趣的故事背后，其实包含了产品创新的几个基本要素：首先是坚实的技术背景和产品知识，“至少你对市场上有什么样的同类产品，是怎么做出来的，心里要很清楚”；其次是要尊重消费者，“市场部或者销售部门的人都是真正观察过消费者的，他们理解消费者的需求和感受”；最后，要有高超的工艺流程实现这些想法。而这些要素中最关键的点在于，研发人员将这些信息与想法放在一起，最终要能从中提炼出一个高于现有逻辑和理论的灵感。

按照周洪波的话说：“就好像乔布斯的 iPhone 一样，它既不是靠现有的产品逻辑推出来的，又能真正满足消费者的需求。”

这种灵感和直觉既是靠多年的工作经验积累，也包括了触类旁通，去了解不同领域的动向。周洪波喜欢看各式各样的展览，她也推荐这个习惯给自己的年轻同事们。

正如《创新者的基因》里写的一样，除去喜欢四处转转，很多创新者都会非常主动地花时间去看各种展览，还有很多人会定期参与所在行业或者专业领域之外的主题会议。他们认为这样有助于学习一些新知识，让自己产生突如其来的将不同领域的知识汇聚在一起的联系能力。

“不光是食品领域（的展览），其实看什么展览都行，你去看服装展买一堆衣服都可以。要找灵感的话，你就一定要出去走走，多看看，多跟人交流，”周洪波经常这样告诫自己的年轻同事们，“这些感觉的积累需要时间，现在可能一时半会儿没有效果，但到了最后，无论美学、技术还是其他领域的感觉都是相通的，你会很自然地运用到产品研发上去。”

责任感才是创新的根本

但是，真正能让超凡的灵感落地，让“几百个小的改善”得以持续推进的动力是什么？

所有雀巢人对此的回答都是一样的：责任感。

作为一个时时要向消费者传递新鲜感的业务，在食品领域进行创新，绝非一劳永逸的事情。

在草莓口味的牛奶棒上市后，2016年，雀巢推出了与牛奶棒类似的猕猴桃、黄桃口味的水果冰棒，它的经典剥开吃的雪糕“笨nana”也有了升级版的彩蝶冰。冰激凌业务单元每年都要推新品，每一个研发人员费时费力研制的既有产品都有可能会随着消费者喜好的变化而被替换掉。

“我们每做一个新产品，不管最后结果如何，从主观上讲肯定是希望尽善尽美，”许喆说，“所以做这个工作，你得特别有耐心。”

草莓味牛奶棒和荔枝味甜筒在雀巢和五羊的冰激凌系列中并不起眼，随着市场的变化，它们几乎注定要被“湮没”在其他新口味里。

而之前让研发中心和市场人员花了不少工夫与精力研发的“雀巢优麦风味燕麦粥”，也在2016年被其他产品替代，停止销售了——食品行业中的“改朝换代”之快是超出人们想象的，因为市场和消费者的喜好在时刻发生改变。

但是新的研发故事会在雀巢生产的每一个业务单元，例如咖啡、早餐谷物、糖果等品类中一再上演——它所蕴含的工作态度远远超越了产品本身。

正是因为如此，许喆和同事们，以及郑世友、周洪波这样资深的员工们都强调说，做产品的人，其实真正需要的是一种作为生产者的责任感，“这样的话，你就能保持心态平和，日复一日地把手头的事情做得更好”。

汉穆·茂赫列举过雀巢员工最重要的品质，里面包含了责任感、道德感和学习能力，同时还有坚韧不拔的精神。这种坚韧不拔其实是由责任感激发的，这是很多员工能在雀巢长时间工作，甚至度过自己整个职业生涯的原因之一。

“有时候，人们对创新的看法太片面了，其实创新未必是要求快，要争第一——尤其是涉及婴幼儿食品和食品安全的时候，”郑世友说，“在食品这个领域几乎不会有爆发式增长，也不会出现暴利，（这类情况）真出现了反而是不好的迹象。”

“无论是在惠氏还是雀巢，一个产品的研发做将近十年也是有的，做三四年或者一年也是有的，最起码也要七八个月。”郑世友说，“即便是往奶粉中添加营养素这么简单的一项改变，我们也需要做医务试验。”

雀巢北京研发中心的王军宽博士是做枸杞、桑葚这类中国传统食材研究的，他和同事们选出了一系列食材与药材，运用科学研究方法来验证它们的功效。这类研究从一开始确定方向，就要对其功能进行极为精密的量化分析，还要加入严格的临床试验和动物试验。

“这种工作最起码要花三四年”，真要应用到产品上去，还要符合国家标准，获得各种证书和许可，这就需要更多的时间——“这毕竟是要吃的东西”。

连惠萍博士也赞同说：“做我们这种工作，没有耐心是不行的。”

一个创新真的需要，或者说可以做十年？

对，你没有听错。

雀巢专业餐饮部的明星产品——冰激凌粉的生意目前无论从销售额还是销售量上来看，都已经成了雀巢全球销售规模最大的单品之一。而这个产品还真是贾本汉和同事们花了十年时间一点点推进的。

1998 年，在一次雀巢全球餐饮部内部举行的头脑风暴会议上，贾本汉和其他国家的同事交流时，看到了雀巢在其他市场做过的冰激凌粉的项目。当时，肯德基、麦当劳等跨国连锁餐饮企业在中国市场的圣代和冰激凌使用的是其他供应商提供的原料，雀巢在中国主要是做奶粉生意，并没有冰激凌粉这个品类。贾本汉认为这个生意机会值得一试，他的上司也同意了。

雀巢内部鼓励创新，但有一个项目列表，一些不是特别紧急的项目会被排得比较靠后。贾本汉把这个项目变成白纸黑字，放入项目管理系统，但没有填时限——这就意味着它并不紧急。“这种中长期项目，如果工厂和研发人员有空就会帮你做，你可以提出要求，但他们响应的间隔时间会很长，”贾本汉说，“样品改动起来可能最起码 3 个月后才会给你，主要就看项目负责人能不能接受。”

这说明两件事情，雀巢内部对这种表面上看不会立竿见影获得利润的中长期创新项目有很高的宽容度，他们会给予项目负责人资源和时间，只是有一个轻重缓急的问题——鼓励创新的机制显然是存在的。但资源有限，这就需要项目负责人保持好心态，坚持不懈。

贾本汉的合作方是黑龙江双城工厂的研发小组，“雀巢内部一直都有很多不错的项目，但是资源就这么多，钱也就这么多，工厂的产能也是有限的，总有个先后顺序”，他需要利用自己的业余时间去双城跟工厂的研发技术小组沟通——这不但需要耐心，按贾本汉自己的话说，还要学会享受这种一点点推进项目的“工作乐趣”。“他们有紧急工作要忙的时候就会告诉我，‘喂，贾本汉，你最近不要过来找我们啦’，我就会先把冰激凌粉的事情放到一边，等他们忙完手头的急事再慢慢做。”

“我都不记得去过多少趟双城了。”贾本汉说。做出样品后，他还要把样品拿给肯德基去试，“他们试过以后告诉我说‘哎，这个不是我们想要的’，于是我再收集意见拿回工厂去改，这样不知道搞了多少个来回”。

到 2006 年，冰激凌粉的配方已经确定下来，又过了一年多，到 2008 年，它才真正进入了肯德基的采购名单。

从 1998 年到 2008 年，花十年做一个项目，需要的是供需双方都有远见和耐心。冰激凌粉并不是肯德基急需的产品，但是出于采购的原则，他们的眼光也很长远，想要多一些供应商可以选择，因此会给予贾本汉的工作以支持和肯定。

但在这十年间，专业餐饮部和肯德基之间还在不断合作，做推应季新品之类的常规工作。在肯德基的时间表上，一旦有更急的常规任务出现，他们也会对贾本汉和他的同事们说：“哎呀，这个冰激凌粉不是最着急的项目，你们先不要做这个了，赶紧帮我们搞好咖啡项目吧。”

“做生意就是这样的，永远要等天时地利人和，”贾本汉说，“等到 2008 年，肯德基正好要换冰激凌粉供应商——这样一来，机会来了，而雀巢早已经准备好了。”

这个故事的结局简直像童话——“从此，公主和王子过上了幸福生活”：一个默默坚持了十年的项目，最终成为雀巢全球专业餐饮部最大的生意之一；在这个冰激凌粉的基础上，通过改变配方，雀巢又在专业餐饮中推出了不同的新产品应用，其中一个叫“冰品奶基底”，这个产品可以为连锁餐饮的冷饮单提供更多选项，它可以用在冰沙类产品里。而且，冰激凌粉也不是一成不变的，前文我们已讲到，专业餐饮部在近几年的一次针对冰激凌粉的颠覆性革新中，开发出替代它的液体奶浆——“这个研发结果也可以进一步推广”。

“雀巢快起来可以很快，”贾本汉的同事周楠说，“做液体奶浆的研发项目我们只用了一年多的时间，连 300 人的消费者测试也只用了一个月就做完了。”

但是还有更多的项目和创新，是需要耐心、坚持和不断交流与协调的，只有能从这种工作中获得乐趣的人才能使之变成现实。

作为全球最具创新力的公司之一，谷歌的执行董事长埃里克·施密特在自己的管理著作《重新定义公司：谷歌是如何运营的》（中信出版社于 2015 年 9 月出版）中为创新下定论时说：“创新的东西不仅要新颖、出人意料，还要非常实用。”

在谷歌的历史上，曾经涌现过很多超前的产品，例如谷歌眼镜、无人驾驶汽车等，谷歌实验室里的大多数创意看上去都是天才，甚至有点“疯狂”。即便如此，施密特还是坚持认为，创新“不仅仅包括想法，也包含了很多实践”。而且，他反复强调，“几乎人人都有创新的机会”。

食品业的创新和谷歌这样的高科技公司相比，尽管都根植于现代科学和实践，但还是有很大的差别：即使是前者中最新颖的部分，也包含着“安全”“营养”“质量”“健康”等非常实用的关键元素。这绝大部分是由食品工业的特色导致的：吃饭是人类的刚需，但每人每天对食品的摄入有定量；即使消费者口味发生很大改变，对最基础的食品生产的影响也是极小的；另外，所有食品最终的原材料都源于自然——尽管为降低能耗和节约成本，人们会用植物原料尽可能地代替动物原料，但是无论植物还是动物，它们的生长周期和产出量几乎都是固定的。

正如雀巢集团农业部门的负责人汉斯一再强调的，即便科学的介入已经让农业发生了翻天覆地的改变，但具体到种植和养殖层面，人们还是没有捷径可走。他常说这样一句话：“奶牛从小牛长到可以产奶需要三年，咖啡树从种下到有收获也是三年。”——在这个行业里，任何不尊重大自然固有规律的短视行为，最终都会遭其反噬。

因此，从某种意义上来说，食品永远是一种“保守”和“务实”的产品——这一点与雀巢的创始人亨利·雀巢乃至整个公司的特质十分相符。但是，雀巢的企业文化和瑞士人的性格一样，强调低调和务实，却绝不沉闷。《创新者的基因》的作者们有充足的理由认为，一个有创新基因的企业会让员工的职业生涯更为愉快和满足。

亚伯拉罕·哈罗德·马斯洛在 1943 年发表了一篇具有划时代意义的文章《人类动机理论》，他在其中提出问题：“当面包不再是紧俏食物且人的胃口渐渐被填满时，人类的需求又会出现何种变化？”

正是在这篇文章里，马斯洛提出了他为世人熟知的“需求层次理论”：“一旦有其他（而且是更高的）需求出现，那么这些需求，而非生理上的饥饿感将主导生物体。”在其著名的“需求层次金字塔”底部，是人的生理和物质需求，如食物和水。在此之上是安全。更高一层则是爱、归属感和尊重；居于整个金字塔上部的是“自我实现”，即对创造力等精神需求的追寻。

正如马斯洛所说，除在商业上能为企业带来明显好处之外，创新者自身的人生体验是更为激动人心的：他们能够在工作中产生创意，最终产出新的产品和服务——无论是企业还是个人，都能从这一过程中得到“自我实现”的满足感。无论结果如何，这种“自我实现”的满足感将激发他们的使命感和责任心，并且伴随以正向的心理感受。

这样一来，无论是勇于创新的企业还是个人，都更容易进入商业上的良性循环。

| 第四章 |

在农业社区中创造共享价值

每个人都渴望在这个世界上留下印记——这一点，从人的精神需求层面来说至关重要，因为它代表着人的存在感和人与世界的关系。人与人之间的不同之处在于，给世界最终留下的印记是深是浅，对世界造成的影响是消极的还是积极的。

同理，一个企业的发展和成长也会像人一样留下印记——企业越大，它对个人和商业社会产生的影响就越大。这样就引发了企业社会责任（Corporate Social Responsibility，CSR）一说。管理学大师彼得·德鲁克对CSR进行了这样的定义：每一个组织必须对它的雇员、环境、顾客以及它所接触的一些人和物所产生的影响负责。因此，企业要在自己的经营活动中尽量负起责任来，比如，不破坏环境，与供应商互相合作，实施合乎国际水平的劳工标准等。

在过去的十年里，跨国企业越来越热衷于在商业世界中留下良好的印记，与此同时，消费者也变得越来越愿意购买通过“道德采购”所制造的产品和服务——道德采购通常是指企业承诺保证采购物品及原料来源正当，并严格遵守最高标准的社会和环境责任。

尽管欧洲经济一直处于衰退期，但英国、德国和瑞士早在2013年就已经成为全球购买“公平贸易”产品（这还仅仅是上百种“道德采购”中的一种标签而已）数量位居世界前三名的国家。在英国，仅仅在2014年一年，贴有公平贸易标签的蔗糖的销量增长了25%，而相关的巧克力、可可和香蕉的销量分别上涨了53%、5%和4%——全英境内大约有4500种获得公平贸易认证的商品。英国人是全球公认的最拥护道德采购的消费者。2013年，德国通过道德采购认证的商品销售额较前一年增长6.54亿欧元，涨幅达23%。紧随德国之后的是雀巢的总部所在国瑞士。

这说明，消费者愿意通过自己的选择，来为那些建立了更公平、更合理的供应链的公司付费，间接或直接改善在全球各个角落里辛辛苦苦为自己提供服务的人的生活。

几乎所有的大企业都在近十年里对这一消费趋势做出了积极回应，但是，有关的怀疑之声也从未消失过。

为此，英国经济学家柯纳·伍德曼（Conor Woodman）进行了一次供应链环球之旅，想看看各大公司近些年来如此热衷的道德采购和CSR究竟做得如何。在这趟旅行中，他看到了一些成功范例，也见到了许多不那么尽如人意的情况。

伍德曼花了一年时间，深入考察了食品、矿藏、消费电子等几条典型的跨国供应链。在一些案例里，他发现，也许初衷是好的，但很多公司的做法都会导致履行CSR更像是一种公关行为——这类公司更关心在短期内提升产品的商誉和销量，往往只满足于从自己的供应商那里取得一纸有关供应链的道德证书。这样一来，从长远看，企业的上游——供应商和原料提供者的处境往往比以前更加“苦不堪言”：因为他们不仅要按甲方的常规要求不断削减成本，还要在日常运营里向公众含糊其辞，承担隐瞒实情的道德压力。

在另外一些例子里，伍德曼不止一次看到，一些热心的企业把履行 CSR 理解成了时不时给世界各地的穷人开出一张支票。这些企业确实行动了，比如，它们会诚心诚意地帮助贫困地区的农民建一所学校或者打一口水井。学校和水井当然重要，但是随着时光流逝，企业一旦对这些项目撒手不管，学校很可能就会因为根本没人上学或师资力量奇缺而成为闲置的“面子工程”，水井则因为没有人能够维修抽水机（仅仅是缺少几个零件）而被废弃了——伍德曼在这次旅行中发现，“慈善事业本身并不能治愈贫困”。

最后，伍德曼总结说，如果真想更好地履行社会责任，企业需要从业务战略层面进行思考。它们真正要做的，是深入供应链的前端，承担更多责任，通过自己的核心业务去构造一种全新的扶贫、发展模式，帮助那些它们的供应链所触及的贫困地区的农民和工人。这些行为必须是和企业的日常运作紧密联系在一起的，而不是什么时断时续的慈善活动——因为，“只有能自给自足的活动才能真正持久”。

企业面临的最大挑战是，如何让赚钱和创造社会价值的需求协调起来，怎样持续帮助处于供应链底层的人们，创造出一种双赢，甚至多赢的格局。在这个问题上，雀巢一直在实践哈佛大学商学院教授迈克尔·波特提出的“创造共享价值”的理念——“企业可以通过商业决策和日常经营，同时为股东和社会创造价值”。

保罗·薄凯说：“经济活动的社会目的是创造价值。你需要为了让公司取胜而创造价值，但是与此同时公司也需要想想怎样适应社会和为长远发展考虑。

“如果人们是以一整套坚定的价值观来做事的，无论他们做什么都会为社会创造价值。”

说来有趣，尽管目睹了种种不如意，伍德曼和迈克尔·波特一样，得出了相似的结论。伍德曼在他的新书《与全世界做生意2：你买的是什么》（机械工业出版社于2013年9月出版）中最后的论调是乐观的——这和他观察到的全球消费趋势发展方向有关，那就是，“人们越来越愿意，也有能力通过选择品牌来表达自己的道德价值观”。

“企业责任应该能创造价值，尤其是经济价值，它也能减少供应链里的风险，吸引更多优秀的员工和合作者，帮你塑造更好的品牌，”伍德曼在他的书中热情洋溢地写道，“亲身参与国际贸易、从中赚钱，同时在道德上昂首挺胸——这是完全做得到的。”

但他反复强调一个大前提：当企业想改变供应链时，它必须明白一点，那就是“企业责任必须从长期来衡量”。如果公司想夸耀自己的道德水准，它就一定得想办法长期、有效、全程跟踪自己的供应链——这意味着公司必须保持长远眼光，尽量将自己的影响和管控向前“挪动”，深入供应链源头。

由于雀巢生产食品，并且很早就是一个从事跨国生产和销售的企业，因此，它在不少国家都精心设计了一条从田间生产到消费者餐桌的完整食品供应链。

雀巢在经营上的特色就是，工厂为其所在国或区域而生产产品，尽可能地使用本地原材料和雇用本地员工。在每个国家和地区，雀巢在当地售卖的产品之所以有竞争力，除了它作为全球最大食品企业所享受到的规模效应，还因为它使用了当地的原料、包装材料和人工，通过优化供应链节约了成本。它还通过这种深入当地的供应链模式，让自己的品牌和当地人建立了牢固的情感联系。而在这条供应链的各个环节上，从原料的种植、动物的饲养到最后产品被生产出来送到顾客手中，雀巢都能积极施加影响。

汉斯所在的雀巢集团农业部门的主要工作之一就是帮助世界各地的种植或养殖户产出安全和质量良好的原料，比如咖啡、花生、糖、棕榈油、牛奶、鸡和鸡蛋等。汉斯说，雀巢在全球建立供应链的原则就是要保证当地农业社区可持续发展，“这是雀巢在创造共享价值上最重要的实践之一”。

这种端到端的供应链组织方式，不但保证了雀巢产品在质量上的竞争优势，还使得雀巢投资所在地的合作伙伴都能获得益处：首先，地方供应商可以从雀巢的生意中获利，比如，那些向工厂提供牛奶或咖啡原料的农民和为雀巢生产包装、提供仓储和物流服务的公司等；其次，雀巢可以用日常经营而不是做慈善的方式，支持生意所在地的经济长期增长。

“很多人会疑惑，这样做是不是会导致雀巢（在创建和管理供应链时）的成本过高，”汉斯说，“其实正好相反，从长期来看，我们组织得越好，风险越小，雀巢的成本和质量优势就越大。同时，当地农民和供应商的收入就越有保障，他们的生活水平也会稳步提升。”

雀巢在自己长达150年的经营活动中，早就搞明白了一点：“我们在一个国家和地区的业务，必须有利于该国或该地区的发展，才能为公司带来长期利益。”

从更长远一点的战略层面上看，作为一个原料多来自农牧业的食品企业，雀巢正在通过运用各种科学技术、可持续的管理手段，让农牧业在供应链中获得一个更有利、更受人尊重的位置，让生产优质原料的农民过上稳定和体面的生活——从目前的情况看，全球很多地区农民的生活状况离雀巢的期望还有相当大的距离。

汉斯生长在一个典型的瑞士农场里，他在瑞士和南美等地从事了几十年农场经营和农业咨询的工作。与世界各地的农户不断交流，了解他们的想法、生活和工作状况，是他在雀巢最重要的工作之一。汉斯一直念念不忘之前与一位内蒙古奶农的交谈：一位早早起床为奶牛挤奶的母亲坦率地告诉他，自己如此辛苦工作，是为了让孩子将来能出人头地，“不用再干我现在干的活儿”。

汉斯的职业生涯一直都与农业密切相关——显然，他非常喜欢这个工作。对他来说，这位母亲的回答背后所蕴含的那些潜台词令他和整个雀巢都相当不安。事实上，这绝非中国独有的现象，“在全球很多地方，很多人都不希望自己或者子女再从事农业活动了”。

“如果越来越多的农民都不想再从事这一工作，农业生产人员必将出现断代，将来我们靠谁来生产高质量和靠谱的农产品呢？”汉斯说，“雀巢想做的，其实是通过良好的商业模式吸引农民和他们的下一代能够继续从事这一行，以获得一个稳定、持续发展和健康的农业社区。”

而要做到这一点，除了需要有人在供应链上为此长时间工作，前提是公司必须要有长远的目光，这样才能与所在的农业社区双赢。

云南的咖啡“新大陆”

雀巢农业服务部经理、比利时人邬特和他的中国同事常年的工作状态就是，驾驶着越野车，行进在云南地区起起伏伏的山路上，访遍有条件种植咖啡的所有村落。

雀巢农业服务部经理邬特和咖农在一起

除了在采购季收购咖啡，农业服务部还有很重要的一项工作——雀巢农艺师们通过去村子里见农户，为农民提供农业技术培训，来吸引他们参与咖啡种植和提高种植技术。

对咖啡这种外来的经济作物和雀巢这一品牌来说，再也没有比这更有效的推广方法了。一开始，农民把雀巢按字面意思理解为"卖鹌鹑蛋或燕窝的"，外国专家的拜访会让整个村子的人都跑出来"看老外"。而现在，他们经常像招呼熟人一样，在路边高高兴兴地冲着雀巢农业服务部的车子挥手致意。通过农艺师们的不懈努力，越来越多的云南农户改变了自己祖辈流传的种植传统，在种茶叶、烟草、水稻、甘蔗、橡胶和香蕉的同时，还选择种植小粒种咖啡。

据说，雀巢的名声甚至让邬特有过一次仅凭公司名片就得以成行的极为短暂的跨越国界的经历：一次，一个咖啡种植户向邬特求助，但他的咖啡园一半在中国，一半在缅甸，当中隔着一条河和一个边检站。边检人员仔细查看了邬特的雀巢名片并确认他的身份后，同意他短时间内进入位于缅甸境内的咖啡园。

在全球寻找咖啡“新大陆”是雀巢的惯例。

除了实践“创造共享价值”，希望与当地农户共赢之外，雀巢这样做是出于确保供应链安全的考虑。南美洲自古就是咖啡产地，其产量占全球近一半。仅巴西一国咖啡收成的好坏就会直接影响到雀巢、卡夫这样的大型咖啡生产商的产品价格。1994 年，巴西咖啡遭受霜冻，导致咖啡豆价格在两周内暴涨 3 倍，差点儿拖垮了在纳斯达克上市不久的星巴克。

为了尽量分散风险，也出于对供应链管理的考虑，雀巢一直都依靠邬特和农业服务部这样的团队，在全球开发出更多的咖啡种植基地。

有几个数字颇能说明雀巢在云南省咖啡种植推广上的付出和成就：

1988 年，当雀巢决定在云南推广咖啡种植时，云南的咖啡种植规模约等于零。普洱市茶叶和咖啡产业局副局长刘标回忆说，当时整个云南只在保山地区零星种植着一些咖啡树——这些咖啡树是计划经济时代的产物，是 20 世纪 50 年代特供东欧国家的，完全没有商品化，产量更是微不足道。而到 2014 年，云南省官方公布的咖啡种植面积为 183 万亩，是 2010 年 64 万亩的 2 倍多；咖啡豆产量为 11.8 万吨（指粗加工过的绿色咖啡豆，当地称之为“咖啡米”），比 2010 年的 4.9 万吨增长了 1 倍多。无论是咖啡种植面积还是产量，云南现在均占全国的 99% 以上，位居云南出口创汇产品的第三位，仅次于蔬菜和烟草。

郁郁葱葱的咖啡种植园

在雀巢农业服务部驻扎的普洱地区，截至 2014 年，咖啡种植面积为 71.6 万亩，已经达到传统经济作物茶叶的种植面积的一半。刘标说，近年来，普洱地区农户出产的咖啡豆总量约为 4.5 万吨。在 2012—2013 年采购季，仅雀巢一家就收购了 1.15 万吨咖啡豆。但在 2013 年年底，普洱地区遭遇了一次严重的霜冻天气，咖啡豆大幅度减产不说，产出咖啡豆的质量也有所下降，因此在 2013—2014 年采购季，雀巢只收购到 5300 吨左右合格的咖啡豆。但是，到

2014—2015 年采购季，随着咖啡树在咖农的照料下逐渐恢复元气，雀巢的收购量又回升到了 1.1 万吨。

截至 2010 年，雀巢公司已经在云南为咖啡农业技术支持项目投入了数千万元。2014 年年底，它还在普洱市工业园区中修建了雀巢全球第一个“咖啡中心”。这个咖啡中心由两部分组成：一部分是雀巢咖啡种植培训中心，为云南的咖农提供技术培训；另一部分则是咖啡品质保证实验室以及综合处理和仓储设施。

因为咖啡的采购量越来越大，工作人员越来越多，农业服务部和咖啡采购中心终于在 2015 年年底告别旧址（从 2002 年起，雀巢就落户在思茅国家粮食储备库里），搬到新建的咖啡中心里去了。

现在，除了雀巢，普洱地区目前还活跃着包括星巴克等跨国公司在内的十多家本地与国际咖啡采购商——在云南咖啡渐成气候以后，普洱俨然成了咖啡采购商的大本营之一。

“但雀巢是第一个真正扎根在普洱的跨国公司，它起到了稳定和支持云南咖啡产业的作用，”刘标说，“这二十几年来，雀巢始终以‘靠得住’的美誉在农户中闻名。”

6 位“咖啡先生”

雀巢在中国云南的咖啡之旅始于 1988 年——经过多方调研和论证，雀巢选中了当时还叫思茅的普洱市作为试点，推广小粒种咖啡的种植。

这个人口当时不到百万、自古以普洱茶闻名的小城地处北回归线附近——全世界最好的咖啡几乎都与北回归线有关，普洱与全球最重要的咖啡产地哥伦比亚处于同一纬度区。经过长时间的周密调研，雀巢认定普洱昼夜温差大，降雨量充沛，又属中海拔地区，非常适合种植咖啡。

1988年，雀巢找到了当时的思茅地区行政公署，在推广咖啡种植上进行合作——雀巢在思茅县拿到5000亩地试种咖啡。1992年，雀巢在云南昆明设立了咖啡农业服务部（2002年，这个部门和咖啡采购站正式迁到了思茅）。就在那一时期，雀巢还在西双版纳附近开辟了自己的实验及示范农场。这个农场占地面积约60公顷（约合900亩），被雀巢用来进行品种实验、为当地种植户提供种植示范、施肥建议、病害虫防治等服务。

从1988年至今，雀巢先后派出6任外国专家驻扎在昆明或者普洱为农户种咖啡提供技术支持：他们分别是约翰·包德（John Pater）、汉斯·范士良（Hans Faessler）、王道夫（Maarten Warndorff）、杨迪迈（Jan de Smet）、邬特和2015年接替邬特上任的墨西哥专家孔赞龙（Gonzalo Contreras）。

向原料产地派出农业和畜牧专家，并且修建示范农场是雀巢农业部门的一贯传统。通过专家们的努力，雀巢能够在原料产地稳定地维系着一个相对健康的农业社区，并且能把自己掌握到的最新技术及时传递给当地的农户——这种方法是雀巢所特有的。

对普洱的咖啡种植户来说，决定性的改变发生在2002年。

2002年之前，雀巢在云南设立的办公室在昆明，因此它做咖啡生意时多与较大的咖啡中间商、大型种植户和国营咖啡公司等接洽。

2002年，雀巢第四任专家杨迪迈坚持把雀巢在云南的整个功能性单位，包括咖啡采购站和农业服务部从昆明搬到普洱，以便能直接收购当地小农户生产的咖啡豆。

杨迪迈本人是典型的“雀巢式”专家：专业知识极为丰富，曾在非洲布隆迪的咖啡农场工作过21年，精通咖啡种植、粗加工的全过程；来云南之前，杨迪迈在菲律宾为雀巢指导当地的咖啡种植——这些农业专家的工作地点会时常随着雀巢的需要而变动；从个人品质来说，杨迪迈性格坚韧，对待工作一丝不苟，很快便赢得了当地团队和农户的尊敬。

富有戏剧性的是，接下来，雀巢选中的第五任专家邬特是杨迪迈的儿子——邬特子承父业，在2005年来到普洱接替父亲，一直工作到2015年。与之合作过的人都说，父子两人尽管性格不同（邬特更温和一些），但都以精通专业知识和敬业著称，并且都对帮助小农户成长怀有真诚的热情。

“他们两个人的车技都很娴熟，能牢牢记住拜访农户时走过的任何一条山路。在咖啡采购季节，邬特一看司机和车就能认出咖啡的来源和户主，”与两人长期搭档的农业服务部技术援助主任侯家志说，“当地人很看重他们的这些长处。”

从2002年起，普洱地区的农户就逐渐习惯了外国人的面孔。对大多数最终决定选择与雀巢合作种咖啡的农户来说，杨迪迈和邬特，尤其是后者，在咖啡种植上给他们留下了无所不能、真诚和对技术毫无保留的好印象——“老外”的身份微妙地增加了雀巢的权威性。

为此，农户们送给邬特一个“咖啡先生”的绰号，而杨迪迈则被尊称为“老杨”——尽管“老杨”离开普洱已经十多年，但在那些最早靠种植咖啡致富的咖农中仍旧享有神话般的声誉。

邬特和父亲杨迪迈在咖农家

退休的政府官员李忠恒和包括邬特、“老杨”在内的前5位“咖啡先生”都有过密切合作。1988年，当雀巢在当时的思茅试种咖啡时，他担任思茅县县长。随后李忠恒调任思茅地区行署，也一直在帮助雀巢推动咖啡种植。

本来就是农业专家的李忠恒因此成了咖啡爱好者。退休后，他参与了一个农业科研项目：在一个农场用400亩咖啡地实验构建一个生态咖啡园。整个普洱的农业部门对咖啡这一作物的前景都很看好，它们想要在“保护当地生物多样性”的前提下，充分利用土地、降低能耗，种出质量和产量更高的咖啡，这和雀巢在云南推广咖啡种植时坚持的原则是一致的。

李忠恒目睹了雀巢在普洱推广咖啡种植的全过程，迄今为止还保留着雀巢落户普洱的完整资料：第一任专家包德来思茅为种植咖啡做的可行性研究报告；第二任专家范士良、第三任专家王道夫在雀巢实验示范农场和咖啡基地中留下的可持续种植示意图；在邬特父子时期，农业服务部为农民提供培训的记录等。

他手头的文件数量惊人，一应俱全。

“看了这些记录，你就会明白为什么雀巢在普洱有这样举足轻重的地位。”李忠恒说，“（尽管雀巢现在的采购量只占到普洱地区咖啡豆产量的三分之一，）每年的咖啡豆采购季开始，都在 11 月 14 日、18 日、21 日这几个传统的日子里。尽管现在在普洱采购咖啡豆的公司很多，但只要雀巢不宣布开始采购，整个普洱地区的农户谁也不会动。

“雀巢的特点就是，长期坚持为普洱的咖啡种植户提供服务，而且态度诚信、公平、公正。人人都看得出来，它始终对小农户怀有特殊的感情。所以小农户也喜欢它。”

雀巢式的灵活与坚持

雀巢的几任领导人，汉穆·茂赫、包必达和保罗·薄凯都有一个共识：利润是长期的东西，而不是井底之蛙眼前所见之事。一家公司要有长期的企业战略，才能比较容易和公司的合作伙伴、供应商建立起稳定的关系，而共赢势必建立在互信和这种关系之上。

雀巢在云南的基本政策是，以可持续性的方式在云南发展咖啡产业；激励农民种植出高产、优质的咖啡豆，从而帮助他们获得更高的收入；做一名固定、可信赖和公平的咖啡豆买主，提供稳定和有竞争力的价格；满足雀巢对高品质咖啡豆的需求；不经营任何商业性种植园。

以上这些政策白纸黑字就挂在农业服务部的墙上，如果从 1988 年在当时的思茅地区试种咖啡算起，雀巢已经坚持了近 30 年。

但坚持原则和长期策略绝不等于死板，雀巢在普洱的咖啡种植推广方式是随着中国农业的发展而循序渐进的。

早在 1988—1992 年，因为中国的农业政策和农户都未达到如今的开放状态，雀巢灵活地选择了和当地政府合作。通过周密的调研，雀巢说服了当时的思茅地区行政公署，让它们意识到咖啡可能是一种极有前途的经济作物。为此，思茅地区下属各个县都依托供销社系统成立了国营咖啡公司——这样的公司有十几个，一般都有自己的农场。

雀巢当时的工作除了普及咖啡知识以外，着重于为公司和农户提供优质种子、农业培训和技术协助，并且承诺收购这些公司粗加工的咖啡豆。他们很乐意于在自己的实验示范农场里，为种植者提供育种和种植示范等服务。

在初期，这种“雀巢 + 咖啡公司 + 大型国营农场（咖啡基地）”的工作模式效率很高。到 1997 年，雀巢的东莞咖啡厂其实已经能从当时的思茅获得生产速溶咖啡所需的全部小粒种咖啡豆——普洱正式成了雀巢全球咖啡版图中 80 多个种植生产基地之一。

但是雀巢并未止步于此，它最终的理想模式是与小型农户合作，不想过多依赖于当地的大型国营农场和在 20 世纪 90 年代逐渐兴起的大型中间商。

迄今为止，农业服务部那些曾经与杨迪迈共过事的同事都同意，“老杨”是雀巢在云南“以小型农户合作为主”咖啡收购模式的直接推动者。2002 年，“老杨”宁可冒着失去一些昆明本地雇员的风险，坚持要把雀巢农业服务部和采购站搬到当时的思茅去。他的看法是，当一个公司在地理上远离普通农户时，“帮助农民”的宗旨注定只能是一句空话。

“土地在20亩、10亩以下的小农户怎么会带着咖啡和问题去昆明找你呢？”邬特也总是这样说。

雀巢之所以要这样做，是基于两方面的考虑：邬特父子都曾在一次次的咖农探访中，目睹偏僻山村中拥有不到20亩地的小农无处卖咖啡，只能依赖中间商，后者常常会从中进行价格欺骗从而牟取暴利——一方面，从长远看，这种活动会导致雀巢在普洱扩大咖啡种植面积的努力受阻；另一方面，从商业的角度考虑，直接与农民建立牢固的买卖关系，不但能对他们的种植质量加以把控和提高，还能剔除中间商赚取的20%~30%的利润——把这部分利润让给农民，雀巢仍旧能得到相对满意的价格，双方皆大欢喜。

在这个商业模式背后，雀巢的逻辑十分清晰。首先，一旦农户掌握了良好的种植技术，以小农户为主的种植业，对农户本身和地区经济来说，都更具灵活性也更抗风险。人类学家詹姆斯·C.斯科特（James C. Scott）在他的《国家的视角》（社会科学文献出版社于2012年8月出版）一书中比较了大规模专业化单一品种种植和农业社区中传统的多元栽培，他写道：“多元栽培的模式与单一耕作相比，是更稳定、更容易持续的农业方式。”多元栽培能够抵御天气和害虫的侵害，还可以改善土壤，并且能够让农户得到肯定的长期利益。“高度专业化种植会像轮盘赌一样，一次下光所有赌注——赢，固然回报很高，但输，就会输掉一切。”

“雀巢从来都不鼓励小农户把自己的地全部种成咖啡，而是进行多样化种植。因为这样一遇天灾，比如霜冻，或者咖啡豆市场价格忽然跌落到低谷，也不会说没有咖啡收成我就活不下去了。”农业服务部的农艺师李孙强说，“这里的小农户除了咖啡，还会种茶、玉米、香蕉、甘蔗等，一个农户同时拥有多种经济作物能分散一些自然灾害和市场带来的风险。”

从成本的角度看，如果小农户的管理水平能够跟上，他们花在每亩地上的管理成本其实低于大型咖啡农场。侯家志说，大一点的咖啡农场（种植面积在 300 亩以上）生产 1 公斤咖啡豆的平均管理成本在 14~17 元，小农户（种植面积低于 50 亩）则在 11~15 元。一个咖啡种植户，夫妻两人再雇用一些季节工，加上和邻居之间互相帮忙，就能照顾好自己的 60 亩地，而大型农场从雇人、灌溉到种植，都需要花很大一笔管理费和水电费。

从环境的角度看，小农户特有的天然多元化栽培比单一品种种植更利于保持当地的生物多样性。

而对雀巢来说，在双方建立起稳固的关系后，比起那些手握大笔资金、想法繁多的咖啡公司与中间商来，小农户更值得信任。

从 2002 年落户当时的思茅开始，雀巢“以小型农户合作为主”的咖啡种植和采购模式逐渐清晰起来。

随着雀巢采购站公开透明的价格播报和农艺师们不断地拜访农户，农业服务部开始越来越多地接到农户询问咖啡价格和要求与之合作的电话。2005 年，邬特接替父亲的工作之后，这种拜访变得越来越深入和频繁了。2009 年，雀巢在普洱已经有 98% 的供应商是咖啡种植户而非咖啡中间商，其中虽然还有不少大型农场和种植大户，但是土地在 50 亩以下的小型农户所占比例越来越高了。

到2014年，在农业服务部登记在册的咖啡种植户已经达到2000家，小农户在雀巢供应商的比例中占到72%。在雀巢每年采购的一万吨左右的咖啡豆中，小农户贡献的产量占到了40%。

考虑到小农户的咖啡豆亩产会根据天气、管理技术等因素在80~250斤左右波动，在雀巢收来的这4000多吨咖啡豆中，包含了多年来农艺师和小农户太多的辛劳和汗水。

持续支持咖啡种植

咖啡种植户们对过去岁月的回忆与普通人截然不同——他们只会记得和咖啡有关的最好和最坏的年份。

咖啡农户们都清楚地记得1996年、1997年与1999年。

就在1996年前后，有一批思想活络的小农户终于决定拿出自己的地跟随雀巢种咖啡了。在此之前，雀巢大多是与各个县的国营咖啡公司合作，小农户顶多去后者的咖啡基地帮工。当时正逢国际咖啡市场价格持续上涨，1公斤咖啡米（经过脱壳的咖啡豆）的价格是16元，在1997年，这一价格飙升到34元——这一切实在太诱人了，"那时候甘蔗才卖两角五分钱1公斤"。

"但是1999年实在是个糟糕透了的年份。"每一位普洱的咖农都会反复念叨这句话。

就在小型农户们开始试种咖啡一两年之后，1999年冬，普洱地区遭遇了一次严重霜冻。廖秀桂是雀巢的退休农艺师，他现在正在自己的小凹子农场经营着285亩咖啡园。作为咖啡种植专家，他解释说，虽然普洱地区有哀牢山挡住寒流，遭遇霜冻的机会极小，但偶尔遭遇一次，咖农的损失就会极大。霜冻是咖啡树的大敌，一旦遇到严重霜冻，咖啡树十有八九会死，处理得当的受损咖啡树恢复元气至少也需要两三年。

1999 年那次霜冻的后果非常严重，雀巢派来的第三任咖啡专家王道夫记得当时的昆明机场甚至因大雪而关闭。他们到普洱地区视察新建的咖啡种植园时，目睹了大片咖啡树被冻死，“咖农们一直精心照料着咖啡树，原本指望迎来首次丰收，但是在一夜之间失去了所有——只剩下一排排枯萎的树枝”，直到十几年后，王道夫还能忆起当时的心境，“我们感到非常痛苦”。

有很多农户都退缩了：“干脆还是种玉米和甘蔗算了。”但是，仅仅过了两三年，他们又都回来种咖啡了。

为什么？道理很简单：“因为咖啡价格好嘛，玉米、甘蔗这些东西实在卖不上价。”

农业格外考验人的耐心，咖啡树要在种下三年左右才能有所收成。而小农户的亩产会随着天气和管理经验波动明显。但不管怎样，挺过了头三年，凡是霜冻事件后再回来种咖啡的农户对 2003 年之后十年的看法惊人一致：“从 2004 年开始，咖啡价格稳中有升，2005 年、2006 年和 2008 年都很好。”

大家异口同声赞美 2011 年——那是普洱咖啡史上最美好的黄金年份。

“那一年，咖啡米最高卖到近 40 元 1 公斤”，农户们在仓库外排队等候雀巢收购咖啡米时，每晚轮流做东请队伍中的熟人下馆子喝酒，“开心得不得了”。

“但就在 2013 年年底的咖啡收获季节，普洱地区又遭遇了一次严重霜冻。”

很多咖啡种植户在这次霜冻里损失了一半以上的咖啡米和咖啡树。雪上加霜的是，在2012年之后，国际市场咖啡价格波动很大。2014年的采购季开局不利，咖啡米的收购价一开始跌到10多元1公斤，好在价格在最后关头有所回升，在20多元1公斤的价位收尾。

除了每年收购咖啡豆，对小农户来说，雀巢在他们和咖啡有关的记忆中扮演了很多不同的角色。

首先，雀巢和当地农业部门合作培育种苗，改良了当地的咖啡品种。

雀巢派到云南的第一任专家包德回忆说，他们刚到思茅时，当地种植的主要咖啡品种是古老的印度品种S288，“不幸的是，这种品种遭遇了锈病。我们需要更好的品种，所以我们引进了卡蒂姆”。卡蒂姆后来成了普洱咖农的主要种植品种。

雀巢官方的记录显示，他们在2000年试验种植了23个小粒种咖啡品种，挑选最好的品种用来进行新的杂交。挑选最好的两个品种进行种子培育。2007年种植了11个新的杂交品种——其中一些种苗被以相当优惠的价格提供给了农户。

其次，在初次种植咖啡时，一般农户容易犯“中国式错误”——仿照种茶的方法，火烧土地，砍掉杂树，将地面清理干净。农艺师要从零开始，将咖啡的种植和管理技术一点点教给农户，改变他们的种植习惯。侯家志是学热带作物专业出身，他解释说：“虽然同样是山区梯田式布局，但和茶树完全不同，咖啡树这种热带作物在生长过程中需要树木植被的荫蔽，这也是一种可持续种植的做法。”

荫蔽树为咖啡园创造出一个更好的生态环境，可以减少灌溉用水，降低病虫害发作概率，并且能让咖啡树减缓衰退——农户如果管理得好，树龄长达十几年的咖啡树产量也还不错。为了挽救那些已经被烧荒的土地，农艺师指导农民重新在田间栽种树木——每10米种一棵大型树木并错落排开。

第三任专家王道夫迄今为止仍旧保留了在思茅拍摄的两张截然不同的照片：一张是按照雀巢理念开垦的郁郁葱葱的咖啡种植园，梯田边上种上了临时遮阳的植物，梯田之间的山坡上生长着野草，有时还伫立着几棵树——这是一张体现可持续发展种植理念的照片；在另一张照片上，可以看到山上咖啡园里的每一株杂草都被除掉了，整座山都出现了严重的水土流失。

“这对于范士良（王道夫的前任）来说是一项了不起的荣誉，是他开始引入了这种做法。”

此外，雀巢愿意为农户提供所有关于栽种、施肥、防治病虫害等各方面技术的无偿培训——这些技术的益处和实用性已经在雀巢全球的咖啡种植基地中得到了验证。只要政府或组织者提前向雀巢提出申请，并且拟定好培训主题，雀巢的人一定会应约而去。

侯家志精心保存着从1995年10月23日开始，所有向雀巢提出的咖啡种植技术培训申请。那是一个厚度惊人的文件夹，培训申请写在各种各样让人意想不到的纸上：有盖红章的正式打印公文，有传真，也有大量潦草的手写申请，还有的申请写在用过的纸张的背面。

从1995年到2016年，雀巢在云南举办了304期培训，共有14429人次参加培训。最开始，雀巢是请政府帮忙组织咖啡普及知识的培训，把各个县的人集中到思茅来听课。从 2005 年邬特接任开始，他们陆续进行了 8000 人次的培训——这些人中很多都是小农户，以村落为单位，所有的培训都由对方自发要求，农艺师深入需求所在地去解决问题。

侯家志为咖农提供技术支持

“雀巢不会拒绝任何技术援助的申请。”邬特许诺说，“只要不是在收获季节，我本人和同事随时可以启程，到需要帮助的地方。”

“小到农户个人，大到公司，都可以打电话找雀巢咨询。只要在力所能及的范围里，像技术问题，他们都会很认真地向你解答。如果整个咖啡片区出问题，他们还会专程去一趟。”李忠恒和刘标都同意这一点，“而且雀巢的人从来不要老百姓招待他们，也不收技术服务费。”

在早年经历过“雀巢 + 咖啡公司 + 大型国营农场（咖啡基地）”

模式的种植者记忆里，雀巢在普洱咖啡史上扮演的角色还要“重”很多。

1988年，雀巢开始在思茅推广咖啡种植。思茅地区下属各个县都依托供销社系统成立了国营咖啡公司，这些公司都有自己的咖啡基地。因为雀巢只收咖啡米，到1993年前后，各个公司纷纷建起了咖啡豆粗加工工厂。同时，为了安定军心，雀巢和各个县的共12家咖啡公司签订了十年购销合同，保证收购它们生产的达到质量要求的咖啡米。

1994年加入雀巢的农艺师李孙强当时就在这样一个咖啡基地里工作。他遇到的是雀巢的第二任外国专家范士良。他觉得范士良对工作充满热情，“像个牛仔一样豪放，极具谈判能力和说服力”。

“1993年，我带了一个咖啡粗加工工厂的图纸来给他看。那时基地没有足够的钱建工厂，我们大概需要5万元左右的贷款，然后用生产出来的咖啡米抵账。”范士良仔细研究了图纸之后，很干脆地答应了基地的要求，其爽快程度给李孙强留下了极为深刻的印象。“他（范士良）本来想给现金，但是我怕一个人拿这么多钱回去不安全，最后还是汇款转账。”

雀巢除了在财务上对这些基地和大型咖啡种植户给予支持，发放类似的小笔贷款之外，还为它们提供价格优惠的化肥和优质种苗。他们在普洱组织了各种种植培训。李孙强当时参加了雀巢举办的几乎所有培训课程，总是遇到范士良和其他应邀来讲课的专家，彼此印象极好——最后，他成了雀巢农业服务部的农艺师。

从雀巢的历史上看，它是支持国际商品协定的。首先，公司可以用在某个幅度上下波动的价格，买到咖啡豆、可可豆等原料，也因此容易计算出制造成本与售价。其次，雀巢认为国际商品协定可以帮助种植咖啡的农民获得更稳固的生活保障。尽管最终，经过市场的波动和各方博弈，多数国际商品协定已经不复存在，但雀巢在咖啡落户思茅初期，就与合作的公司确定了一个长达十年（1992—2002 年）的咖啡米保底收购价格：1 公斤 12 元（这个价格最后根据实际情况有调整）。

也就是说，如果当时国际期货市场的咖啡价格太低，雀巢保证用这一收购价来托底。这是雀巢在推广咖啡种植初期的策略：这样一来，国际期货市场咖啡价格波动过大时，农户们也不至于因为担心血本无归而放弃种咖啡。

和小农户一样，在那些国营咖啡公司的记忆中，1996 年和 1997 年也是最好的年份。当时，它们提供的咖啡米已经能够满足雀巢东莞咖啡工厂的全部需求，国际期货市场的咖啡价格也很高——这是思茅地区和咖啡的第一个蜜月期。

“之后就是 1999 年的霜冻。然而更糟的是 2001 年国际期货市场的咖啡价格一路暴跌。那时，咖啡价格跌到过 1 公斤（咖啡米）才 8 元，而茶叶的价格是 1 公斤十几元，”刘标回忆说，“价格下滑到最低点的时候，很多人干脆不去采咖啡果了，就丢在地里不管，因为花人工和时间去采回来再加工，铁定会亏钱。而咖啡树只要丢在地里一年不管就废了。”

当时亏损的以国营咖啡公司和大型基地为主，据李孙强说，有一位咖啡基地管理者的头发在那一年里“几乎愁白了”。在那段时间里，雀巢也蒙受了很大损失，因为一些咖啡公司破产或大幅度减产，它有许多贷款无法收回，一些援助也打了水漂。幸运的是，当时遭受损失的小农户还不算多，目睹或经历了1999年的霜冻后，大家又跑回去种茶、种玉米了。

“原本在霜冻前，大家的积极性很高，普洱的咖啡种植面积已经快达到20万亩了，”刘标说，“但到2004年，这个数字下滑到了10万亩。当时的情况就有这么糟糕。”

在国际咖啡市场价格持续低迷的情况下，雀巢对和它签署合同的企业履行了自己的承诺。“好在当时雀巢的供应合同已经到位，可以保证最低收购价格，从而缓解了部分不利影响。”王道夫回忆说，他们购买的咖啡米当时用于供应雀巢的东莞工厂。雀巢的履约使得云南咖啡种植在最困难的时候没有走回头路——这也是后来那些小农户再次选择种咖啡的原因之一。

“可以说在普洱咖啡最困难的时期，雀巢起到了稳定军心的作用。”刘标说。

怎样建立透明、公平的商业环境

但是，不要因为雀巢在云南推广咖啡种植时的所作所为，就误认为雀巢在做慈善工作。

管理学大师彼得·德鲁克说过，如果一个公司的投入和产出比过低的话，那么这个公司就是不负责任的，因为它浪费了社会资源——经济效益是企业的基础，离开了这一点，企业无法履行任何其他责任。

和德鲁克一样，雀巢的历任领导者都是坚定的自由市场经济信奉者，他们一致认为雀巢必须在经营中取得利润——这对企业来说是属于市场经济范畴内的本分。在这个前提之下，雀巢要力图不去破坏自己所在国家和地区的劳动力市场和自然环境，并且努力营造一个公平、公正的商业环境。

雀巢的“长远眼光”不光受企业价值观的影响，其实也和它的规模、实力有关——身为全球最大的食品企业，雀巢拥有的规模效应和稳健的财务状况允许它在一地投资时做长远打算。即使身处激烈竞争的市场，雀巢的农业政策也从不像忧心于短期内能否生存下来的企业那样，被迫紧随对手发生剧烈变化。秉承可持续发展的原则，雀巢从不在当地市场投机或短视压低原料价格——其实是因为它有遵循商业规律来定价的实力。

不仅仅是在云南，在其他地方的咖啡产地，比如菲律宾、越南等地，雀巢的做法也是一样的：通过确定的收购政策来帮助农户；制定公开、透明的，以纽约期货交易市场价格为导向的定价方式。此外，他们对咖啡质量的评定和检测方法也都是透明的。这样一来，所有的供货商就都一视同仁了。

对世界各地的农户来说，雀巢最受欢迎的一点是，它会立即支付货款。在云南，一旦雀巢收货，绝大多数时候，不超过 5 天（如果对方是公司的话，从递交发票算起）货款就会汇到对方的银行账户上。

雀巢和那些国营咖啡公司签订的购销合同在 2002 年前后到期，之后，普洱地区的咖啡交易之所以能够比较平顺地适应自由的市场经济环境，和雀巢一开始就推行了与国际市场挂钩的透明定价政策有关。

每一年的 11 月中旬到次年 5 月，都是雀巢在普洱地区的采购季。普洱咖农一直是全中国与纽约期货交易市场“距离”最近的——从一开始，采购站大门口就挂着块小黑板，上面用粉笔写着纽约期货交易市场的咖啡价格。根据行情波动，雀巢每周公告出价两次，农户可以自己选择最优惠的价格卖咖啡米。

一开始，雀巢是每周报价两次——这是一个经过反复考量而选定的周期。雀巢采购站曾经一度每天都出具报价，但因为通信和交通都不方便，他们很快就发现，这么干容易让距采购站路程较远的农民的积极性受到打击。

“有些农民需要花上七八小时或者一天才能带着咖啡米抵达采购站，如果价格每天变化一次，总会有人为自己错过了预期价格而感到郁闷，”邬特说，“而我们希望每个人都能以自己满意的价格售出咖啡米。”所以，他决定将发布报价的周期设置为两到三天一次。

随着手机、互联网的普及和交通状况的改善，采购站现在已经又变回了每日报价。采购站的工作人员会通过短信把咖啡价格发给自己的供应商（包括公司和个人），并且教有条件的农户自己上网去查价格。因此，在雀巢所在的这个市场里，咖农的信息已经与纽约期货交易市场同步，几乎不会再出现其他中间商利用信息不对称对农户随便压价的情况了。

“如果真有人收购价格给得高一点，我们反而鼓励农户卖给他们，”侯家志说，“雀巢从来不会说‘你只能卖给我’，这是自由的市场经济。而且农户都知道，我们对咖啡米质量的要求是非常高的。”

说到公平、公正和严格，雀巢的采购规则和质量检测一直是全部透明、公开的。即使在灾年，它对咖啡米的质量要求也没有放松过。

思茅区南坪镇大开河村的张奎从 1998 年就开始种咖啡，咖啡采购站的工作人员都跟他很熟。在采购季，张奎经常把咖啡米放到雀巢仓库里不等质量检验结果出来就走了，因为他对自己加工的咖啡米非常自信。通过检测后，采购站的人自然会打电话告诉他——这是多年合作后彼此信任的结果。

即便如此，张奎也会“诉苦”说，“雀巢对质量的要求太高了”。2014 年年底经历霜冻之后，他有一部分咖啡米虽然味道没有问题，但是因为被霜打了，外观比较难看，拉去采购站检测时没有过关。“拿回来处理了好几次，还是没过关，最后只好卖给别人了。”

“结果我卖出去几个月了，还没拿到钱呢。”

关于雀巢办事公平，李忠恒有个故事，总会讲给别人听。

从公家职位上退休后，李忠恒也加入了种咖啡的队伍。他在任期间一直很支持雀巢的工作，比如，雀巢刚落户思茅时，农业服务部因为缺电向他求援，立刻得到了回应和帮助。李忠恒和农业服务部的每个人都极为熟稔，却不大和雀巢做生意，而是选择把咖啡米卖给活跃在普洱的其他贸易公司或咖啡公司。

“为什么？因为我不喜欢排队，它的队伍太长了！”

在早年的一次咖啡采购季里，李忠恒特意数了数排在采购站外，满载咖啡米等着雀巢检测和收购的车——大大小小一共 108 辆，“现在这个队排得只会比那时候更长”。

雀巢对排队有明确规定，插队的人一旦被发现会被请出队伍重新排。早年，邬特会特意记住队伍中的每个人的准确位置，一旦发现有人插队，他会亲自把这些人清理出队伍。时间久了，明白了雀巢对规则的态度是雷打不动之后，排队的咖农们都会自动维持秩序。

“就算我跟工作人员都认识，关系再好，也不能插队，”李忠恒说，“但是雀巢对小农户非常照顾。”

一次带来不足 500 公斤咖啡米的人不用参加这种漫长的排队，雀巢为他们开通了一条“小农户通道”，他们可以优先把咖啡米送去仓库检验售卖。

负责任的“咖啡地图”

从普洱出发，邬特和农艺师们要到达目的地村落通常需要在路上耗去一两个小时，沿着崎岖的公路行驶，两边的景色单调而重复：树林、红土、沿着公路散布着一些零星的村落。

但农艺师们对此早已习以为常，还颇能从中找到乐趣：和沿途的老乡打招呼、查看一下临近道路的咖啡种植户准备 4C 认证的情况等——这里多数咖农都能一眼认出农业服务部的车子。有时，农艺师们还会放慢车速或者干脆停下来，和路边的咖农聊上几句家常。

随着雀巢咖啡版图的扩大，这样的旅行半径变得越来越长。“我们有时一天要开上 300 公里才能去到两户人家，也有时一天就能跑上 20 多家，”侯家志说，“农户们多数时候居住得比较分散。”

在云南工作了十年，邬特已经能听懂不少中文了，但始终不太会讲。在这种拜访中，他一般会和侯家志搭档出行。侯家志清楚地记得他们的行程：他和邬特曾经从普洱向南，从景洪、文山、马关一直走遍红河流域的中越边境；向北向西，他们则遍访了那些普通人在地图上可能完全注意不到的城镇：勐腊、沧源、孟连、德宏、楚雄、保山等——这些地区都有种植雀巢所需要的优质小粒种咖啡

邬特在普洱

的潜质。

每到一个地方，他们就会在他们的“雀巢咖啡地图”中记下当地咖啡种植户的种植面积、名字和供应商编号——这一做法是来自雀巢的产品质量体系的要求。“这些咖啡米从哪里来的，是谁种植的，”侯家志说，“从2006年起我们就已经可追溯了。”

这些“咖啡地图”就挂在普洱雀巢农业服务部的墙上，不断更新。

邬特和农艺师们的这些拜访在不同时期承担了不同的任务。从1994年到1997年，农艺师们的服务对象主要是国营咖啡基地，帮对方选地、做土壤测试、开垦地块和防治病虫害。

“当时，我们一个月至少有20天都会待在基地里。”李孙强回忆说。

到了“老杨”和邬特时代，因为落户思茅并且要大力发展小型农户，农艺师们的跑动从咖啡知识普及开始，变得技术性越来越强和越来越有针对性。

现在，农业服务部墙上的“咖啡地图”上又增添了新的内容——农艺师们从 2012 年起就又有了新的项目，那就是让雀巢在云南的合作伙伴们通过 4C 认证。

4C 协会是一个全球性的组织，其会员的理想是让咖啡行业变得更有可持续性，并最终建立一条“绿色咖啡供应链”。它的会员包括供应链上的各方，比如咖啡农民、贸易商、咖啡烘焙商和零售商、非政府组织、标准制定倡议者和工会等。雀巢便是其中的一员。

这个协会的会员们共同制定了 4C 行为准则，这些准则涵盖了整条咖啡供应链，包括了社会、环境和经济等原则。这个组织和雨林联盟（非营利性国际非政府环保组织）、国际公平贸易联盟等组织都有合作和沟通，所以它制定的规则基本上是具有普适性的。

真正符合 4C 要求的咖啡供应链，是要求所有参与者，从农户、卖家到各个环节的单位都通过认证——不同的单位遵守不同的管理规则。但是对于种植户来说，4C 的管理规则基本是针对土壤、化学药品、生物多样性、废弃物、水、能源、种植户的基本生活和工作条件、雇佣条件等方面的。通过执行这些管理规则，农户的种植技术、环境和生活方式都能向着可持续发展的方向发展。

不光是咖啡，雀巢在自己的很多原料上都在推行类似 4C 的项目。例如，雀巢的“奇巧”已经成了全球第一个实现 100% 认证可持续性可可采购的糖果品牌——也就是说，通过和一些全球性组织的合作，雀巢让自己的可可豆来源地的种植及收获基本满足了以下条件：在种植中不破坏自然环境，保持可持续性发展，通过可可豆的收入帮助当地农户改善生活并为孩子们提供更多教育机会等。

雀巢的想法是，一个有良好盈余的大公司，应该做一些对社会有益的行动，尽自己的社会责任。

从2008年开始，雀巢就下决心在云南的咖啡种植户中推广4C管理规则，农业服务部花了几年的时间积累培训材料和制订实施方案。

2012年7月，农业服务部在普洱的种植户中组织了第一次有关4C的培训。雀巢在推广4C认证上采用的策略和它之前推广咖啡种植时是一致的：事先做好万全准备，然后在推广中由大及小，由点带面。农业服务部先是力推大型农场和咖啡厂通过验证，让它们起到带头作用。然后在种植户中首先说服容易接受这一理念的人，让他们成为村子里的榜样。

到2012年12月，普洱地区已经有46户种植户和合作伙伴通过了4C认证，他们中多数是大型农场的拥有者。到第二批775户通过4C认证时，其中还有很多的咖啡厂和咖啡种植合作社。2014年5月，第三批611户通过了4C认证，其中已经有了很多小型农户。

等到2014年10月结束的第四批与第五批认证里，有1469户种植户和合作伙伴通过了4C认证。

当时雀巢在云南的雄心是，到2015年，自己所采购的咖啡豆全部是通过4C认证的。

现在，它已经做到了。

农业服务部墙上的“咖啡地图”里已经增添了新的标记——截至2015年，有2901个合作伙伴通过了4C认证，一共包括近

36000 名咖农，覆盖近 20 万亩的咖啡种植面积。在 2014—2015 年采购季，雀巢所采购的 1 万多吨咖啡米全部来自通过 4C 认证的合作伙伴。

但是，通过 4C 认证不是一件一劳永逸的事情。

4C 认证要求由第三方审核，有效期只有三年，之后必须重新验证。除了定期审核，还有来自第三方的突击走访。而且，4C 认证有自己的“红灯、黄灯、绿灯”系统：“红灯”的意思是不通过；“黄灯”意味着虽然通过了验证，但还在过渡期内，需要进一步改进；绿色才代表通过。通过认证的“黄灯”咖农们都要向“绿灯”努力。稍微懈怠一点，“黄灯”农户还可能被打回“红灯”，而“绿灯”农户也不能放松对自己的要求——换言之，每隔三年，那些曾经通过 4C 认证的农户状态都会发生变化。而且，4C 协会在每一年都会对成员有不同的要求。

因此，对于雀巢的咖啡种植来说，这是一条不能回头的持续改进之路。

到 2015—2016 年采购季，雀巢采购咖啡米的数量达到了 1.2 万吨，与前一年“全员达标”，关注对环境影响的工作目标不同，雀巢在云南的 4C 认证工作已经进入了新的阶段，农艺师们开始把重点放在咖啡可持续发展方面，更加关注产品的可追溯性。在这一年，通过 4C 验证的合作伙伴数量为 2461，其中，小农户（包括个体农户）在 4C 认证中的占比达到了 89.60%。

而汉斯和雀巢的希望是，在 2020 年，整个雀巢集团在全球采购的咖啡豆 100% 通过 4C 认证。

侯家志和咖农廖秀桂在他的 4C 认证牌照前合影

38 本工作日记和 4C 认证

4C 认证项目的负责人是侯家志。侯家志和他的工作日记在雀巢公司内部很有名，起因是前几年，他一时兴起参加了一次内部征文比赛。侯家志用不到 2000 字写下了自己加入雀巢和在普洱帮助农户种咖啡的经历，在结尾，他写道："我记录了 28 本工作日记，其中也包含我的足迹和心得，记录还在继续……"结果，这篇名为《活出敢性》的文章得了奖，侯家志对此多少感到有点意外，但也很高兴："很多素不相识的同事看完都给我发了邮件，说了很多鼓励的话。"

即使是雀巢农业服务部的同事们也很少有人能够一览侯家志全部的工作日记——从 1997 年进入雀巢开始，他就开始记工作笔记，到 2016 年已经积累到了 38 本。

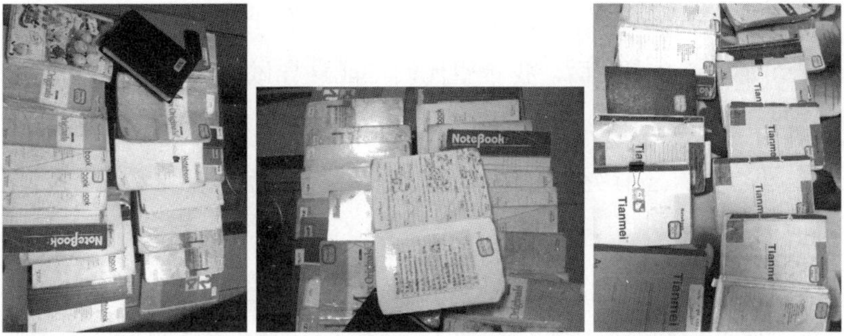

侯家志的工作日记

雀巢农业服务部的一大特点，就是有着极为完善的文档管理制度，如前所述，侯家志和同事们完整地保存着所有要求雀巢提供技术培训的申请。而每一个登记注册的雀巢供应商有多少亩咖啡，使用的化肥、产量、每年咖啡米的质量情况，都在农业服务部留有详细的记录。

而在这些日记里，侯家志展现出了更为细腻和极富观察力的一面，他不但手绘地图，还会用英文和中文交替记下每天工作的细节、出差所到地点咖啡种植的概况和自己的感受——这些工作日记是丰富的宝藏，足以让那些对云南近20年来农业、地理环境、气候和民俗变化感兴趣的地理学家、社会学家或人类学家欣喜若狂。

在4C认证开始以后，侯家志的工作日记变得更加详细了。他会精心画出通往参加4C认证农户家的地图，包括在哪里拐弯，在哪里容易走错路，在哪里有路标等，然后标注农户履行4C管理原则时的一些偏差，也会记录当地的土壤和种植作物的情况——他的记录大多用英文，这样也方便邬特和参加4C审核的外籍人员参考。侯家志从一开始加入雀巢就养成了完成工作后当天做记录的习惯，即便出差时需要熬夜写到一两点，他也从不落下。

“有新同事来的话，我希望他们也能这样做。”侯家志说。这不光是养成良好工作习惯的问题，4C 审核人员均来自第三方机构，除了定期审核，还有突击走访抽查，所以一开始就必须让农户们能真正把工作做到位。“我们第一次去老乡家里，不认识路，可以打电话请他们接我们，但是后面再去就绝对不能再打电话问路了。”

“如果你打电话给他（问路），他就会在你来之前突击做表面文章，这样的话就太糟糕了。”侯家志说。

雀巢在普洱推广 4C 管理规则上有非常好的基础。

首先，雀巢一贯坚持的透明市场报价、咖啡米的可追溯体系、公示质量报告、长年为农户提供服务，甚至侯家志和同事们完备的文档管理，都与 4C 管理规则中的原则完全相符。

其次，在咖啡的种植和质量管理上，雀巢一直有据可依。早在 2011 年，邬特就和同事们花了两年时间编写了一本《咖啡种植手册》，总结了雀巢在云南 20 多年咖啡种植技术服务的经验，涵盖了从选地、开垦、育苗、田间管理到收获初加工等方面的咖啡种植和加工技术，从源头的质量管理到仓储运输中的质量控制，图文并茂。这份手册，雀巢印制了 5000 份，免费发放给了当地的咖啡种植技术人员和农户。

即便如此，农艺师们还是有一大堆工作要做。

就像做《咖啡种植手册》一样，农业服务部特意做了一本简单易懂的 4C 管理规则小册子——这本册子图文并茂，封面是鲜亮的橙色，大小刚好方便农户放在口袋里。这本小册子生动地讲明了 4C 管理原则中的“10 种错误做法，28 项社会、环境和经济方面的原则”。但这只是原则性的东西，农业服务部还做了种植手册、农药目录等更详细的小册子，方便农户查看。

“我们培训的时候还要给农户讲明更细化的东西，提更多的要求。”侯家志说，对种植户和咖啡粗加工工厂的管理者来说，4C 管理规则涉及土壤、化学药品、生物多样性、废弃物（垃圾和污水处理）、水、能源，还有工厂的基本生活、工作条件和雇工条件等各方面。这些要求加起来，实际上是要求普洱的农户们改变他们多年来习惯的生活方式。

邬特祝贺咖农通过雀巢 4C 认证

对此很多人会冒出以下的疑问：改变农户们的生活方式？这很难吧？给他们种植手册、农药目录和 4C 管理规则？这些东西他们拿回去会读吗？

“我认为中国的农户非常聪明，领悟力很强，”邬特向所有提出上述问题的人保证说，“只要你跟他们说清楚为什么要这么做，这么做对他们有什么好处，他们学得非常快。关键是你得掌握方法。”

在这些方法中，首先登场的是雀巢人最擅长的事情——培训：他们不是把所有对农户的要求写成让人摸不着头脑的条文，而是实实在在地将这些要求分解成该做的事和不该做的事，拍成照片、做成 PPT，在培训的时候反复播放——这些都是农户们再熟悉不过的场景。

农业服务部的做法完全符合雀巢的企业文化：“对业务采取实用而非教条的方式，这意味着脚踏实地，在事实的基础上做决定。”

侯家志和同事们外出检查 4C 管理条例的实施情况时都随身带着数码相机，以便把错误或正确的做法都拍摄下来。举个例子来说，4C 的管理规则要求农户不要乱丢生活垃圾，在安全的地方放置农药。侯家志在一个农户家拍到了这样一张照片：对方买来一个废弃的汽油桶，把它做成了一个有门的小柜子，然后将草甘膦这样的剧毒农药放在其中，还上了锁。

“就花了一点点钱，这样家里的小孩就不容易接触到危险药品了。”侯家志自豪地展示照片给大家看，“怎么样，很能干吧？这是他们自己想出来的。”再比如，有人在自家粗加工咖啡的污水处理池上加上了栏杆和一道铁丝网，这样一来，孩子们在院子中玩耍时也会安全很多。

“如果你真的想推进这件事，给农户看这些照片比对着他们朗读条文要管用多了。”

雀巢对 4C 认证真正的支持，其实隐藏在它的工作方法之后——其中有很重要的部分是外人看不到的。

例如，4C 组织成员要缴纳会员费，会员费取决于会员在咖啡供应链中的位置以及生产、贸易或购买绿色咖啡的总量，总体来说，农民的会员费最低，最终卖家的会员费最高——云南咖农要缴纳的这部分费用，是由雀巢代缴的。

雀巢为了吸引和鼓励农户加入 4C 计划，还为那些参与的农户提供免费土壤测试（如果对方有需求）。“我们自己不能测，要送去当地农业科研部门的实验室，”农业服务部的张俊祺说，“仅 2014 年一年，大概就有 500 个样品要测。”这个费用也是由雀巢承担的。

对咖啡种植户来说，最直接的吸引是雀巢许诺给予那些通过 4C 认证的农户更高的咖啡米收购价。

“每公斤 4C 认证过的咖啡米的收购价会比普通的高两角七分，”刀斌，一位傣族咖啡种植大户说，“当然，他们（雀巢）对质量的要求是不会放松的。”刀斌注册的咖啡公司有 3300 亩地（这一种植面积在雀巢的合作者中也算是相当大的），覆盖了 1000 多户农户。他是 2012 年第一批通过 4C 认证的 46 户中的一位——而且是“绿灯”通过。

“我花了两三万元改造咖啡粗加工工厂的加工流水线和污水处理池，”刀斌说，“这是最费钱的部分。”对刀斌来说，收购价格高一些固然重要，但总体来说，他有自己的理由去做出这些改变。“我的公司不太可能再增加种植面积了，所以要想办法提高自己的咖啡亩产和咖啡米的质量，那就要多花点功夫在管理上，”刀斌说，“做这个（4C 认证），对我有好处。而且，我跟雀巢合作十多年了，还是比较愿意相信他们的。”

刀斌是特意到农业服务部来打听雀巢奖学金的消息的。

雀巢在 2014 年正式推出了奖学金计划，旨在鼓励农户的子女接受教育。该计划第一次落地就在普洱，那些积极参加并且通过 4C 认证的农户子女优先——雀巢为农户们考上大学的子女提供奖学金，最长资助时间可持续 4 年，每年每人 5000 元。

在 2014—2015 年，普洱地区有 38 个孩子获得了这一奖励。随后，在内蒙古额尔古纳奶区里，有 30 名奶户的孩子也获得了这个奖学金。

“我自己的农场里就有几个农户的孩子考上了大学，”刀斌说，“我想来问一下到底怎么帮他们申请奖学金。”

他顺便还想跟侯家志要几本《咖啡种植手册》和禁用农药清单。不仅是 4C 认证对农药有严格要求，由于中国政府正在和国际接轨，有关部门也在不断制定更严格的农药残留标准，并且查禁更多的高毒农药，这个清单经常会发生变化。

侯家志给了他 5 本种植手册。

“我有 3 个（粗加工）厂，至少需要 4 本，”刀斌说，“我自己也要一本，回去好好看看。”

资深的雀巢员工都有一个共识，他们最核心的工作方法其实包含在四个英文单词里：plan、do、check、action，即 PDCA，意为先周密计划，然后开始做事，做的过程中一定有问题，通过检查把问题找到，吸取教训然后再次行动。

很长时间以来，加上邬特，雀巢农业服务部一直只有 7 个人，其中有 4 位农艺师。为了推动 4C 认证和让咖啡采购变得更专业，这个 7 人小团队在 2013 年扩大了一倍还多。加上邬特，雀巢农业服务部有了 17 个人，其中农艺师增加到 6 人。

即便增加了人手，侯家志和同事们推动 4C 认证的工作量也是旁人难以想象的：先是培训，之后凡是实施了4C管理的农户一旦准备好了，就会给农业服务部的人打电话。接到电话后，农艺师会按照给自己划分的区域，一户户去跟踪检查农户的实施情况，然后根据检查项目一一打分，这些项目光大的分类就有33条。

“做这个你必须真正到农户家里去看，坐在办公室里编故事是编不出来的，”侯家志说，“所以我们花了那么多时间，分成一批一批来做。”

检查完实施情况，农艺师要给去过的每家农户写一个报告，指出存在什么问题，如果真的需要整改，整改完毕，他们还要重新去检查一遍。在过去几年里，在4C项目中，农艺师们每个人每周都有一半以上的时间花在检查4C管理规则的实施情况上，他们检查过后所写下的报告和整改意见都要存档。

“因为4C认证是要求大家每年都有进步，所以我们接下来的工作，除了继续增加4C认证农户的数量，还要继续跟踪检查，每年每个农户那里我们要争取去两到三次。”

“和全世界做生意”

一个普通的普洱农户对雀巢不断推出的新鲜玩意儿，比如4C认证，到底是怎么想的？

邬特会非常认真地反驳那些认为中国农户思想保守和不愿意做出改变的人：

“我在这里（普洱）工作了10年，我认为中国农户是非常努力、观念非常开放的。只要能看到你给他们带来了实实在在的变化和提高，他们就会信任你，无论什么他们都学得非常快。”

前文提到，在这十几年中，雀巢已经潜移默化地让普洱的咖啡种植户变成了与纽约期货交易市场“距离最近”的农户。

就像买卖股票一样，普洱的农户们现在对于期货交易中咖啡价格的起落都有了一定经验，会自己拿主意在什么价格范围内卖出咖啡米。

2014 年的收获季，先是遭遇霜冻，然后咖啡价格一度低落到 1 公斤十几元，所以在价格稍微回涨时，张奎就忍不住赶紧把手头的咖啡米卖掉了。最后，咖啡米又涨到 1 公斤 20 多元，张奎为此一度有点小郁闷，但做了这么多年买卖，他已经能够承受这种价格起伏了。

“每年采购的时候，看价格波动我都很紧张，简直是要得心脏病的感觉，”刀斌也说，“(为了降低风险，) 我的咖啡米都是分成几批卖。”

因为雀巢只收购加工成形的咖啡米，在这种“强制政策”下，普洱当地几乎每个种植咖啡较多的农户家中都有脱皮机、发酵池、晾晒场等一系列加工设施。而且，雀巢对咖啡米的质量要求提高了农户们的加工水平。

“对咖啡米质量影响最大的是什么呢？就是采摘、脱皮加工、发酵、清洗、晾晒这一整套粗加工程序，”侯家志说，“迄今为止，每年我们采购到的质量最好的咖啡米都来自小农户，而不是大型粗加工工厂。”

雀巢还顺带提供“金融教育”：即便对再小的农户，在收购时也只给现金支票或转账，这促使农户们尽快学会了跟银行打交道。到了最近几年，他们都直接把货款打入对方的银行卡里。

同理，在经过 4C 认证和持续改进之后，农户们又学到了更多的东西，比如如何选择农药、化肥，如何保护自己家庭所在地周边的环境等。“我们希望农户们不再仅仅只知道种自己那一亩三分地，”邬特说，“他会知道怎么管理田地，怎样更好地销售咖啡豆，我们希望他们每个人都成为好的生意人。”

雀巢在普洱刚开始推广咖啡种植时，农户们给农业服务部打电话询价，邬特在电话这一头有时能清晰地听到那一端的农户与中间商的争论，比如，“你们的价格不如雀巢给得高”等，讲价声此起彼伏。

“对当地农民来说，雀巢成了‘诚信标签’。”邬特说，“即便他们不把咖啡豆卖给雀巢，我们也很高兴。”

“我们一开始就告诉农户，当你决定种咖啡时，你就是在跟全世界做生意了。”侯家志说。事实也确实如此，云南咖啡豆供应过雀巢在全球大约 11 家咖啡工厂——德国、西班牙等地的雀巢工厂都使用过云南咖啡豆。

这是雀巢对待小型农户的一贯态度。作为产业链的最末端，不少国家和地区的农民往往因为缺乏专业知识和信息封闭而成了“被压榨的对象”。但是雀巢拒绝这样做，因为这样做太短视，不符合它“创造共享价值”的观念——单方面“压榨”农民，也许一时能获得好的价格和原料，但从长远看，这样做是无法让一个农业社区保持健康发展的。

在普洱地区，从咖啡中间商转型为种植户的人正在不断增多——这一状况可以被看作雀巢对待农业社区的长期策略的胜利。“自从雀巢来了以后，直接种地卖咖啡成了最赚钱的方式。”侯家志说。

最早与“老杨”合作的大开河村如今是普洱地区最有名的“咖啡村”，在咖啡价格走高的时候，鲜果收购价可达 3~4 元每公斤，加工过的咖啡米价钱更高，每亩咖啡能让农民收入 6000 元以上。

村中拥有 25 亩地的陈家华已经将造价 3 万元的老房子改作仓库，另花 16 万元在一旁盖了一幢小别墅。他在室内悬挂着“老杨”与其两个女儿的合影——他的大女儿还曾经在雀巢农业服务部工作过，直到结婚才离开。

同样是大开河村的张奎，也在 2011 年花了几十万元为自己盖了一幢淡黄色的两层小别墅——家具和灯具都是他自己去普洱市挑的。房屋的设计图由当地政府统一提供，所以张奎的家和他邻居的家惊人相似。张奎有 60 亩咖啡地，还有 4 亩茶园，他是第一批通过 4C 认证的农户之一。

“我今年要做一个欧盟认证的项目。”张奎为顺道来访的侯家志用自家产的茶叶泡了一杯热茶，然后告诉他说，自己拿出了 10 亩地去参加这个种植实验。在这个项目里，从种苗挑选到种植方式，全部要按照“欧盟认证”的要求来。

“其实就是种有机咖啡嘛，”张奎对侯家志解释说，“一点儿草甘膦都不能打，除草全部人工来做，施肥也要按照人家给的配方进行。”

为此，两个人热烈地讨论了一会儿到底怎么给咖啡树施有机肥才能不影响产量之类的技术问题。当地政府对“欧盟认证”项目这件事也很支持，据张奎所知，大开河村有 20 多户都想要拿一些自己的地来试验一下。

“做这个（项目）起码要花上三年的时间。”

在大开河村听到一位普普通通的农户轻松自如地说出“欧盟”“有机咖啡”这样的字眼，至少证明了两件事：首先，他们真的是在自主决定自己种什么，怎么种和卖给谁——普洱地区是一个竞争充分的市场，雀巢对农户不存在任何“你必须卖给我们”的高压，否则张奎也不会对侯家志如此坦诚；其次，他们真的如同邬特所说，对新鲜事物保有很强的好奇心和开放性。

张奎绝非特例，这种态度在和雀巢合作密切的农户身上很常见。

焉文勇是一位有 40 多亩咖啡地的农户，他所在的村子以傣族居民居多，按照传统，他们过去是种玉米和香蕉的。焉文勇是第三批通过 4C 认证的。他和张奎乃至之前的刀斌，对 4C 管理规则的看法惊人的一致。

“做这个事情，咖啡的价格会卖得好一点儿，”焉文勇说，“而且环境也会好一些。”以前大家会把化肥、草甘膦之类的危险药品随随便便丢在院子里，化粪池和污水处理池也不加盖，现在按照雀巢的要求改变之后，“我们自己住得也舒服多了”。

他正在计划把老房子改造成张奎家那样的小别墅，“大概花上半年时间就能盖好了”。

焉文勇所在的村子目前只有他参加了 4C 认证——他是“黄灯”通过。侯家志希望他能持续改进，并起到带头作用。

“有的人确实会觉得做这个事情（4C 认证）太麻烦了，我的咖啡米不卖给雀巢也可以卖给别人嘛，”张奎说，“但是不做的话，污染太大了，垃圾乱丢，果皮乱丢。做了 4C 认证之后，大家对这些事情比以前重视多了。”

汉斯对雀巢理想中的农业社区的描述是：农户凭借努力工作，

能过上舒适、体面的生活；他们受过相关的教育和培训，尊重自然环境，生产高质量的农产品，同时这些产品还能获得消费者的喜爱。目前普洱地区的情况离汉斯的理想当然还有差距，但只要知道通过 4C 认证，自己的咖啡会被更多人青睐，卖出更好的价格，农户们就有持续改善的动力。

而且，除了咖啡收购价格高了，焉文勇、张奎和刀斌都承认，“做这个事情对我们还是有好处的”。

“否则到了加工咖啡的季节，水沟里总是臭烘烘的，河里面的青苔那么长，鱼都被弄死了。这样搞到最后，还是我们自己不舒服。”

普洱的雀巢人

雀巢农业服务部是一个极为精简和能干的组织，他们每个人不但需要精通农业技术，能做所有的培训和拜访，到收购季节还得能在采购站胜任所有关于咖啡米的收购和质量检测工作。

“我们出去给农户培训的时候，老侯基本上讲的都是田间种植，‘老杨’是粗加工专家，精通整个工序，”热带作物专业出身的李孙强说，“邬特也善于讲种植技术。”负责采购和质量的主管罗珏成（大家叫她“小罗”）是 1998 年加入雀巢的，在这之前，她曾经当过英语老师，因此经常跟着历任外国专家一起做培训、下农田，为他们当翻译。久而久之，小罗除了精通咖啡质量管理，也被熏陶得“能顶得上大半个农艺师了”。

为了推动 4C 认证，农业服务部在 2013 年首次扩容，变成了 17 个人。在收获季节，原来 7 人小团队中的每个人都要身兼数职——2002 年，李孙强就转去负责咖啡豆的收购工作了。2013 年扩容后，他们的内部分工更细了，咖啡米的质量控制、出口和收货都有了专人。

“但真到了收货季节，每个人都还是要全身心投入的。”小罗说。农户们一直都盯着纽约期货市场的咖啡价格起伏，就像买卖股票那样，一旦他们有了那种“我该出手了”的感觉时，“呼啦”一下就全都过来了。“有时候一天都没什么人来，有时候早上我们上班时一看，有几十辆车排在外面。”

那些每天排在雀巢咖啡采购站门外，焦急地等待着用最好价格卖出咖啡米的农户，就是他们的工作动力。

雀巢在普洱的这个团队的人员构成一直非常稳定，因此他们尽管性格迥异，但又都具有一些非常典型的雀巢人特征：极为敬业，高度重视质量；为人公正，对竞争持开放态度；热爱自己的工作，并且对此怀有真诚的自豪感。

每一年的咖啡采购旺季，仓库门口排起长队，农户们带来的咖啡米要由雀巢雇用的专门搬运工团队进行卸载和分类。采购站内部人员的主要工作是取样和检测，农户们在几小时之内便会知道自己的咖啡豆是否合格。在雀巢咖啡中心建成之后，因为工作流程更为流畅，农户等待的时间也被大幅度缩短了。被接收后的咖啡豆要被重新包装并附上编号标牌，便于质量回溯——如果出现质量问题，雀巢的东莞工厂将此号码报给采购站，就可追查到原始供货者。

农业服务站的人整天都要在仓库和设在办公室内的检测室之间监督搬运、称重、取样、反馈和重装的全过程，反反复复走个不停。

“在采购季我们每个人都会瘦一圈，”李孙强说，“有一年，邬

位于云南普洱的雀巢咖啡中心

特的体重掉了10斤。”

“邬特对工作极其认真，只要有时间，他不会漏掉任何一场‘杯品’。”小罗说。所谓“杯品”，即雀巢对咖啡豆的质量测试：经过随机取样的咖啡豆样品，要在精选后被炒出来分批研磨，人工品尝。这并不像一般人想象得那样，可以休闲地喝咖啡，“杯品”是一项严格的流水作业：每人从咖啡杯中取一勺冲泡好的咖啡，将它伴随空气大声吸入口腔，充分品尝后吐掉，漱口，转台，换一杯再重复同样的动作……品尝者要将瞬间感觉的各项指标填写进表格：咖啡香味、果酸（小粒种咖啡的特有指标，一般越高越好）、甘醇度等。

负责质量检测的人在整个采购季（虽然咖啡采购季长达7个月，

但绝大部分咖啡米的采购集中在3个月里）要这么“喝”上1万~1.2万杯咖啡。

“咖啡口味的重点是清醇。”邬特形容说，好的咖啡甚至能让人隐隐尝到桂花香和茉莉花香。但究竟什么叫清醇，什么是好的咖啡，杯品的人非得试过上千次才能掌握。小罗和农艺师们都已经是这方面的高手。

对质量的坚持，被认为是云南咖啡能在雀巢无数咖啡基地中取得稳固地位的根本——这一点从“老杨”时代起，就已经被深深镌刻在每个员工的脑海里了。同样，雀巢对质量的严格和不妥协也已经为种植户们所熟知。

“不好的咖啡米我们是不会卖给雀巢的。”普洱所有的咖啡种植户都这么说。

张奎最喜欢讲给别人听的故事是，在咖啡价格最高的2011年，他的咖啡米因为水分含量稍高被退回。

“我的咖啡米水分指标只超了0.1，就是这样，小罗也要我拿回去再晒一下，”他得意地说，“结果，因为回去晒了一天，再拿回来卖的时候，每公斤咖啡价格涨了4元多。”

农业服务部的人都由衷地喜欢田间生活和咖啡。

早年在比利时上大学学习热带农业时，邬特就发现自己不喜欢大城市。大学毕业后，他在坦桑尼亚工作了五年，终于找到了自己喜欢的工作和生活方式：与当地农民紧密接触并进行田间劳作指导。随后，他终于在十年的云南咖啡生涯中过上了这一理想生活。

小罗则在“老杨”决定迁移办公室的2002年，举家从昆明搬到了普洱。侯家志和李孙强都喜欢这种需要跑来跑去，与农户密切接触的田间工作。在雀巢农业服务部保持了很久的7人规模团队里，有几位农艺师是本地人，他们中的一些人退休后，比如廖秀桂，都在本地种起了咖啡。

从2013年开始，陆续加入这个团队的新同事也都是咖啡爱好者。

"她比我还喜欢咖啡。"小罗说。她提到的这个女孩叫卫航宇，现在负责咖啡质量管理，"她每天来办公室第一件事就是喝咖啡，一天不喝简直受不了"。

农业服务部与外部工作环境之间已经形成了一种良性循环。这些年来，农户的生活因为种咖啡有了确确实实的改善，为此，他们对农业服务部深怀信任——这一切都让这个团队从中获得了工作动力与自豪感。

雀巢在农户中以可靠和快捷的付款而闻名，尽管它对咖啡米质量要求很高，收购价格也会随着市场的变动起伏，但基于信任，很多人还是会选择把咖啡米卖给雀巢，而不是其他品牌或中间商。雀巢的付款日就是他们的Family Day（家庭日），每个人都很开心，这种快乐非常有感染力。

"他们现在都用银行卡，银行卡更安全，"邬特说，"如果拿的是现金，你很容易跑到商场里去买这个买那个，或者喝上一杯——钱放在银行卡里更容易攒起来。"

"而且，中国人总是把钱花在很关键的地方，他们会盖房子，照顾家人，给孩子们受更好的教育，这点让我非常高兴。"

侯家志则一直记得在普文大开河附近的一个傣族村子曼景缅培训时发生的事情。2006年，他去曼景缅给村民培训，当时正逢雨季，培训结束后，天降暴雨。侯家志开着越野车要蹚过大开河才能回到公路上去。那条平时浅浅的河流在下大雨时水量涨得极快，因为担心他的安全，全村人冒雨跑出来目送他过河。

“他们都站在岸边看着我，等我开车平安过了河他们才回去，”侯家志说，“这种感觉真的很好。”

这个团队的内部有一种温暖的家庭气氛，这是只有通过长久的工作配合和互相尊重、信赖才能产生的——这有助于抵消他们长期超量工作形成的压力和很多时候都会遇到的挫折感。

有一次，侯家志开车走了很远的路，去一家农户检查 4C 认证的准备工作。到了那里，他发现对方完全是敷衍了事。在这种时候，谁都不会开心，“其实这种情况其他同事也遇到过”，但是他们最终都还是坚持了下来。

“这种时候千万不要发火，而是要认真跟他解释，”侯家志说，“最后，对方也不好意思了。只要你足够真诚，他会明白你是真心为他好。等我再去的时候，他已经准备好了。”

但是，不要因此就产生一种错觉，认为雀巢在云南省咖啡市场中占有压倒性优势——它的采购量目前只占到普洱地区咖啡米产量的三分之一左右，而除了普洱地区，保山、德宏等地也在大量种植咖啡。

这一模式已经受到雀巢自己培养出来的竞争者的强力挑战。除了国内外的贸易公司在云南采购之外，云南省的很多自有咖啡品牌也都在这十几年中脱颖而出。很多公司会采用一种类似“订单农业”的“中央集权”管理模式：与农民签订“最低收购价”协议，保证其种植出来的咖啡鲜果（非咖啡米）不亏本地卖出去。还有很多中间商和咖啡品牌商会直接深入到农户中去用现金收购咖啡米。

事实上，从150年的发展历史来看，雀巢一直对竞争持欢迎态度。因为在全球所有的市场中，无论在哪一个业务领域，雀巢都一直在面对十分激烈的竞争。雀巢的历任CEO，从汉穆·茂赫之前的管理者，到他本人，再到他的继任者，都认定竞争是件好事，是一种来自外部的健康刺激——因为竞争最后能让消费者利益和企业利益达到协调，也能让企业不至于骄傲自满以致最后患上“大企业病”。

雀巢绝对信奉“生于忧患、死于安乐”这一信条，它也是自由市场经济坚定的支持者。它在自己的管理与领导原则中明文写道：“雀巢由强烈的业绩追求所驱使，遵守并赞成在清晰的法律框架下自由竞争的规则。”

所以，农业服务部的员工们惯常的态度是，从不谈论他们的竞争对手，只管埋头做好自己的事情。

关于竞争，小罗有个有趣的故事。

在2011—2012年的采购季，一家雀巢的竞争对手在普洱召集了一些咖啡种植户开会，游说他们把咖啡米卖给自己不要卖给雀巢。一位叫田春的咖啡种植户说，他听了这些话，“越听越生气”，当天晚上回去就写了一首诗发给了雀巢农业服务部。

当时小罗正在办公室里加班，田春执着地用一段段的短信把这首诗发到了她身边那部移动座机上来，铃声一遍遍地响，她一开始还以为是电话出了什么故障。

田春在这首诗里把雀巢比作普洱咖农的“定海神针”和“如意金箍棒”。后来，他不但给侯家志朗诵了这首诗，还特意手抄下来，要侯家志把诗翻译成英文给邬特看。农业服务部的每个人都知道田春和他的诗——虽然他们不对外人炫耀，但一旦有人提起来，大家都会像个孩子一样为此感到很得意。

邬特则说：“对我个人来说，最重要的不是竞争，而是即使有一天雀巢不在这里了，这里的咖啡种植还会延续下去。”

雀巢的“双城故事”

雀巢在黑龙江省哈尔滨市双城区所做的一切，从某种程度上来说，和它在云南普洱所做的工作极为相似——都是利用自己的知识和市场需求帮助当地农户找到新生计，同时改变了他们的生活的故事。

和咖啡业务一样，奶制品业务也是雀巢集团的支柱业务之一。根据2013年销售数据来看，奶品相关业务占雀巢集团全球整体销售额的29%。雀巢目前在中国有三个奶制品工厂：黑龙江的双城工厂、山东青岛的莱西工厂和内蒙古额尔古纳的呼伦贝尔工厂。对中国人来说，除雀巢咖啡之外，他们最熟知的雀巢产品就是婴幼儿配方奶粉、淡奶油和一系列近年来新推出的成人奶粉等奶制品——它们大多产自这三个工厂。

其中，双城工厂生产成人奶粉、谷物食品和婴幼儿配方奶粉；青岛莱西工厂生产在中国市场销售的所有的液态奶，例如，超高温灭菌液体奶、雀巢淡奶油、雀巢鹰唛炼奶、雀巢三花淡奶等；呼伦贝尔工厂则生产全脂奶粉和脱脂奶粉。这三个工厂全部沿用了双城工厂在中国所创立的“工厂 + 奶源基地”（其中包括普通奶户及成规模的牧场）这一模式。

在这一模式开始推广的早期，雀巢采用的是简单的三层管控结构：奶户—奶站—工厂。简而言之，就是在一定的区域内建奶站，然后由奶站负责收购自己辖区内的奶农送来的鲜奶——这是为了解决当年双城的养牛散户们养牛少、自己没有能力置办制冷存储设备的问题。随着奶户养牛规模和管理能力的变化，雀巢在2016年前后帮助奶户们逐渐完成了向“直供牧场”这类规模化经营的转型，这一模式简化成了“直供牧场—工厂”。

截至2016年，雀巢的三个工厂周边总共覆盖了517个直供鲜奶供应商，其中31个日供鲜奶量超过5吨。三个工厂从周边的奶区每年收购的鲜奶在60万吨左右，能满足超过三分之二雀巢在中国生产的产品所需要的奶量。

和在云南推广咖啡种植一样，雀巢也是通过示范、培训的方式去帮助奶户养牛的。区别在于，鲜奶和粗加工的咖啡豆不同，前者对新鲜度、保质期、运送方式、卫生和质量检验的要求远高于后者。

工厂对奶户的管理和监测所需要的工作量、投资和工作人员人数，都高于在普洱对咖啡的投入。双城工厂在奶站时期的鲜奶收购及农业服务部至少有一个50人左右的团队在通过奶站管理奶源基地中的奶户和牧场。到了直供牧场时代，这个团队的人数调整到了20多人，团队人员的知识结构变得更加丰富，从养殖经验、牧场管理到挤奶设备清洁等无所不包，以支持牧场主的发展。

从技术层面上讲，建立一个优质的奶源基地对雀巢来说并非难事。因为它所在的瑞士，国土大部分属于阿尔卑斯山区，不适合大面积耕种农作物，所以自中世纪以来，养牛业一直是瑞士农业生产的重要部分，牛奶是其最主要的农产品之一。

毫不夸张地说，瑞士的食品工业与牛奶加工业密不可分，恰恰是瑞士人防止牛奶腐坏的细菌隔绝技术，让瑞士的乳制品，比如黄油奶酪，早在18世纪末期就销往全球市场。而且，瑞士农业的组织方式是以家庭经营的农场为基本单位的，这一形式与其在双城由零开始的农户家庭养牛模式也是类似的。

唯一的问题是，两者的条件相差得实在悬殊了些——这就需要雀巢做大量的培训和前期准备工作。

有资料表明，早在1979年4月，雀巢就曾派人来中国讨论建奶品厂的合作事宜。1982年，他们开始和中方合作者正式就合资建立黑龙江双城牛奶制品厂的事宜进行谈判——这也是雀巢在中国的第一个合作项目。

经历了当年外资企业在中国合资特有的复杂筹建过程，双城工厂在8年之后的1990年正式运转。为了解决奶源问题，和送来“咖啡先生”一样，雀巢从总部派来一批批专家，在当地建立了一套激发奶农养牛积极性的牛奶采集网络和收购制度，并向农户传授了饲养、管理奶牛和采奶的技术。

由于双城工厂是雀巢在中国建立的第一个乳制品厂，它几乎成了雀巢工厂系统在中国的“黄埔军校”：那些从20世纪90年代初期起便加入其中，迄今没有离开雀巢的员工，几乎全部成了雀巢各个乳制品工厂或集团各个职位上的管理骨干。他们中的每个人都能清晰地回忆起早期那些雀巢农业服务部的外国专家是如何教授农户养牛技术的——用他们的话说，“这比培养一个合格的工程师难多了”。

陆明是双城工厂历任管理者中的第一位中国籍厂长，在大学毕业后他就加入了双城工厂的筹备工作。陆明当时被派去负责陪同瑞士籍奶源专家毛瑟，四处发展奶户和向他们普及养牛知识。在1990年7月7日，双城工厂正式开业的那天，因为和毛瑟在一起，陆明成了大家公认的雀巢双城工厂历史上“拎到第一桶奶”的人。

“我们是7月7日早上四五点开始在奶站收奶的，农民在家挤好牛奶装在桶里拿到奶站来，然后由奶站的人把它泵到奶站的储奶罐里制冷，”陆明回忆说，“当时来交奶的人不多，我们还送给第一个交奶的奶户一个奶桶做纪念。”

在1990年前后，双城还只是一个东北铁路沿线上的小城——早在20世纪初，它就是原中东铁路上的一个节点，因此有一座历史悠久的火车站。除此之外，在整个双城市里，很少能见到像样的柏油路，对外通信不畅，遇到下大雪等气候恶劣的时候，双城与外界连电话都通不上。

但是，双城坐落于北纬45度的优质奶源带，气候极适宜养牛，当地的主要农作物，比如玉米等也适合做牛的饲料。和云南咖啡几乎“从零开始”完全相反，双城当地养牛的历史已经持续了几十年。

据说，双城养牛的传统是由哈尔滨的城市发展引发的。20世纪初，随着当时中东铁路的修建，有33个国家的16万余侨民移居哈尔滨。这些侨民有喝牛奶的习惯。从那时起，距哈尔滨40多公里的双城就有人开始养牛，为居住在哈尔滨的外国人供应牛奶。这一传统一直延续到新中国成立以后，早在雀巢落户此地之前，双城就有一个名为双城环球乳业有限公司的乳品厂——附近的农户一直在陆陆续续为它养牛供奶，为了和后来的雀巢双城工厂区别开，大家习惯叫它“小乳品厂”。

但是，即便有着悠久的养牛传统和“小乳品厂”的需求，双城农户们养牛的规模也极小。“那个时候（1990年左右），农户养牛是副业，谁家要是有5头牛的话，那简直是超大规模了，”陆明说，“一般一家就一头牛，一头牛当时值3000元左右——这就是农户家里最贵重的资产。”

双城工厂鲜奶收购及农业服务部经理张振东和现在的惠氏营养品（中国）有限公司苏州工厂厂长郑世友，都是在1996年加入雀巢双城工厂的。在这之前，像毛瑟这样的专家已经花了相当长的一段时间来培训双城奶户。即便如此，在张振东和郑世友的记忆里，在1996年之后，外国专家来双城给奶农们做培训也还是一件很辛苦的事。

雀巢的专家们需要为奶农培训的内容无所不包，比如：怎样给奶牛修蹄，怎样刷洗奶牛，怎样给奶牛催奶，怎样在挤奶前进行基本消毒，如何做青储饲料（青绿饲料经控制发酵而成的饲料，有“草罐头”的美称）和修建牛棚等。除了教奶户们更好地照顾自家最重要的资产——奶牛，雀巢的专家们需要把一些关于牛奶的最基本的质量意识灌输给他们。最简单的一件事就是，奶牛生病了去畜牧站打针治疗，奶农不知道这个药物会残留在牛奶里。雀巢的专家们告诉奶农，打完针的牛不能马上挤奶，“必须要等抗生素降解排出后，才能挤奶，这时挤的奶才符合雀巢的要求”。

“我们的做法就是不断地培训、讲解和教育，而且还要严格检查。当然，首先要给奶农们解释清楚血液循环的原理，为什么打完药之后（残留药物）会进入牛奶里。”张振东说。雀巢也在一些大点的奶站提供检测，“如果你担心牛奶有问题，我来帮你测一下样品，如果（关于抗生素的）指标是阳性，那这个牛奶就别送来了”。

“他们一开始对牛奶的质量要求就特别严，”郎义强，一位养牛长达 23 年的资深奶户回忆说，“但是雀巢的好处是会一步步告诉你该怎么做，如果你希望牛奶卖出好价，那么脂肪、蛋白含量和菌落（TPC）指数就都要符合它的要求，一点儿都‘不能含糊’。”

“尽管要求多，雀巢还是很受欢迎。”郎义强说，“他们最好的一点就是诚信，给钱稳定。”

和在普洱收购咖啡米一样，雀巢收购牛奶始终是月结费用，而且从不拖欠——奶农们称之为“开（奶）支”。一开始是现金结账，“每个人领个袋子，现金就装在袋子里面，拿着很有成就感”。等到双城的金融环境一支持银行卡结算，雀巢就直接把收购款打到农户的卡里了。

“每个月开支的日子，就是我们最开心的一天了。”郎义强说。

在郎义强的记忆里，从 1994 年他开始跟雀巢合作，雀巢对奶户们关于质量和饲养技术的培训就没有断过。和雀巢在普洱所做的一样，奶农的这些关于奶牛饲养、管理的知识和质量意识都是被专家们一点点用示范的方法灌输和传授的。

“那些做农业服务的畜牧专家，每天都要到乡下去跟农户一起摸爬滚打。”郑世友说。他的同事中有一位来自法国的畜牧专家罗宾，十几年后，郑世友还能清晰地回忆起当年罗宾站在泥地里教农户修牛蹄的情形。

罗宾能讲一口流利的中文，和邬特父子及所有雀巢派驻普洱的外国专家一样，他也是非常典型的雀巢人：精通本行、敬业，能够适应各种工作环境，善于和人打交道，也乐于传授知识。张振东毕业于东北农业大学兽医专业，和罗宾在一起工作了很长时间，“他当时都是亲自给奶牛做繁育、搞配种，我从他那里学到了很多东西”。

“雀巢最好的一点是，它从不会把一个高深的理论硬塞给你。”郑世友说，他自己是学空气动力学出身，结果却在雀巢的培训体系中逐渐成长为乳制品厂的管理者，“雀巢对内对外都有很多简洁、可视化和可实践的教程，像罗宾这样的专家则是最宝贵的资源之一”。

这种完全不教条、亲身传授和尊重当地人习俗的培训方针，很大程度上是因为雀巢在供应链上要做的很多工作是针对全球各种各样的农户的——与其向他们宣读文件，不如靠经验丰富的专家们亲自示范，而且这些知识还必须跟上全球和本地的形势，并不断更新。

这一工作风格在张振东所在的鲜奶收购及农业服务部得到了很好的延续。和农业畜牧业有关的工作中有一部分是固定的，比如，随着季节的变更，给奶农们做关于奶牛繁育、青储饲料等培训。但是，来自总部和各个区域的新技术和新经验层出不穷，奶区的形势也在不断发生变化，在雀巢逐渐推动散户向直供牧场转型的过程中，张振东和同事也要不断更新自己的知识。

2016 年，在雀巢的奶区由奶站管控模式转为直供牧场模式之后，他们需要由对奶站和奶农的管理与技术支持转为为牧场主服务。鲜奶收购及农业服务部的员工需要一点点落实这些直供牧场的建设与运营规范，他们既要为牧场主提供饲料安全、奶牛健康、科学饲养和动物福利等养殖方面的技术支持，也需要规范他们在挤奶过程、设备清洗等方面的流程。

“这个部门工作的最大的特点就是，每个人都要不断学习，学完了你才有能力去靠亲身示范帮助奶户。”

让奶区健康、稳定发展

一直到2007年，雀巢的“双城故事”都还是一个普洱咖啡的加强版：一批又一批的外国专家来到双城传授养牛技术；工厂严格把控质量，和双城农户建立了稳定和充满信任的合作关系；工厂每年收购约30万吨牛奶，每年支付给奶户和牧场的鲜奶款达到12亿元；双城的牛奶设施覆盖3000多平方千米，配有68个鲜奶站，生产商超过7000家，还有90家直接向雀巢供奶——这些奶站每天可收奶大约700吨，日均处理鲜奶200多罐；在这些年里，雀巢一直是双城最受农户欢迎和最能吸引人就业的企业之一。

与之同步的是，双城这个县级市也像中国经济一样，在持续高速发展。2014年，双城正式划归哈尔滨市管辖，成了它的第9个区——哈尔滨市有一批相当有活力的制造企业在这里的高新区安家，成了雀巢新落成的奶牛养殖培训中心的邻居。

然而，到2008年，双城奶区乃至整个雀巢在中国的乳制品生意都被一场来自外部的巨大风波深刻地影响了：国内奶业经历了“三聚氰胺事件”，整个行业都遭遇了来自消费者的信任危机——从那之后，牛奶就成了中国人餐桌上最受关注的食品之一。

“三聚氰胺事件”起因是当时很多食用三鹿集团生产的奶粉的婴儿被发现患有肾结石，随后在其奶粉中发现添加了化工原料三聚氰胺——以增加牛奶中的蛋白质含量。

中国国家质检总局公布对国内的乳制品厂家生产的婴幼儿奶粉的三聚氰胺检验报告后，多个厂家的奶粉都检出了三聚氰胺——该事件最终成了中国乳制品行业的灾难，亦重创了“中国制造”的商品信誉，为此，多个国家禁止了对中国乳制品的进口。

尽管雀巢的产品并未在这次事件中被检查出任何问题，但在2008年，它也被行业危机波及，遇到了库存大量积压、销售限于停滞的困境。

在“三聚氰胺事件”发生前，中国原料奶生产、乳品加工一直保持了一个较快的增长，国家统计局公布的数据显示，在2008年前8个月，中国液体乳和固体乳制品产量分别为10178千吨和2495千吨，同比增长12.07%和7.34%。但以2008年9月11日为分界线，仅在9月和10月，国家统计局的数据表明，国内液体乳和固体乳制品的生产同比就分别下降了18.67%、32.49%和15.59%、32.39%。蒙牛和伊利被列入三聚氰胺“黑名单”的第一周，生产下降90%；10月，中国乳品出口几乎停止。

按照当年的初步估算，“三聚氰胺事件”给中国乳业造成了200亿元左右的损失，更糟糕的是，消费者对中国乳业的信心全失。为了缓解消费者的不信任情绪，2008年之后，各大品牌的婴幼儿奶粉都要特别说明使用了进口原料奶粉，才有销路。在各种因素的影响下，国内企业越来越依赖进口原料奶粉，仅在2012年上半年，中国就进口奶粉44.5万吨。而在2008年，这一数量仅仅是14万吨。

新西兰成了这次食品危机中的最大赢家。到了2013年，有数据显示，新西兰有95%的乳制品用于出口，年出口额约为84亿美元，占新西兰出口总额的四分之一，而中国是新西兰乳制品最大的出口市场之一，国内有80%的进口奶粉原料来自新西兰。从2010年到2014年，光明乳业、恒大乳业集团、伊利、蒙牛等中国乳制品企业都在新西兰收购、投资新建了奶粉工厂或者与当地合作伙伴合资建立了研发机构。

很自然，中国奶农最终成了这一事件的输家，除原有的供求关系受损之外，国内的原奶收购价也失去了成本优势。

据《荷斯坦》杂志对欧洲、美洲、亚洲等地的20个国家2012年6~10月的奶价调查，每公斤折合人民币为3.24元。而据北京东方戴瑞乳业信息咨询公司对中国28个省28个规模牧场的定点跟踪调查，中国2012年6~10月每公斤牛奶的平均价格为3.90元。中国奶农因为持续失去市场和竞争力，在一些地区一度出现过奶农“倾倒鲜奶”和“杀牛”的新闻报道。

信任是最宝贵的财富

在2008年和之后的这些年里，雀巢在双城和各个奶区做出的选择是，继续用稳定的价格收奶——可想而知，当时的雀巢中国为这一决定承担了多大的财务压力。

“三聚氰胺的事我们都知道，当时也担心过一阵子，怕没人收奶，”郎义强说，“但雀巢还是照常收奶付款，大家很快就安心了。”

郎义强和雀巢的员工们都认定，当时雀巢的管理体系和检测是完全能够避免类似事件发生的——与其他乳制品厂用蛋白质含量作为收购鲜奶的定价指标不同，雀巢收奶定价时，一直更重视脂肪含量。

“所以往牛奶里掺三聚氰胺这种事（目的在于增加牛奶中的蛋白质含量），在我们这个地方闻所未闻。”郎义强说。

“雀巢做生意有一个基本原则，就是要建立在双方互信互利的基础上。奶农既然把合格的鲜奶交给了我们，我们就该用合理价格付款，”陆明说，“作为一个负责任的公司，无论是自己的销售遇到困难，还是发生‘三聚氰胺’事件，我们都没有把困难转移到奶农这一端去，所以这么多年，双城的奶业一直在很平稳、健康地发展。”

在这一波及全行业的危机里，雀巢其实还做出了一个重要转变，以应对市场的变化，那就是将生产婴幼儿奶粉的原材料改为从欧洲进口。

因为“三聚氰胺事件”之后一段时间里，消费者对中国乳业完全丧失了信任感，各大品牌的婴幼儿奶粉都要用“使用进口原料奶粉”的字样来让消费者安心——新西兰奶源在中国成了“质量保障”和“安全”的象征。2013 年，由于新西兰最大的奶源提供者恒天然发生了肉毒杆菌乌龙事件，新西兰奶源的名声也受到了打击。随后不少企业又开始转而宣传称它们产品的奶源来自“欧洲”或“美国”了。

这确实是一件听上去有点荒诞的事情：人们仅凭原料出产地，或一个未经证实的传闻就能判断产品质量的优劣。但是不要忘记，中国消费者的信心和感情在 2008 年的“三聚氰胺事件”中遭受了前所未有的重创。

“我们最珍贵的财富就是来自消费者的信任，但它非常脆弱，很容易就会流失，”保罗 · 薄凯在一次采访中说，“只要犯一个错误，就能把信任全部抹杀。”

当时的保罗 · 薄凯是作为全球最大食品企业的 CEO 讲出这番话的，其中蕴含着在 100 余年历史中，雀巢通过挫折所学到的全部经验教训。在中国，他的话不幸已经被“三聚氰胺事件”验证了——现在，中国乳品企业只能一点点艰难地赢回消费者的信任。

在这种情况下，因为雀巢的企业文化一向提倡尊重消费者的选择，要参与激烈的市场竞争，经营者必须“对消费者习惯的转变保持开放的心态”。因此，尽管雀巢中国奶区的牛奶并没有出现质量问题，但由于中国消费者目前的偏好，雀巢还是对生产做出了相应调整。

如今，双城工厂在生产婴幼儿奶粉时选择从欧洲进口原料，而从双城奶区收上来的鲜奶，在经过更为严格的质量检测之后，被用来生产成人奶粉等产品——这是雀巢从2005年以来逐渐开发的一个新业务增长点。

“现在，双城工厂生产成人奶制品的量比婴幼儿产品还多一点。”陆明说。毫无疑问，这一转变绝不可能在一夜之间发生，在进行业务调整的同时还要保持奶农的积极性——这种做法当然也会给雀巢带来很大的财务压力。

长远眼光带来商誉与骄傲

和对待咖啡种植户的态度一样，雀巢的奶区策略也并非慈善行为，而是出于长远的商业考虑，即维护一个健康、诚信、平稳发展的农业社区，通过科学和技术手段不断提高农业社区的管理，会让它的原料质量始终保持高水准，而成本趋于合理——这是建立一条安全供应链的基础。而作为全球最大的食品企业，它也有足够的实力为自己的原料产地制定一个眼光长远的策略。

“农业需要的是耐心和长期投资，”汉斯说，“奶牛从小牛长到可以产奶需要三年，咖啡树从种下到有收获也是三年，在这个行业里，做出任何短视行为都是灾难性的。”

雀巢在双城一开始采用的是“奶户—奶站—工厂”模式，简而言之，就是划定管理区域，在其中建奶站，然后由奶站的雀巢工作人员负责收购辖区内的奶农送来的鲜奶——这是因为一开始双城的奶户们养牛少，自己没有能力置办制冷存储设备。这个简单的三层管控结构相对适合中国国情，所以后来的山东青岛的莱西工厂和内蒙古额尔古纳的呼伦贝尔工厂都采用了这种方法开拓奶源。

一个奶站覆盖周边一定数量的村落，辖区内的奶户们每天交来鲜奶，奶站能够先对鲜奶进行一些简单的化验，检验合格后将其装入制冷罐里储存。奶站有一个关键作用就是取样化验，每批奶户交上来的牛奶都要编号、取样，然后送回工厂的中心实验室做化验。一旦通过中心试验室的检测，奶站的合格牛奶便可以一批批送入工厂了。

“因为奶农现在开始由散户向小型直供牧场转型，牧场自己配备有制冷罐，雀巢只需要派槽车去定时收奶就可以，所以这个地区现在只有60多个奶站了，而且这个数量还在随着奶农的转型而不断下降。”张振东说。双城地区农户养牛积极性最高的时候，奶站曾高达80多个。每个奶站有一个站长和几个工作人员。“我这个部门（鲜奶收购及农业服务部）在奶站管理这部分现在有50多人。”

这种长期、稳定的合作带来的是真正的知根知底，和邬特一眼就能认出咖啡种植户的车子一样，雀巢奶站的工作人员每周会争取去奶户家巡视一次，他们对自己管辖范围内奶户的情况，比如每家有多少头牛，能产多少奶都了如指掌。他们甚至连奶户家来了什么亲戚，家里闹了什么别扭都知道，因为“家里一出问题可能就没人管牛了”。

“大家互相那么了解，所以‘我今天给你掺水，明天给你掺三聚氰胺’，这种事在雀巢管理到位的奶区里几乎是不可能发生的，”张振东说，“我们这里有监测，如果真发生了牛奶质量异常情况，我们会彻底调查清楚原因，在奶站的黑板上公布。”

奶站对收上来的鲜奶进行的测试相对简单，仅仅包括感官测试和新鲜度等几项。在鲜奶样品被送入工厂中央实验室详细检测之前，奶户们送来的牛奶都已经被送入奶站的制冷罐内储存或装车了。一旦其中一户的牛奶出问题，一整罐或一整车的牛奶都可能被“连累”报废——所以，雀巢的这套牛奶质量管理体系其实是建立在信任和彼此知根知底的基础上的。

“我们做了这么多年的管理工作，现在收奶时鲜奶出现问题的次数极少，一年都没有两三次，”张振东说，“但前提是，这必须是一个长期、稳定的合作。从长远看，大家都觉得在村里的声望最重要。”

在这种长期合作里，人们格外重视自己的商誉，而不是梦想依赖铤而走险致富。雀巢想要激发农户对自己生产的农产品质量产生一种自发的荣誉感——这一做法从奶站时期开始，延续到了如今的直供牧场模式里。

“雀巢对质量的要求是很严的，比如说，如果奶户交上来的奶里有违禁的抗生素残留，我们一旦检测出来，就算一车奶值好几万元钱，那也得倒掉。”雀巢双城工厂质量保证部项目经理马世杰说，在雀巢使用奶站模式管理奶源时，中央实验室负责检测那些奶站送上来的样品，以决定是否让原奶进入工厂。一旦真出了事故，原奶被质量保证部打回，奶站会秉承透明的原则公布原因，谁给周围的村民造成了多少损失写得清清楚楚——没有人愿意看到自己的名字出现在这种报告里。

“我们还会提供全年各个奶区牛奶质量方面的排名，”张振东说，“如果奶户所在的这个奶区很好，全年没有任何异常，他们可骄傲了。”

确实如此。如今，郎义强在介绍自己的直供牧场时，总是很自豪地告诉别人，他和雀巢合作了 20 年，送的奶“一次也没被雀巢退回来过”。

向规模化、标准化转型

从长期来看，畜牧业的赢利其实比更加依赖气候和短周期的农业稳定——相比咖啡这种在国际期货市场上进行交易的商品，因为鲜奶不易保存的种种特性，只要不出现恶性竞争和三聚氰胺这样的灾难性事件，它的价格会一直保持一个相对合理和平稳的波动。

“牛奶的定价虽然相对稳定，但我们也会根据市场需求和国际价格来做调整，”陆明说，“我们是要对奶农负责，但是他们也应该不断增强竞争力。”

为此，雀巢在双城也采取了和普洱一样的透明市场原则，他们会随时告知奶农们牛奶市场价格的波动。“他们一看价格，自己也会算一下经济账，要想有竞争力，必须提高管理水平和牛奶质量，”张振东说，“我们也会提建议，比如教奶农自己做粗饲料和青储饲料，这样就能把成本降下来。”雀巢还建议农户种植饲草饲料喂牛后，用牛粪肥田。这样做，不但能省掉一些化肥费用，对土壤和环境也有好处——这些提议和政府近年来对奶牛养殖的指导政策是一致的。

雀巢在三个奶区都推出了很多类似“百万饲料福利计划”“示范养殖场牛奶生产商培训计划”和“牛奶设施清洁计划”这样的项

目，还向奶农免费提供了毛巾、刷子、清洁剂等必需品，主要的目的就是帮助他们改进奶牛饲养的管理、卫生和喂养条件。

因为信息透明，奶农努力提高养殖技术、改良奶牛品种和降低管理成本，雀巢在双城花了十几年建立的这条牛奶供应链，曾是既能满足消费者对安全的需求，又极具价格竞争力的。

在2006年前后，按照市场规律和雀巢的引导，双城的奶农就已经开始自发地调整散户的经营模式，逐渐开始向小规模的家庭牧场转型。

“三聚氰胺事件”之后，政府大力推广规模化养殖，这从客观上加快了雀巢转型的步伐。到2016年，包括双城地区在内的雀巢三个奶区都完成了直供牧场的转型——散户经营模式已经不复存在，昔日为方便散户收奶建立的几十个奶站也完成了自己的历史使命。

郎义强是一位特别典型的双城奶户：他从1992年开始养牛，一开始是向人借了3800元买了自己的第一头牛，给双城原有的“小乳品厂”供奶。1994年，郎义强开始把鲜奶交给雀巢双城工厂。通过和雀巢十几年的合作，他已经成长为一个小型家庭直供牧场的所有者了。

郎义强的家庭财产从一头牛增加到三头牛，花了三年时间——他当然知道规模化的好处，如果品种好，产奶稳定，一头牛一年能让主人净赚近3000元。那时是20世纪90年代中期，如果一口气养上四五头牛，铁定能成为人人羡慕的“万元户”。但是，当时农村信贷极不发达，郎义强即使找人借钱也一时难以凑齐买牛款，只能靠自身发展这样缓慢的滚雪球方式来扩大养牛数量——双城大多数以家庭为单位的奶户基本都是这样发展起来的。

“现在在双城地区，几乎没有养5头以下奶牛的奶户了，大家基本上是 20 头以上。”陆明说。

随着养牛数量的增加，奶户的养殖知识也需要不断更新。

“举个例子来说，我们过去养牛都是传统的，比如给牛吃东西，无非是喂点豆饼，家里有什么就喂什么，从来不知道什么是饲料配比，”郎义强说，“雀巢来了以后，我们才开始给牛喂饲料，做青储饲料。”这些技术还都在随着时间的推移不断变化。到了现在，奶户们已经开始给奶牛喂科学配比的全混合日粮了：把粗饲料、精饲料、矿物质、水等混合在一起，口感极好，让奶牛一次吃完就不需要再补充其他营养，“就跟让小孩喝婴幼儿配方奶粉似的”。

“我们要学的东西太多了，这十几年来，雀巢的培训也没断过。”

等到郎义强的牛增加到一定数量时，他很快发现，规模化是把双刃剑：一方面，谁都知道养的牛越多越好；但另一方面，越来越多的牛挤在一起，疾病的发病率高了，如果管理技术跟不上，一旦一头牛生病并且传染给其他牛，奶户的损失就会极大。在 20 世纪 90 年代初期乃至中期，他们从未遇到过这类问题——当时奶牛的疾病发生率很低，原因是奶户们家中大多只养一两头牛，基本上是放牧，“山上什么吃的都有，牛四处溜达，可幸福了”。

从另一方面看，如果养牛太多，不增加挤奶和管理的机械化程度，只靠人工的话，以家庭为单位的生产方式又很难支撑这种规模。这十几年来，整个中国的趋势都是人工越来越贵，农村青壮年劳动力流失又很严重，“现在你想在双城雇一个帮工养牛，每个月给 3000 元以上都雇不来合适的人”，过度规模化带来的管理成本是普通奶户无法负担的。

“奶户一家人加上一些机械化设备，只要牧场设计合理，管理水平能跟上，再雇一两个帮手，就能照顾好200头牛，产出的牛奶的质量也有保证。”陆明说，“在欧洲，尤其在瑞士，大家都是这样做的。”家庭经营是瑞士农场的典型特征，在雀巢的经验里，这样的牧场一般每天能产出1.6吨左右的牛奶。

“一个牧场里不可能所有的牛都能产奶，出奶牛在100头左右，加上小牛犊和干奶牛（处于停奶期的奶牛），一共是200头左右”——从目前双城的客观情况看，对以家庭为单位的奶户来说，这是一个效益最好、性价比最理想的转型模式。

从2006年开始，雀巢就开始逐步鼓励奶户们成立直供牧场，但他们的原则是尊重奶户的意愿和市场自然发展规律，并且也要辅助以科学养殖和管理的培训和指导。

想成立直供牧场的奶户们首先要在硬件指标上达标。

“要成立这样一个牧场，你一天的总产奶量得达到1000公斤以上（这就意味着农户至少得有七八十头牛），牧场的占地面积要在3000平方米以上，还得有储存鲜奶用的制冷罐。”张振东说。

郎义强完全符合雀巢给出的硬指标，他有90头牛，并已在2014年转型为直供牧场。

“我为什么想办这个牧场？就拿牛的活动空间来说吧，原来这些牛就养在我自己院子里的两个圈里。牛没有溜达的空间，挤在一起会很容易生病。”为此，他买下了一块3000平方米左右的地来建自己的牧场，并且重新设计了牛棚。

“奶户家原来那种老式拴系的牛棚，牛少了一拴没问题，但牛多了，就要设计新牛棚，那和以前完全是两个概念。”张振东说，新式的牛棚会有四条通道，方便奶牛行走、休息，还有饮水区，对排水、通风、温度和湿度控制的要求都很高——雀巢在这些方面都极富经验，会为奶户提供设计指导。

和在普洱鼓励咖农通过4C认证一样，雀巢对这些想成为直供牧场的奶户给予了相应的培训和鼓励。“我们在2014年大约拿出了1000万元的项目资金，能支持60~70家奶户转型，”张振东说，“如果奶户真想变成一个直供的家庭牧场，而且也在资金和知识上准备好了，我们会免费提供一个制冷罐鼓励他。如果奶户说要建一个大一点的牛棚，请我们给参谋设计一下，甚至提供点什么材料，我们也会尽量帮忙。”

雀巢还会顺带帮忙提供一些金融服务，它和哈尔滨银行以及招商银行的合作是关于为够资质的奶户们贷款购买小牛的——规模发展需要资金支持，像郎义强的家庭牧场早期那种靠自然积累慢慢成长的速度，对现今要做直供牧场的有经验的奶农来说，可能有点太慢了。

最重要的是，和在普洱用提高收购价鼓励咖农参与4C认证一样，在以质量过关的前提下，雀巢给了转型为直供家庭农场的奶户们一个相对优惠的收奶价格。从2013年开始，郎义强卖给雀巢的鲜奶就“每公斤多卖了5角钱”。

“这个优惠价也会浮动，因为我们是以质量论价，而且对直供牧场质量的要求更高，但这个价格其实就等于鼓励大家转型为直供牧场。”张振东说。

建一所“活蹦乱跳”的奶牛学校

从某种程度上看，身为“80后”的夏云柏应该是汉斯喜欢和寄予厚望的那类农户。

“雀巢一直想吸引和鼓励农户的后代，让这些年轻人能够继续从事农业活动，”汉斯说，“管理上百头奶牛和管理 5 头牛截然不同，前者需要资金、知识和管理技术。要获得这一切，就需要年轻人去学习。”

夏云柏就是汉斯口中的“年轻人”。他的父母也是从家里只有一头牛的时候起，就在和雀巢合作。子承父业的夏云柏脑筋活络，很有行动力。夏家养了 40 头牛，这个规模在目前看起来无法达到效益最大化，于是他与村里另外两家规模近似的奶户合计了一下，共同投资 50 万元，买下了 3000 平方米地，成立了一个联合牧场——三家一共 150 头牛，每天出产质量稳定的鲜奶 1.5 吨。这种联合类似一种私人约定的股份制公司，“我们自己看住秤，等卖完奶雀巢开支了，各自分账”。

夏云柏为这件事在 2014 年春天去找了自己的奶区主管商量。

“我们觉得这个想法很不错，就支持了他一个制冷罐，然后还帮他设计了牛棚。”张振东说。

但是转型直供牧场需要夏云柏和他的邻居们，还有其他转型的奶户们不断地学习。比如说，和之前直接用奶桶装了鲜奶送去奶站不同，直供牧场的一个重要转变是都配备了制冷罐。奶户们首先就要学习如何规范地清洗制冷罐，防止细菌和微生物滋生。然后，雀巢在一定时间段内会派车来拉走制冷罐中的鲜奶，这就要靠泵和管道连接，把奶从制冷罐中泵入槽车，在这个过程中，管道和泵的连接、操作和清洗也需要奶户们从头学起。

夏云柏还得学会和自己的合伙人在生意中和睦相处——尽管他们三家人平时感情很好，但是这种友情在商业合作中（尤其面临风险时）是否还能继续保持下去？

“好就好在我们三家彼此知根知底，养牛的想法也差不多，”夏云柏说，“这也是为什么我们只有三家一起搞这个牧场，如果再多几家参与进来，人多嘴杂，这事儿就不好说了。”

爱学习的农户

和普洱的张奎、刀斌、焉文勇一样，在和雀巢长期密切合作的农户身上，往往都带有一种既自信又慎重的气质，这两种品质其实并不矛盾：一方面，凭借对雀巢的信任和以往的经验，他们对新鲜事物持开放态度；另一方面，他们十分谨慎，会权衡再三做出真正有利于自己的选择——在不断学习新知识后，他们对自己能力边界的变化有着明确的认识。

夏云柏和郎义强都是如此。

“我们一家两个人再雇上两三个人，就能把100头牛管理得非常到位，一头牛每天的产奶量如果能达到40斤，（这个牧场）就能有效益。”郎义强说，他养了22年牛，就他的经验来看，他现在养的90头牛，“管理好了，能让我一年挣30万左右”。

“要是牛太多就不行了，我怕管不过来失控。”

夏云柏同意他的看法：“我们这种联合也一样，三家两家意见能统一，管理好一点儿就能挣钱，如果十家八家联合起来，搞不好还会闹矛盾。”

但他们对未来的态度都是非常开放的：“这些年，我们都是像滚雪球一样在发展，只有挣了钱有了效益，能力够了，才能往前走。你看，我今年养90头牛，可能来年就是100多头了——这都得一点点发展着看。”

农户的态度往往是一面镜子，能反映出雀巢的某些特质。尽管始终对新技术保持开放的心态，但雀巢对农业的总体态度是审慎的——人类必须时刻保持对自然的敬畏，让农业生产成为一种长期、可持续的活动，而不是一上来就忙着大干快上，在短期内追求效益最大化。

这个观点，普洱的农艺师们也曾一再提到过。一棵精心管理的咖啡树可以在30年内保持产量稳定，但这就要求农户和雀巢都有保持可持续发展的心态。“如果你一开始就不断施肥或者不种荫蔽树（加强阳光的照射），让咖啡树拼命开花结果，起初收成确实会很好，但这样管理的咖啡树很容易在十年后就衰退了，”雀巢的农艺师们都会这样劝告农户，“这样一来，十年后你又要重新种，而新咖啡树至少要等两到三年才能有收获，说不定那几年咖啡价格会很高，那你就亏多了。”

因此，雀巢人在公开场合表达对奶业发展趋势的看法时，他们也是谨慎的。“关于未来农场规模的问题，从目前的形势看，我们认为400~1000头的数量是比较理想的，”陆明说，“但是，奶业在不断的转型升级和变化当中，所以未来到底是万头牛规模的牧场还是千头牛规模的牧场比较合适，还是一个未知数。我们唯一确定的是20头牛这样小型散养的模式会慢慢被替代。”

陆明是在2014年10月15日的雀巢奶牛养殖培训中心（Dairy Farming Institute, DFI）正式落成典礼上说出这番话的——雀巢在距离双城市区10公里的幸福满族乡久援村投资建立了一个占地60万平方米的“奶牛学校”。这个庞大的建筑群包括一个培训中心和三个不同规模的奶牛养殖场：一个是小型牧场，养殖规模为 200~400 头牛，可以为小奶户向专业管理的奶牛养殖过渡提供实践指导；一个是拥有 600~1200 头牛的中型牧场，以及一个拥有 3600 头牛的大型牧场（规划中）。

位于双城的雀巢奶牛养殖培训中心

就在雀巢的负责人对各方来宾致欢迎辞的时候，这个培训中心的中型牧场中已经有几百头来自澳大利亚的进口奶牛在悠闲地溜达了。按奶农们的说法，这些奶牛出奶量能达到平均每天 28 公斤，远高于目前双城奶户饲养的奶牛的平均出奶量。

而雀巢官方的数据表明，到 2016 年，奶牛养殖培训中心有 1500 头牛，其中成乳牛 750 头牛，2015 年成乳牛年平均单产达到 9.7 吨（头产牛）。这样的产量在黑龙江也处于领先水平，而且雀巢对牧场管理的关键在于注重经济效益管理，奶牛产奶量虽高，但饲料成本也控制在 1.9 元 / 公斤奶。

数据不会说谎，从雀巢的养殖成绩单来看，无论繁育、饲养，还是日常管理等项目，这个养殖培训中心的课程都很“有料”——郎义强曾经说过，如果自己的管理技术能让牛每天的出奶量保持在 40 斤左右就很有赚头了。

为了提供实用而且高质量的培训，雀巢贡献了自己在欧洲等市场上积累的畜牧业经验，并且为“奶牛学校”找来不少经验丰富的老师和合作者，其中包括东石北美牧场科技公司、亚达－艾格威公司、礼来制药公司、福斯特公司、国际牧场联盟、蓝德雷公司等，还包括美国威斯康星大学和东北农业大学——这个名单还在不断地丰富中。

2014 年，雀巢奶牛养殖培训中心总经理鄂华德说，培训中心计划每年培训 700 多名学员。培训课程分为四个级别，包括牧场技术管理、奶牛健康、奶牛饲养管理、奶牛繁育和配种管理、挤奶和牛奶质量管理等牧场所需的知识。这些课既针对奶农，也适用于所有奶业从业人员，例如奶业专业人员、农场经理以及前沿学术层面的研究人员。

这些培训都是收费的：有些短期培训是 3~4 天，有些培训则可能长达几周，费用在几千到数万不等。由美国威斯康星大学教授亲自执教的牧场高端管理人才储备班，招收的学员全部来自畜牧专业的高校学生，考虑到学生的经济状况，雀巢奶牛养殖培训中心联合行业知名企业，以奖学金赞助的方式，为学员提供了比成本价格还低得多的优惠，让更多的学生有机会学到全球最新的畜牧知识。同时，考虑到目前的市场经济状况，雀巢对奶农的学费价格也给予了 50% 的优惠。

2015 年 2 月 2 日，雀巢在培训中心举办了首次初级挤奶课程，课程表中包括机械挤奶的原则和卫生、奶牛行为以及如何对待奶牛、检测并评定临床和亚临床性乳房炎、集乳罐里的牛奶质量、检测挤奶厅的工作效率、如何确保牛奶的安全性等项目。美国威斯康星大学、基伊埃集团（GEA Group，主要为食品冷冻提供成套设备）、硕腾、礼来和勃林格殷格翰公司（兽药及动物疫苗）都派出专家参加了这次授课。

威斯康星大学教授在双城雀巢奶牛养殖培训中心讲授奶牛行为课程

这次课程的招生是面向全社会的，学员来自内蒙古呼伦贝尔、黑龙江双城、九三管局（黑龙江省农垦九三管理局）、山东青岛、北京、河南等地的牧场，一共有30多人。

如同雀巢在普洱建立的示范农场一样，这个培训中心教授的理论、实验室操作、数据分析和牧场实践是结合在一起的——牧场上1000多头奶牛都活蹦乱跳地在等着学员们去实践呢。

学员在双城雀巢奶牛养殖培训中心学习挤奶课程

知识与价值的共享

雀巢到底为什么要建立一所面向全国奶业从业人员的培训中心？

道理很简单。首先是因为中国市场对于乳制品有巨大的需求，统计数据显示，2014 年，中国的原奶总需求预计达到 4900 万吨，新增需求约 300 万吨。这一需求量随着中国人对健康饮食的重视只会越来越大，到 2020 年将达到 6000 万吨。如此巨大的原奶需求量，靠农户散养奶牛这一模式难以管控和供应，完全依赖进口也有风险，又涉及质量和安全的问题，因此只能通过发展规模化、集约化的养殖业来解决问题。

有数据显示，2008 年以前，全国万头牧场不到 5 个；截至 2014 年年底，全国进入运营的万头牧场已有 50 多个（包括在建的），除了现代牧业之外，几乎所有的国内乳业龙头企业都已经或者正在建设万头牛的大型牧场。各种产业资本和金融资本也在纷纷涌入奶牛养殖业和牛奶加工业。

按照正常节奏，雀巢原本打算依靠市场规律和自身的需求来推动奶农从散户到小型直供牧场，再到中、大型牧场的转型。因为2008年的“三聚氰胺事件”扰乱了市场的正常发展，政府因此对牛奶作为原料的管控逐渐向着集中化、规模化和标准化的方向调整，雀巢意识到这一转型的节奏必须加快了。

但在这一“集约化”和“规模化”的转型浪潮中，外界对于各地是否需要一拥而上建立千头或者万头大型牧场也一直是颇有争议的。虽然集中管理有很多优势，但规模化养殖一旦达到一定程度，环境与防疫的负担会越来越重，比如说，万头牧场产生的粪便、污水究竟如何处理？一旦牛群中出现传染病，控制不当，风险将如何控制？因此有不少人认为，规模化养殖需要因地制宜，结合当地的实际情况——全部建成千头或者万头牧场也是不现实的。

而且，当这一行业在快速走向集约化规模化的过程中，真正具有现代化牧场管理经验的人到底从哪里来？这一点，不但会成为抑制国内乳制品企业和养殖业发展的瓶颈，也可能会造成更多的混乱。

因此，在中国当下这股席卷奶业的变革浪潮中，对于雀巢来说，唯一能确定并且有把握能做到的事情，就是为奶业从业者们，想继续发展的农户，夏云柏、郎义强这样的家庭农场主和整个乳制品市场各个企业中的相关人员提供有关培训。

从150年的历史来看，雀巢在产品和供应链方面的成功都应该归功于自身强大的研发与知识共享体系。作为全球最大的食品企业，它有实力做好这件事。这一做法当然需要雀巢做出很大的前期投入，但在这个举动的背后，仍旧是市场规律在起着决定性作用。

首先，这类培训是面向市场需求，而且是收费的——尽管收费只是为了抵消部分培训成本，而不是为了赢利。

在云南，邬特就曾经表现出了对农户心理的洞察能力。在2005年上任后，邬特改变了雀巢过去主动向农民提供咖啡种植培训的方式，取而代之的是举办培训需要政府或组织者提前向雀巢提出申请，并且由他们自己拟定培训主题。

“根据我在非洲的经验，农户们对别人主动送上门的培训完全没兴趣。”邬特说。

这一特点不光出现在农业这行，人性其实是相通的：人们通常都不大珍惜免费得到的培训机会——只有当人们自发产生了真正的需求时，他们才有学习的动力。

因此，在“奶牛学校”这个项目上，雀巢的态度和邬特是一样的：他们相信这个市场对培训有需求，并且只有通过教师和全国各地学员的不断交流，才能做出良好的课程设置和更吸引人的培训——而只要人们知道有这样一个地方能够分享高质量的专业知识，他们就能学会自发地去获取。

事实证明，奶牛养殖培训中心的课很受欢迎。截至2016年年底，就像之前举办挤奶课一样，中心已经通过这样的课程培训2588人次，生源来自全中国的奶业从业人员。

其次，通过奶牛养殖培训中心为奶户提供培训的做法，非常符合雀巢应对市场变动时强调的长期投入战略。

“三聚氰胺事件”是一桩典型的在市场高速发展时，由于缺乏相应监管、诚信、相关知识及信息不对称所造成的恶性事件——它重创了消费者的信心，也极大地伤害了整个市场生态。

在这种极端的状况下，过去那些适用于健康、正常的自由市场经济的生意经都不再起作用了。无论对雀巢还是其他乳制品企业来说，在中国市场，只有尽力推动整个行业开始不断学习和改善，重新进入健康发展的轨道，才能确保类似事件不再发生，它们的生意才能再次进入良性循环。

雀巢奶牛养殖培训中心就承担了这样一个任务，这一任务早就被雀巢明文写进了自己关于“增值”的领导概念里：“承诺持续学习和进步，与他人自由分享知识和思想。”

“雀巢这个企业的最大特点就是需要大家一直跟上形势，不停地学习，”张振东说，“我这个部门的人过去的主要职责是管理奶站，现在雀巢的奶区已经逐渐转型为直供牧场或者中型牧场服务，我们也得学习，要学会指导奶农怎么设计牛棚，怎么清洗制冷罐……你自己什么都不会，老百姓怎么信你？”

双城的奶农中学习气氛也很浓。夏云柏和郎义强都说：“等牧场的活不那么忙的时候，要去听听（培训中心的）课，反正离得很近，课程也不是很贵。”

这些知识，雀巢不是已经给奶户们培训过了吗？

“但是这些人都是外国来的老师呀，”夏云柏说，“肯定有新东西可学。”

在雀巢，有三大领域能显示出它关于创造共享价值的价值观：营养、水、农业社区发展。营养健康和水直接与其食品企业的主业相关。而在农业这一块，雀巢认为，促进农业社区发展也是创造共享价值的核心之一，这样做不但可以帮助供应链末端的农民获取更多利益，还能创造出一条透明、安全的供应链，也能为自己的产品带来价值。

无论是在云南的咖啡种植，还是黑龙江双城的奶区管理，雀巢所做的工作都符合迈克尔·波特所提倡的“创造共享价值”原则。

共享价值并不是让相关方来“分享”企业已经创造的价值，而是希望大家一起做大企业、经济和社会价值的蛋糕。比如，在农业社区发展这个领域，过去通行的做法是，为了增加供应链底端贫困农民的收入，企业会本着帮扶的态度，按更高价格向他们收购农产品，或是提供各种生活上的援助——但这主要是一种重新分配财富的方式，不会增加总价值。

按照迈克尔·波特的理论，如果企业能设法改进农民的种植方法，与当地供应商和其他机构建立产业集群，提升农民的效率、收成、产品质量和可持续发展能力，那就能使供应链条上的每个成员都持续获益。

雀巢在它的管理与领导原则中的说法与经济学家柯纳·伍德曼的研究结果、迈克尔·波特的观点如出一辙，早在多年前，雀巢的管理人员就在总原则中总结说：“雀巢意识到与其长期目标一致的社会责任。”

“在雀巢，我们做事的方式和慈善机构不同，后者把常规的经营活动和公司的价值链割裂开来，有点像‘到年底了，我们来写一张支票，让良心好过些吧’，”保罗·薄凯在一次访谈中说，“而雀巢本身，或者说我们的一部分，就是社会问题的解决方案。”

这就是雀巢在农业社区和自己长达150年的经营活动中创造的价值。

| 第五章 |

和你在一起

关于现代组织的维系与管理，管理学大师彼得·德鲁克有过一个广为人知的论点：传统组织是建立在权威之上，而现代的信息化组织是建立在责任感的基础之上。

他认为，只有当组织中的每个员工、每个部门都能明确，并且承担起相应责任的时候，该组织才能正常运转。

确实，由于信息透明和接收信息渠道的多样化，在现代社会，管理者几乎不太可能依靠一个自上而下的权威、一套单纯的奖惩制度或仅仅是设定精细而严格的财务目标来维持一个公司长时间、稳定的运营了。

德鲁克认为，“现代的信息化组织能够容许高度灵活性和多元化的存在”，这就使得它能够应对更为复杂和广阔的市场，并进入竞争极为激烈的领域。但要充分获得“灵活”“多元化”等特点带来的优势，就离不开组织中每个人彼此的理解、尊重和经过长时间沟通形成的共同价值观——在现代组织中，最后这点对发挥其长处尤其重要。

因此，雀巢选中用以概括价值观的“创造共享价值”这一观念，绝非仅仅与自己的供应链、经营管理或生意经相关，在雀巢人的日常生活与工作中，它还会一再出现在更为丰富的场景中，并且包含着更为广阔的意义。

企业，或者说现代组织，在社会中至少拥有三重身份：经济组织、人力组织以及对他人影响越来越大、日趋重要的社会组织。单独偏重这三种身份中的任何一种，对企业的发展来说都是不完善的。因此，好的企业必须在这三重身份中求得一个平衡，能够兼顾股东、顾客、员工、供应商以及工厂所在城市社区（即所谓“利益相关者”）的利益。

只有不急匆匆地、短视地将利益相关者的短期利益最大化，而是将自己创造价值的能力最大化，企业才能使短期业绩和长期利益协调并存，才能将所有“利益相关者”的期望统一在一起——为此，雀巢采纳了“创造共享价值”这一概念和有关的方法论。在具体业务和日常运营中，它秉承的原则是明晰的：“创造价值”意味着通过不断的创新增加利益、财富与自我实现，“共享”则意味着平等的交流、沟通和多赢。

通过多年来对“创造共享价值”更为广泛的理解和运用，雀巢得以在变幻莫测的社会大环境中平稳运营了150年——这也是它未来还将继续存在，并不断挖掘自己的潜力，应对更为激烈、复杂的挑战的真正基础。

陪伴“社区邻居”

2016年5月10日，有40多位雀巢及合资公司的员工来到四川郫县唐昌镇竹瓦小学，参加竹瓦小学一年一度的“艺术节”。这些员工来自雀巢各地的分支机构和合资公司，大多是公司每年选出的优秀员工。

雀巢员工教竹瓦小学学生画画

雀巢员工教竹瓦小学学生地理知识

每年在“六一”前夕到竹瓦小学和孩子们聚会已经成了雀巢人的惯例，这一习惯自从2008年汶川大地震之后就一直保持了下来，而竹瓦小学的艺术节到2016年已经是第七届了。不光是竹瓦小学的孩子们，甚至大人们（老师、学生家长和雀巢员工）也都对这一天满怀喜悦、兴奋和期待。

这个聚会每年的主题和内容都会随着外部环境和师生们需求的变化进行微调。

2016 年，雀巢和竹瓦小学聚会的主题是“乐学健康，共享成长”，雀巢特意请来了食品安全方面的专家和北京育才学校的老师，前者给竹瓦小学的孩子、老师与家长们上了示范性的营养健康课——这是雀巢儿童营养健康教育项目中的一个重要环节，后者则通过给孩子们讲课，和竹瓦小学的老师们进行了教学上的切磋与交流。

而在 2014 年 5 月 8 日举办的第五届艺术节里，雀巢员工和老师合作，一起为各个班级的小朋友们上了两节课。

雀巢员工来之前都精心备了课，其中很多人选择的授课内容和礼物都跟自己生活和工作的地方有关。例如，来自雀巢山东潍坊分公司的员工带去的就是潍坊著名的特产——风筝。他们授课班级的每个小朋友都得到了一只五彩缤纷的风筝。这堂课是以员工们讲解民俗和大家一起画画开始，以孩子们兴高采烈地在操场上把风筝放上天结束的。

在每一届艺术节上，竹瓦小学的孩子们都会很自豪地为观众（除了雀巢员工，还有孩子们的家长和镇上的居民）表演泥塑、舞蹈、器乐演奏等特长，学校还会腾出一些教室专门摆放学生们在日常艺术课上创作的作品，相当于办了一个个小展览。

按照校长杨开的介绍，在这些年里，竹瓦小学已经成长为郫县极富特色的学校。在教学上，他们做得最特别的一件事就是在每周四周五下午统一开设艺术课，“我们全校有书法、美术、泥塑、音乐、舞蹈、英语、阅读、足球、排球、乒乓球等差不多 20 个社团，孩子们可以打破班级的限制，自由地在这两个下午选择自己感兴趣的社团活动”。

因此，一年一度的艺术节其实无须老师和学生刻意准备，只是一个集中展示社团活动成果的日子。学校会为此放假半天，除演出和展览外，孩子们都在急切地盼望着最后压轴的游园会——尽管玩的都是非常普通的游戏，比如吹蜡烛、瞎子摸象等，但无论输赢，每个人都有机会获得很多奖励，大家因此情绪十分高涨。

来访的雀巢员工都会被这久违的小学校园场景唤起回忆，在与孩子们玩耍时，他们会愉快地和同事、老师分享自己或自家孩子的童年趣事。每次来竹瓦小学的雀巢人一般都互不相识，他们平常大多分散在雀巢的各个区域、分公司、合资企业或工厂里——竹瓦小学之行往往也会成为成年人交上“新朋友”的奇妙旅程。

无论是学校的孩子还是雀巢的员工们，说起每年竹瓦小学的艺术节和游园会都是一副乐在其中的样子。

快乐的竹瓦小学

竹瓦小学和雀巢的缘分始于 2008 年 5 月 12 日发生的汶川大地震。

地震发生之后，全国很多省市都在四川开展了对口支援重灾县市的重建工作，这些援建工作持续了 3 年。很多企业也根据自己的实际情况，用各种方式为受灾地区的学校和居民提供援助。

竹瓦小学所在的郫县被划入“一般灾区”，虽然没有遭受太大的人员伤亡，但当地的很多建筑物，尤其是学校校舍都有不同程度的损毁。

“雀巢决定帮助竹瓦小学重建教学楼的原因很简单，因为它是位于郫县最西边的一所学校，离当时的极重灾区都江堰地区只有

1 公里，所以建筑受损的程度比较严重，”当时负责援建相关工作的雀巢华西区集团事务经理韩飞解释说，“另外，竹瓦小学当时是一个单设的农村小学（只有小学，没有初中），学生只有 600 人左右，规模中等，与周边那些九年制学校或者城镇小学相比不太起眼。因此，我们认为它可能更需要帮助。”

雀巢在 2008 年 6 月与竹瓦小学取得了联系，从 10 月开始着手重建损毁严重的教学楼——学生和老师当时都在操场上临时搭建的板房中坚持学习。雀巢的动作非常迅速，使得竹瓦小学成了当时郫县灾后重建的首批学校之一。“为了保证教学楼的质量，雀巢还聘请了第三方的施工监理。”杨校长说。到 2009 年 3 月，这栋结实无比、后来被全校师生简称为“雀巢楼”的教学楼就建成了。

“但是，雀巢和竹瓦小学的关系并没有因为项目结束而结束，恰恰相反，一切才刚刚开始。”

2009 年的圣诞和新年，竹瓦小学的孩子们亲手制作了贺卡，还写了很多信给雀巢的员工，员工们纷纷写了回信。在整个教学楼的修建过程中，雀巢华西区的很多员工，尤其是韩飞和他的同事们，经常有事没事就跑到竹瓦小学来看一眼，问问学校的老师和孩子们需要什么帮助。

“这个时候，雀巢和当地教育局、竹瓦小学的老师们就都开始想，能不能把这件事继续做下去，”韩飞说，“雀巢一向愿意做长期项目，深信这样做下去会给彼此都带来改变。”

这就是后面一系列雀巢支持激励项目的缘起。比如，在学校里设立一年一度的“雀巢三好奖学金”及“雀巢激励奖”项目、增加教学现代化设施、修建净水系统、设立图书馆和营养健康室等。雀巢把竹瓦小学确定为长期对口扶持单位后，每年会组织各地优秀员工亲身参与相关活动——这样一来，它就把公益活动与员工激励也结合了起来。

竹瓦小学获得奖学金的孩子们

“一开始是雀巢中国的同事们会定期来访，”韩飞说，“从 2013 年开始，整个‘大雀巢’，也就是合资企业的同事也来了。”

到 2016 年，竹瓦小学已经从一所普通的农村小学跻身“郫县教育工作综合评估一等学校”的行列。按照杨校长的说法，早在 2014 年，竹瓦小学的教学质量就已经基本上进入了全县 29 所小学（包括单设小学和九年制学校）前三分之一的行列，像美术、语文这样的科目更是排在全县前三名。

仅仅是通过硬件和资金支持，就能让一个学校发生这样大的变化吗？

答案是否定的。

“雀巢不仅给学校配备电脑、修净水系统、捐赠图书馆或者发奖学金，它做的这些实事当然对我们帮助很大，”宋华老师说，“但最重要的是，雀巢员工不间断地来访和交流，把这里（竹瓦小学）的气氛带活了，孩子们和老师的心气儿都不一样了。老师们想要提高业务水平，很多孩子都想在小升初时考上更好的学校。”

说这话时，宋华老师正在竹瓦小学教授六年级孩子的语文，她的女儿2013年刚刚从竹瓦小学毕业，考入了郫县实验学校——据说它有整个郫县最好的初中部。

“一般人可能会认为农村小学的气氛有点儿封闭，在雀巢来之前，也确实是这样的。但是在这些年里，我们不断和外界交流互动，孩子们，包括我们这些老师都有了一种积极向上、非常开放的心态，这是被人关爱和互相尊重带来的，这种感觉真的是非常可贵。”宋华老师说。

正如宋华老师说的那样，雀巢员工和竹瓦小学的持续交流，仿佛为孩子们“打开了一扇窗”，外界的信息与关注源源不断地涌入，孩子们已学会并且习惯了应对新鲜事物与随之而来的压力。雀巢还为老师们提供了业务交流渠道：早在2016年北京育才学校的老师来访之前，雀巢就安排竹瓦小学的老师们去北京观摹过北京育才学校的授课了。

“对孩子们来说，这种交流和分享除了让他们感受到外界的关爱，最重要的一点就是增长见识，”宋老师说，“只有眼界开阔才能增加自信。”

最明显的变化体现在待人接物的态度上：对待外来者（不仅仅是来访的雀巢员工），孩子们的态度是开朗、从容、有礼貌的，他们会热情地跟别人打招呼，还会主动询问对方是否需要帮助。几乎每个孩子在回答陌生人的提问时，都落落大方，措辞也非常有条理——这种自信、开放的态度经常使得初次来访的人们感到十分惊讶。

“这个学校的小朋友和老师的态度都很开放，老师们上课的时候给人的感觉很专业，跟我想象中的农村小学完全不一样。”一位 2014 年来竹瓦小学参加艺术节的雀巢员工说。

当员工们来到校园里与这里的师生接触时，就会真正意识到，雀巢在汶川大地震之后做了什么——这些他们曾经在公司内部参与的捐赠与援建，还有雀巢和竹瓦小学精心保持下来的交流与分享，到底给孩子和老师带来了什么样的支持和改变。

“我到了这里，看到这些孩子的状态，就明白雀巢这些年来坚持在做的这件事确实是有意义的，”一位来自四川豪吉的员工说，“我自己也有小孩，我能看得出来，竹瓦的孩子们在这个环境里真的很快乐，也很自信。”

在他们看来，这确实是雀巢提倡的“创造共享价值”的一部分。

“每一年，雀巢员工都会来竹瓦小学两次，一次是上半年，参加我们的艺术节，然后就是 7 月的时候，在学期结束前来颁发雀巢的‘三好奖’和‘激励奖’，”杨校长说，“这两次来访对孩子们来说就像过节一样，大家都很盼望，因为到时候会有很多好玩的事情。”

三好学生的评选要遵循教育局的规定，竹瓦小学有六个年级，每年级只能产生一名三好学生，因此一年只有 6 个人能获得雀巢“三好奖”和奖金。但是雀巢还设置了一个“激励奖”，在孩子们眼中，“激励奖”是“一个大礼包”——里面有很多令人兴奋的奖品，比如书籍、学习用品等，他们会很骄傲地拿回家和父母、邻居分享。雀巢和老师们把“激励奖”名额设置为100人（截至2016年，竹瓦小学有400多名学生），这就等于全校有近四分之一的孩子只要凭借努力取得进步，就能得到奖励。

“‘三好奖’是奖励成绩好的学生，‘激励奖’是奖励那些有进步的孩子。不一定成绩要多好，只要你这一年的进步得到了同学和老师的认可，你就能获得‘激励奖’，”杨校长说，“这是雀巢的理念里最好的地方，它不是只关注成绩好的学生，而是更愿意鼓励大多数人，希望孩子们都能从日常的学习、生活中获得乐趣。”

正在上小学五年级的蓝多旎数了一下，截至2014年，自己已经得过4次雀巢“激励奖”了。“刚开始的时候，我的成绩不好，成绩好一点了，就得到了‘激励奖’，”她说，“后面每次（得奖）都是因为比以前进步一些。我周围的同学也是这样的，不一定是考得好，只要你表现得比之前好一点就可以得奖。”

就在2014年的艺术节上，蓝多旎表演了古筝节目，这是她自己选择的社团项目。

“我才学了两个月，”她大方地说，“这次（弹得）还可以，下次应该可以更好一点。”

凡是雀巢员工来竹瓦小学参加活动，孩子们都会给他们佩戴红领巾，并且在胸前别上一个小小的身份标识牌——上面写着“竹瓦小学辅导员”。员工中的很多人都会和自己在活动中熟悉起来的班级、老师们保持联系，有些雀巢华西区的员工还会在空闲时带着自己的孩子来竹瓦小学玩。

竹瓦小学英文教学的成绩没有其他科目那么突出，如果老师们提出请求，雀巢的外籍员工就会想办法抽时间到学校和老师、孩子们做交流。

“平时，辅导员们也和我们一直都有联系，我们会通电话也会通过网络联络，”宋老师说，“他们会告诉我们，成都的孩子在读什么书，在玩些什么、做些什么。”

就这样，竹瓦小学和雀巢员工之间逐渐形成了一种稳定、充满信赖和关爱的关系。

所有去过竹瓦小学的雀巢员工对如何维系这种关系的看法都是一致的。

“雀巢是食品企业，我们日常的工作其实是一个一个地卖冰激凌，一杯一杯地卖咖啡，这都是一两块钱的事情，不像高科技企业那样，动辄一个几千万的大单，”韩飞说，“但食品是每个人每天都要吃的，所以雀巢人养成的思维习惯就是靠一点一滴的积累做好一件事，大家都比较有耐心，也都很踏实。”

无独有偶，雀巢研发中心总经理连慧萍也说过，食品研究并不是“上火星这种高科技”，食品是花小钱就能让人高兴的事情。

“卖美味食品的人应该都是比较快乐的，所以雀巢倡导快乐和健康的生活，”雀巢集团事务西北区经理滕红说，“我们能做的就是陪伴孩子们，和他们分享这种快乐。”

“不管这些孩子将来走上社会，面对什么样的竞争环境，我们就做好眼前这件很简单的事情就行了，”一位来自苏州惠氏营养品工厂的员工说，“那就是让他们在小学这段时间里快乐、自信地成长。”

“在这些年里，无论为学校办任何事，事无巨细，雀巢员工都表现得非常专业和认真负责，”杨校长说，“他们的做事方法和处世原则，也会让老师们在自己的岗位上受到感染和鼓舞。”

这种关系绝非单向，或者说仅仅是由雀巢来维持的。最终，老师们对工作产生的自豪感和责任感起到了决定性的作用——正是因为他们努力提高业务水平，不断进取，竹瓦小学才能从一所普通的农村小学，变成了“郫县教育工作综合评估一等学校”。

在这个项目中，竹瓦小学老师们的专业性与责任感获得了雀巢的尊重——竹瓦小学的师生和雀巢员工的互为激励显然构成了一种良性循环。

正如雀巢在150年的业务生涯中所总结出来的那样：长时间始终如一的陪伴、实干、对等地交流和分享，才是竹瓦小学项目获得成功的主要原因。

竹瓦小学是郫县唯一拥有中英文校歌的学校。在汶川地震救灾期间，正在雀巢中国人力资源部门工作的加拿大籍员工宓慨（Michael Pos）看到了有关地震救援的大量报道，深受感动，写下了英文歌曲《你的光》。

“我当时想到的是，每个人心中的光都是一种奉献的精神，是一种爱的表达。”宓慨说。这首歌写好之后，先是在雀巢公司内部传唱起来。最终，当竹瓦小学决定选择它作为英文校歌时，宓慨已经调到瑞士总部了。

“但我听到了孩子们唱歌的音频，觉得特别高兴，”宓慨说，“这显然也是一种价值共享。”

竹瓦小学也是全球雀巢健康儿童计划项目的示范学校之一，雀巢请来营养专家，为孩子们每月上健康课。这些课程会教授给孩子和家长合理饮食与健康营养的有关知识——从孩童时期起就养成一个好的生活习惯，会让一个人受益终生。杨校长说，他们开健康课的时候，是郫县的独一份儿。

“孩子和老师都逐渐变得越来越有进取心了，”杨校长说，“老师们会想要把业务做得更好，很多孩子都想要考出郫县，去上成都七中（这是成都最好的学校之一）。”

这种分享和陪伴，最终为身在其中的人带来了一种自豪和自信的态度——这会使得人们勇于探索外部世界，逐渐形成开放、善于学习、自由的心态。

这种情况不仅仅出现在雀巢员工的身上，它的“社区邻居”——竹瓦小学的孩子和老师们、各地的农户和各种供应链合作者，也都形成了这种心态，并且能够从中受益。

人人都来保护水资源

同样的态度：实干、尊重专业性、交流和分享，其实也贯穿于雀巢参与的“水资源教育”项目（Water Education for Teachers，WET）中。

水资源教育项目基金会是第一个全球性的推广水知识教育的NGO（非政府组织），该组织成立于1984年，总部设在美国，现在50多个国家和地区开展活动。该项目旨在通过水知识教育来提高大家，尤其是孩子们对水资源的认知，对水资源的珍视以及对水资源在人类生存环境中的领导地位的认识。到目前为止，WET已经和很多合作伙伴一起完成了几百个水知识教育计划。

1992年，雀巢水业务集团在北美和水资源教育项目基金会建立了合作关系，之后，它们的合作一点点延伸到了雀巢所在的全球各个市场。在这个过程中，雀巢一直在为项目开展和实施提供包括资金在内的各项援助。

“在水资源教育项目基金会目前有推广活动的 60 多个国家和地区里，大概有 30 多个国家和地区都是雀巢水业务集团的市场，”水资源教育项目基金会副总裁约翰·埃特根（John Etgen）说，“雀巢一直在自己力所能及的范围内不断帮助我们普及水的知识和教育。”

雀巢健康儿童全球计划走进竹瓦小学

中国疾病预防控制中心食品安全所学生营养专家
为竹瓦小学学生家长讲授营养知识

约翰·埃特根最认可雀巢的地方，不光是项目上的支持，还和“创造共享价值”有关——早在20世纪80年代末，雀巢的管理者们就已经认定，水资源将会越来越稀缺，除了将为人们生产营养丰富的优质饮用水定为发展战略，雀巢也决定为保护水源、节省工业、农业用水做出努力。因此，雀巢在遍布全球的工厂、农业社区和分公司中，都制定有自己的节水、节能和污水处理达标项目，这些节能项目与当地的经营和业务是密不可分的。

给约翰·埃特根留下深刻印象的一件事是，在约旦的雀巢将工厂用水处理后用于灌溉橄榄树，橄榄树成长结果压榨的橄榄油则会被回馈给当地社区——“这就形成了一种良性循环”。

雀巢在帮助它们将WET项目在中国落地时，其中最有趣的尝试是把雀巢上海饮用水有限公司的工厂变成了关于水知识的教育基地。这个项目是和上海市的教育机构合作的，按约翰·埃特根的说法，这是全球唯一建在水厂里的“水知识教室”。

“无论是学校的课外活动，还是WET的一些相关教育课程，都可以在我们的工厂里进行，”雀巢上海饮用水有限公司工厂厂长周炜说，“雀巢每年都会接待成千上万的学生到工厂里参观。”

上海饮用水工厂生产的是雀巢水业务单元的招牌产品——含有定量矿物盐的高质量饮用水雀巢优活。就像雀巢的其他工厂一样，饮用水工厂对安全生产和质量有严格的要求，而现场参观的外来人群难免会对工厂的日常管理带来影响。另外，工厂还要考虑的一个问题是，在复杂的生产环境里如何保障参观者的安全。

“雀巢的传统就是把人员安全放在第一位。”

最后，雀巢在工厂中按照饮用水的生产流程修建了一条独立的“参观走廊”，透过这个透明的走廊，参观者可以看到雀巢优活水大部分的生产工序。工厂还为参观者制定了详细的参观和防护规则——这样就能在不影响生产，给予参观者直观感受的同时，还保障了他们的安全。尽管厂区的空间有限，工厂还是特意留出了几个小教室给来访的学生、老师上课。

“雀巢在这些事情上确实花了很多心思，而且（这些事）是锲而不舍地一点点推进的，”周炜的同事、水资源教育项目专员安晓燕说，“事实证明，在工厂里设教室和实地参观的效果非常好，当孩子们亲眼看到一瓶瓶饮用水生产出来的全过程时，关于水和保护环境的知识就变得更加真实、有质感和容易理解了。”

“我们每年的暑假都是参观‘旺季’，要接待大量老师和小朋友。”

雀巢水业务单元对于优活水使用的 PET（聚对苯二甲酸乙二醇酯）饮料瓶在制造过程中如何减少碳排放、减重和提高效率方面也做了很多工作。就在 2011 年的“世界水日”（3 月 22 日），它联合上海市青少年学生校外活动联席会议办公室、上海市绿化和市容宣传教育中心组织了一次非常成功的回收 PET 饮料瓶活动。那次活动以回收重 8799.9 千克 PET 饮料瓶（约 401794 个）的成绩成功打破了 8 小时内回收重 2467.54 千克饮料瓶（约 46357 个）吉尼斯世界纪录。

上海市青少年学生校外活动联席会议办公室和雀巢是从 2006 年开始合作的——由上海市青少年学生校外活动联席会议办公室牵头，雀巢和上海的教育工作者们合作，将 WET 在全球推广的教程改编成了中国小学生和老师能够接受的形式。

“2006 年的时候，雀巢的人就来跟我讨论 WET 的项目。然后，他们花了一年的时间把来自瑞士和美国的资料都翻译成了中文。我看了资料以后告诉他们，这些课程要给中国的学生们用，必须要符合国内的情况和教育体系，”上海市青少年学生校外活动联席会议办公室秘书长邹竑说，“于是，我就介绍他们和浦东教育发展研究院编教材的同事一起研究怎么改进。”

当时，恰逢上海市教委已经有在小学开设环境课的设想，每个年级一个学年有四个课时。雀巢找来的 WET 关于环保的教材有很多互动游戏，非常生动，“但是，这些课程不能直接照搬，怎么改编成我们在学校里的可以上的课，比如怎么做得符合上海小学一节课的时长，老师们在专题教育、班级的主题活动里怎么用，还需要上海市教育系统的老师们和雀巢一起对教材进行改造”。

最终，老师们和雀巢合作，推出了一套《Project WET 水资源教育项目课程指南及执行手册》(分为教师版和学生版)，精选了美国课程内容，结合本土化特色，罗列了三个章节 14 项适合 8~18 岁学生的与水有关的活动——它们现在已经被北京、上海多家小学列入水教育授课内容。

从 2010 年年初在上海试点以来，WET 活动已在中国的 800 多所小学广泛开展，覆盖至少 1200 万名学生。2010 年，雀巢把 WET 项目环保课搬到了上海世博会的瑞士国家馆；2011 年 3 月 22 日的“世界水日”，雀巢与上海市教育机构一起组织小学生回收 PET 饮料瓶的活动，并打破了吉尼斯世界纪录。2017 年，雀巢在中国第一家国家级航海博物馆——上海中国航海博物馆举办了“关爱水资源，从身边做起”的公益展……

“合作了这么多年，我觉得雀巢人的特点就是很有责任感，有耐心，也肯学习，”邹竑说，“在改编这些教材和为孩子们组织活动时，我能够感觉到，他们很尊重老师们的专业知识，自己也在努力适应和理解适合中国孩子的教育方法。”邹竑参观过上海雀巢的饮用水工厂之后，觉得可以把它变成孩子们实地体会“水知识”的课外基地，“尽管有很多困难，要考虑生产质量和参观者的安全问题，但我向他们提了这个建议之后，他们真的花了很多时间和精力把这个想法变成了现实”。

现在，雀巢正在把“世界水日”的活动、展览和各种关于水的教育课程逐步推向全国。比如说，2012 年，雀巢邀请上海的环保教师为湖南等地区的小学教师传授了 WET 环保教学课程。

最终，在经过了长时间的坚持、交流和共享之后，雀巢在社区中所做各种项目其实是相通的：在中国，乃至全球，每个雀巢工厂和分公司都有自己的节水、节能与环保项目；在农业社区中，雀巢也在农作物的种植中推行更高效、更节水的灌溉及种植技术。当面向全社会，尤其是面对儿童推广水知识教育时，由于这些知识与自己的经营活动高度相关，雀巢的经验和创新会让信息更顺畅地流动起来，像滚雪球一样越滚越大。

这同一模式也应用在了雀巢最重要的业务——营养健康领域里：由于主业就是不断为各个年龄段、地区和有各种特殊需求的人们研发和生产营养、健康的食品与相关用品，在面向社会推广营养和健康知识时，就会产生“知行合一”的效果。

这些做法和“为慈善事业开张支票”截然不同，它们贯穿在公司的业务中，又和人们（包括消费者与员工）的生活密切相关。

也正是因为这样，竹瓦小学在为孩子和家长们开设了健康营养

2017 年 WET 水资源教育全球项目（中国）水教育基地正式成立

课之后，很自然地就开始对 WET 项目感兴趣了。

“郫县是成都市的水源重点保护区，这里有大量的河流，建有两个主力水厂，保障着整个成都的自来水供应，”杨校长已经邀请雀巢来这里开设有关水知识的教育课，“我们的家就在这里，要在这里生活工作，应该让孩子们从小就懂得保护水源和环境。”

与员工一起成长

每个企业管理者都希望自己的员工能够全身心投入工作，并从中获得乐趣和成就感，而不是仅仅把工作当成谋生的手段敷衍了事。要做到这一点，就必须让员工意识到一点——他们的努力与公司的成功是正相关的。

这其实也是一种“创造共享价值”——组织和成员目标一致地通过创新和各种方式共同扩大生存与发展空间：作为个体，现代组织中的成员（不论是个人还是公司）发展得越好，所属的组织会取得更多成就；当组织的价值观和凝聚力不断发展，它的目标和经营能力不断提升时，组织内成员的发展空间也会更加广阔。

从20世纪60年代开始，对管理者来说，最有价值的就是“知识型员工”——这一专有名词是管理学大师彼得·德鲁克提出的。作为与之前完全被流水线束缚住的员工的区别，用一句话来概括知识型员工的特点就是：作为追求自主性、个体化、多样化和创新精神的员工群体，激励他们的动力更多是来自工作的内在报酬本身，他们从事的不是简单的重复性工作，而是在易变和不完全确定的系统中充分发挥个人的才干和灵感。

随着社会的变化，知识型员工覆盖的范畴其实已经超越了德鲁克当年的定义，或者不如说，无论在什么岗位上，那些真正有自主精神和创造力的员工都已经成了诸多企业最迫切的需求。

在早期，企业管理者在对知识型员工进行培养时，是鼓励人们秉承着“术业有专攻”这一精神在自己专属的领域内不断深造的。但是，专业人士有可能因为过于专注单个领域而“画地为牢”，对其他门类和协作的团队变得漠不关心，因而丧失创新的动力。从20世纪90年代开始，越来越多的企业希望自己的员工具有跨界学习和不断运用学到的知识进行自主创新的能力。

心理学家卡罗尔·德韦克（Carol S. Dweck）将这类最早被高科技公司青睐，但其实在各个行业都很受欢迎的行为模式形容为“成长型思维模式”。具有这种特点的人更善于学习，能够改变自己，也能够适应环境。德韦克做过的实验表明，思维模式可以改变和塑造一个人一系列的想法和行为。比如说，如果你觉得自己的思维模式是成长型的，就会勇于面对挑战，不会因为在组织内提出“愚蠢的问题或是给出错误答案而惴惴不安”。

对具有“成长型思维模式”的人来说，从长远来看，即使是遇到的挫折也能够帮助自己积累更多经验，走得更远。这类人经常变换职位，经常有在不同领域开展工作的能力，不会被企业组织结构以及职位头衔束缚住手脚。

具有“成长型思维模式”的员工，是每个公司梦寐以求的，他们往往能够和企业一起最大限度“创造共享价值”。

毫无疑问，所有的公司都喜欢“成长型思维模式”的员工，也都在致力于发掘和培养这类人。但是由于所处行业不同，企业对员工的具体需求是不同的，因此给予的培训方式和发展空间也有各自的侧重。

像星巴克这样热衷于服务创新的企业，会更加看重员工的行为和他们对待工作的热情。因此，它的员工培养手册的内容更像处事哲学与原则，管理学家将其总结为“五种行为方式”：“热情好客、真诚待人、关怀体贴、博学多识、积极投入”。这一切，既保证了星巴克的员工能准确地将企业价值观贯彻到日常中去，又没有束缚他们在具体事件和行动上的创新自由。而像谷歌这样的科技公司，则更是特意营造出了一种鼓励员工创新、不怕犯错的企业文化和更为灵活机动的组织结构，为自己需要的“创意精英”型员工服务。

对于雀巢来说，它理想中的员工是能够在“专业”和“成长型思维模式”中取得平衡的人。对雀巢人来说，坚韧不拔、认真、专注、对自己的工作有认同感、充满激情和创新能力这些特点是可以并存的。这一类型性格特征的产生，既有瑞士企业推崇创新，尊重全球化、多元化的渊源，也有雀巢在食品行业中以婴儿食品起家，对员工有医务、营养专业知识的要求和重视产品质量的特殊原因。

“现实主义、坦诚、适度的谦逊、持续学习和尊重他人，”汉穆·茂赫曾这样形容自己理想中的雀巢人，“最好的雀巢员工都应该在自己的升迁、专业性和为公司考虑中保持着平衡。”

为此，雀巢一直非常重视员工培训，他们希望给每个员工机会去发掘自己的天赋和愿望，这也会为他们在工作中提供自我实现和自我证明的机会——显然，对这些雀巢看重的特质的培养和选拔，会让员工和企业获得双赢。

同时，由于雀巢有一个极为广阔的“疆域”（产品领域）和特殊的管理结构，它一直有鼓励员工跨越国界、单位和学识领域进行沟通的传统，也有很大的空间供那些愿意转换工作环境或内容的员工发展。所以，雀巢设计的很多培训都是跨越国家和市场界限的——雀巢的管理者认为，这样做有助于培养出一些乐于面对挑战和改换工作环境与内容的职业经理人。

为此，他们有在不同市场之间进行的人才互换计划，也会在员工队伍中寻找乐于接受海外派遣挑战的人——进入各个新市场时，雀巢最大的优势就在于有一批来自世界各地、善于理解和融入不同市场与文化、训练有素的职业经理人作为后援。

每到一个地方，雀巢的传统是既要发掘本地化人才，又要保证在每个管理团队中都有国际化的成员。迄今为止，几乎所有雀巢中国培养出来的高级管理人员都有在其他区域市场或总部任职和接受培训的经历。雀巢的管理者相信，只有这样做才能让不同的文化互相碰撞、彼此融合，形成更有效的创新氛围——这应该是现代组织和它的成员一起“创造共享价值”的最佳实践。

职业培训与人才发掘

大概所有的现代企业管理者都会同意彼得·德鲁克的观点："说到底，人事决策是组织里根本的，或者说是唯一重要的管理。"因为人事决策决定了企业一直强调的使命、价值观和目标，对员工来说，到底是"实在的、有意义的，还是仅仅意味着人际关系和花言巧语"。

多数运转出色的企业都能做到注重组织内的日常管理实践，制定严格的行为和责任标准，鼓励员工朝着更高的绩效目标而努力，并且尊重他们的工作。雀巢也不例外，它在员工绩效评估的量化方面做得非常出色。

但是，企业的命运并不仅仅基于现时业绩。重要的是，它能否在日常绩效管理之外，创造出一个发现和培养那些具有管理与创新潜力的人才的系统——这关系到企业未来的竞争力。

"雀巢的人力资源管理系统确实是'两重'的，"雀巢大中华区集团组织与管理发展部总监洪志坚说，"一个是基于业绩绩效的管理，另外一个则是基于个人发展的管理。"这两个体系都在力图做得越来越职业化和量化，它们产生的评估结果在一个人身上虽然有交集，但目的是不一样的。"一个员工可能在现在的职位上做得很好，在绩效评估体系里，他确实是优秀的人才，"洪志坚说，"但是他不一定适合其他的位置或是挑战，比如管理更多的人，经常变换工作地点，或者承担更多的责任。"

无论在雀巢的绩效还是人才评估管理体系里，最基本的要求是全员"合规"，也就是说所有员工都必须遵守和维护公司制定的规章与制度；其次，对每一个员工来说，一定程度上的“领导力”和学习能力也是必需的，因为对所有希望晋升或者在职业生涯中有所发展的员工来说，无论是管理一个10人小团队，还是逐渐成长为企业的中高层，都需要一定的管理、沟通与协调能力。

现代组织中的绝大多数雇员，都想过一种有秩序、安全的专业工作生涯，在适当的工作岗位上发挥自己的所长，并且在工作之外拥有稳定、愉快的生活。雀巢为员工提供了持续、系统的在职专业技术培训和相应的管理培训，来拓展他们的职业能力，以便在企业中找到自己合适的位置。

无论身处工厂、公司还是研发系统中，雀巢员工们都有一个共同的感受，那就是经过150年的发展，雀巢已经积累了一个庞大的“知识库”和一个非常完善的培训体系。这个体系有效地支撑了雀巢在自己的人力资源培训中所提到的：10%课堂培训（提供实用工具和最佳实践），20%实时辅导（直线经理和人力资源共同参与），70%在岗学习（针对不同级别不同发展目标定制方案）。

“无论是在生产和工作中学习，还是组织专门培训，雀巢的知识体系都非常完备。”双城工厂谷物生产经理王卫东说。拿谷物车间举例来说，从操作工、工段长到生产经理，不但都要接受谷物干燥工艺的系统培训，也需要学习营养学和食材等方面的知识。“雀巢的一个特色就是，只有你想不到的，基本没有这个知识体系回答不了的（问题），”王卫东说，“如果我们想学习任何新的东西，只要有相应权限，有关的生产技术资料都可以在内部网上找到。”

王卫东和同事们的学习与培训不局限于操作工艺与生产线，他们必须对食材、原料如何保存，加热到多少度，时间需要多长才不会降低食材的营养与功能等问题有一个大概的了解。如果要在生产系统内继续晋升，那些预备或者已经成为生产经理的管理人员还会被派去参加工厂生产部门在其他国家与瑞士总部组织的短期培训——这些都是与他们的日常工作和个人发展密切相关的。

“除资料和知识库很强大外，雀巢还有一个由有经验的专家组成的系统帮助员工在工作中学习。”王卫东说，操作工遇到疑问可以问工段长、生产经理或生产应用部门的技术人员，遇到工厂也解决不了的问题可以找研发中心、北京总部的专家或产品技术中心的专家寻求帮助。

在王卫东遇到的外籍专家中，有些人终生为雀巢的工厂系统服务，他们来往于各个市场之间，不断为当地同事提供帮助，从而积累了丰富的经验——这是雀巢内部专业人士的典型发展路径。

“有一些老专家退休了还会继续帮我们做一些新项目，我们问对方一个技术问题，他们回答起来像写一篇论文一样，什么都能给你讲到位，学识、知识和人品都非常让人敬佩。”王卫东说。

但是在雀巢的人才培养体系中，除了帮助员工更出色地完成本职工作，更重要的一点是发掘其中具有“成长型思维模式”的人。这些人能够通过快速和有效的学习适应新环境，喜欢面对挑战和改变，也具备管理与沟通的能力——这才是雀巢理想的有领导潜力并有可能成为管理人员后备军的人才。

每年，雀巢都会为从大学校园直接招聘来的应届毕业生们准备为期两年的管理培训或技术培训，这是为他们量身打造的入门课程。除了日常培训，那些在工作中表现出色、有管理潜能的员工还可以加入适合自己的管理后备军的培训。

在中国，雀巢从2000年开始正式将这类培训命名为“雀巢中国管理发展计划”（缩写为NCMDP, 2011年改名为NEXT1)，这一培训计划每期两年，目的是培养和发掘几百名具有发展潜能的中国本土管理人员，为其提供更广阔的成长和职业生涯空间。

王卫东既参加过工厂生产部门在新加坡和瑞士组织的短期培训，也是NEXT1的学员。在NEXT1培训中，他遇到了来自全国不同市场、不同部门和不同工厂的同事，并且全面地学习了有关财务、市场等超过自己业务范围的知识，对雀巢集团总部、管理机构和公司的责任也有了具体了解——其中的一些授课老师就是雀巢体系里培养出来的中高级管理者。

雀巢专业餐饮重点客户助理经理周楠是NEXT1的第八期学员，在她接受培训时，NEXT1已经涵盖了雀巢在中国的合资公司。

“上课的时候，培训部会把来自雀巢不同部门和合资公司的人打乱重新组合起来，组成一个个的小团队，”周楠说，“我觉得，他们希望通过这个过程促进各个公司和部门的人彼此增进了解，方便大家以后在工作中进行换位思考。”

“这种培训还有一个好处，我们彼此之间会产生一种很亲密的感觉，”周楠说，直到现在，她与培训部的老师，太太乐、徐福记以及研发中心的一些同期学员都保持着联系，“如果需要一起推进一些事情的话，我对其他部门的人做事方法的理解也会比以前全面很多。”

像王卫东、周楠这样的学员一样，凡是雀巢自己培养出来的中高级经理人，都经过了层层培训以及由人力资源部门协助提供的非常周全、详细的职业生涯规划与训练。

雀巢（中国）乳品与营养技术副总裁陆明大学毕业以后就进入

了雀巢。1990年，他从黑龙江双城工厂筹备开始了自己的职业生涯：陆明从农业服务部的奶源督察员做起，十年后升任青岛雀巢有限公司生产部经理。2007年底，他被送往海外及国内研发中心培训半年后，成了青岛雀巢有限公司总经理。随后，他成了雀巢双城工厂历史上第一任中国籍的厂长。

而雀巢冰激凌业务单位的生产事务经理周洪波大学学的是物理专业，她是以翻译的身份进入雀巢的，当她决定学习和雀巢工厂有关的生产业务时，在雀巢天津冰激凌工厂担任了长达6年的生产经理。惠氏营养品有限公司苏州工厂的厂长郑世友是学空气动力学出身，他决定进入雀巢工厂时，是从干燥塔最基层的操作工学起，慢慢过渡到领导一个10人小团队，逐渐晋升为干燥塔的生产经理——最终，他成了一个工厂的管理者……

这些人的经历未必相同，但他们的共同体会在于，雀巢为员工提供的职业路径选择——即它的人才选拔与培养系统是清晰而完善的。

这种领导力的评估系统并不完全依赖于组织中某些人的好意或是直觉。正如德鲁克所说，找出未来的管理者和为现有的员工规划职业路线，“不能依靠个人见识来做评判，而要老老实实采用一个例行的，很可能是枯燥的，却是谨慎的程序”。

“雀巢有自己的‘雀巢领导力’模型，每个主管都要发掘自己的下属中有培养前途的人，这是他们KPI里的一项，”雀巢大中华区集团学习及发展总监朱美玲说，“一个管理者的成就，既包括带领团队获得好的业绩，也包括他在任内究竟发掘和输送了多少人才。”

雀巢的部门经理每年都会在一个固定的时间段里和人力资源部

门的人坐在一起，用“雀巢领导力”模型来为他们“看中”的人做一些未来职业规划，然后再按定下的目标给予他们相应的培训。而且，雀巢对于管理关键岗位都会事先制定有“继任者计划”，也就是说几乎每个处在关键岗位的管理者，对哪些人会是他的继任者，大致都能做到心中有数。

“我们会看中一些人，然后把他们慢慢培养起来，”朱美玲说，“雀巢一般不会出现忽然从外面找一个厂长进来的情况，这些关键位置总是有后备人选。”而且这种培养犹如雀巢特有的企业价值观一样，是长期性和层层晋级型的，对一个有潜力的人才进行投入，“基本上都要花三到五年的时间”。

这些有潜力的管理后备军可能会被选中去接受 NEXT1 的培训。“NEXT1 是员工不离开现有岗位就能做的领导力培训，”朱美玲说，“升职到中层管理者的人如果要进一步发展，比如做区域或者某个业务的主管，就会接受 NEXT2（与中欧商学院合作）或者被送到瑞士总部去接受培训。”雀巢在瑞士总部提供的培训既包括自己的教育培训中心提供的各类领导力发展课程、MBA（工商管理硕士）课程，也包括和瑞士洛桑国际管理发展学院（International Institute for Management Development，IMD）合作的顶级管理课程。

“雀巢的培训一直都是有前瞻性的，假设我们现在要为青岛工厂培养一个厂长，从现有的人选中把这个人挑出来了，然后怎么培养？这就需要管理人员和培训部的人一起为他做出培训计划。”朱美玲说。这种培养一直是双向的，雀巢也会鼓励员工说出自己对职业的预期和理想。

“在员工升职或调任的时候也是，我们会征求本人的意愿，问他愿不愿意调到其他区域去尝试一下，”朱美玲说，“如果本人不愿意调动，我们肯定会尊重对方的选择。”

亦师亦友

事实上，虽然拥有一个不断完善的人力资源管理与培训体系，但雀巢真正培养人的传统是蕴含在企业文化之中的：每个人都要真正关心和推动对下属的培养，而且要彼此尊重，保持坦诚和直率。

包必达始终记得汉穆·茂赫是如何选中他的。当时，身为 CEO 的汉穆·茂赫正在为自己寻找接班人，在考察了几个可能的候选人以后，他和包必达有过一次非常直率的对话。在那次谈话中，汉穆·茂赫忽然问包必达：“你想要做什么？”

包必达诚实地回答：“我想坐你的位置。”

汉穆·茂赫回忆说：“那一刻，我们的感觉都不错，这是我们自此所保持的相互信任的开端。”

从那时候起，汉穆·茂赫就开始悉心培养包必达，比如，他提前宣布了包必达将成为公司 CEO 的决定，这样就可以心无旁骛地帮助后者在自己的任内平稳过渡。这种雀巢内部经典的坦诚、信任和彼此尊重的企业文化，是从雀巢最高管理者的实际行动中直率、有效地传达出来的。

“雀巢的每个管理者都对自己手下的骨干员工的自我期许有基本了解，这有助于他们为其制定未来三到五年内的职业规划——他们还要帮助对方一起去完成设立的目标，”雀巢大中华区集团组织与管理发展部总监洪志坚说，“一旦人才培训的大目标定下来，管理人员会告诉被培养者大概的发展方向（但这并不是承诺），这样的话，被培养者就会知道自己并不只是简单地在做现在的工作，会更有目标感。”

雀巢所推崇的这些能使企业与个人实现双赢的品质——令人信服、责任感、脚踏实地的态度、保持好奇心和对新生事物的敏感——在培养新一代管理者的过程中得到传承。与其说它们要依赖于量化和精密的训练，不如说更像一种文化传承——这些品质是通过人与人之间的长期合作，依靠细节和一点一滴的日常小事来传递的。

几乎每个雀巢自己培养出来的管理者，都能说出一两位对他们来说“亦师亦友”的上司或同事的名字。一个友善、正面、积极、彼此信任、尊重、鼓励个人管理风格存在的工作氛围对绝大多数雇员来说，是他们可以长时间为这个企业服务的最重要的理由。

“因为雀巢是瑞士企业，企业文化非常开放，公司中并没有那种壁垒森严的等级制度存在。”中国大陆孕产妇营养、婴儿及成长配方奶粉市场总监高丹说。她是雀巢中国第一届管培生出身，从她还是管培生起，便被培养出一种“根深蒂固”的本能，即可以随时随地向前辈或同事有效地求助和学习他们的经验。

“雀巢之前没有推行过明确的导师制，但是它一直有一种浓厚的学习气氛，当你遇到不明白的问题时，除了可以自己学习和寻找解决方案，还可以随时请教同事们。”高丹清晰地记得，当她还是管培生时，曾经为一些问题向当时雀巢中国的销售总监求教，对方非常耐心和开放，不但详细地为她解答了疑问，还分享了很多自己的经验。

“这种分享、互助的精神其实是会被潜移默化地传承下来的，”

高丹说，“我们这些人在成长过程中寻求帮助从没有被拒绝过，如今也会这么对待其他人，因此，我们现在的团队里也会有这种氛围。”

雀巢内部很多长期协作的团队都充满这种互助、亲密而又开放的气氛，这是建立在互相信任、尊重和长时间合作的基础之上的。比如说，在雀巢普洱农业服务部中，由农艺师和咖啡质量管理、采购人员组成的小团队一起工作了十几年。雀巢大中华区法律及合规事务部也是如此，他们中的绝大多数人也已为雀巢服务了十几年。“整个团队的气氛就像家庭一样，”集团高级法律顾问张文君形容说，“亲密而且互相信赖。”

从 2010 年开始，雀巢并购了徐福记和银鹭两大品牌，无论金额、规模，还是整合难度都远超以往。

“在这个过程中，财务、法律还有各个业务部门一直是在一起紧密合作的，”雀巢大中华区集团法律及合规事务高级副总裁卞革回忆说，“每个部门都会为并购提供自己的专业意见和协助。当时，大家的工作量都很大，但从来不会有人说‘这个事情不归我管，是其他部门的事’，雀巢的特点就是团队之间的合作很紧密，大家会一起齐心协力工作。”

这种工作关系既然是建立在共同的价值观之上的，就会成为人们长期坚持高质量、高标准工作的动力，有时，也会成为一个人在职业生涯中寻求突破、积极进取的坚强后盾。

“我是从青岛莱西工厂调任到双城来接手这里的工程部的，”双城工厂工程部经理潘旭说，“到底要不要接受这个挑战，我一开始确实有一些顾虑，比如青岛工厂比较小，又是生产液态奶的，转到双城这边来生产奶粉和成人奶制品，我不知道自己能不能做好。”

潘旭和入职雀巢时带他入门的几位经理都保持着很好的关系，尤其他的前任，双城工厂工程部经理许斌——许斌当时被调任雀巢内蒙古额尔古纳的呼伦贝尔工厂，潘旭就是接任这一职位的后备人选。

“许经理一直鼓励我，说大家肯定都会支持我做好这份工作，”潘旭说，“他和我的几个直接领导，都是雀巢在双城工厂培养出来的职业经理人，关于雀巢企业文化和基本原则的一些知识，全是他们教给我的，我非常信任他们。

“（关于调任双城工厂）我想了想，觉得他说得有道理，我应该抓住这个机会。”

事实上，真正的雀巢形象就体现在那些与消费者、供应商密切接触的一线员工身上。他们中的很多人都会特别在意这种形象的传承，因此会在后辈或同事入职之初便帮他们打下坚实的基础，既包括业务上的，也包括价值观上的。

雀巢中国销售战略部销售计划经理覃玉是2006年开始雀巢的管理培训生实习的，他是在从广西市场入职的。

“当时，雀巢已经有了很成熟的管培生培训体系，但具体到如何引导新人，其实很多细节都是当地经理去落实和负责的，”覃玉说，“我非常幸运，当时华南区的几个经理都是很资深的雀巢人，他们对于怎么带管培生有自己成熟、独特的想法。”

覃玉当时的领导叫姜凤祥，是黑龙江双城工厂最早培养出来的中国籍工程师之一，后来转入销售部门。2006年，覃玉入职的时候，姜凤祥是负责广西的区域经理，他和同事们为覃玉这一批管培生精心设计了一套培训“线路图”。

集中培训之后，覃玉回到广西市场开始为期两年的实习生涯，他的职业生涯是按照玉林、防城港、桂林等这一事先计划好的线路开始的。当覃玉成为真正的雀巢人以后，他逐渐意识到了姜凤祥为管培生做出这一培训安排的苦心所在。

“我去玉林时，它是整个广西业绩最好的市场，也是最能体现广西市场特点的，而且负责人非常能干、为人正派且有责任心，”覃玉说，“我想，姜凤祥是希望让这样一个销售主任能为我打下一个比较‘正’的基础，比如，我会更看重建立一个注重长期发展、健康的市场，也更看重同事之间良好的合作关系。”覃玉在玉林不但逐渐找到了做生意的感觉，还第一次在一个优秀、能够形成合力的团队中体验到了愉快的工作气氛。

“在玉林工作 6 个月之后，我养成了一个习惯。从此以后不论到任何地方工作，只要有团队的活动，我周末都会主动去看看，顺便帮个忙——我会觉得这是我的生意。”覃玉说，周末往往是雀巢这种食品企业在商超渠道搞促销、生意最好的时候。“当时玉林团队的气氛特别好，让人很受感染。大家都很有责任心，到了周末连同事的家人都会自发地去商场帮着做活动。”

随后，覃玉被调到广西南部的防城港市场，负责了一场与当地渠道合作伙伴合办的“十周年庆典”活动。“当时，广西地区没做过这样的活动，我也没有经验，只好摸索着把以前在学校组织活动时积累的经验拿出来一点点细化、落实。”覃玉说，事后他才知道，其实姜凤祥已经提前告知当时广西市场部负责支持他的同事，“要尽可能帮忙做好这个活动”。

“市场部的同事们确实这样做了，他们不但尽可能地给我提供需要的物料，还给我提了很多非常有用的建议。”让覃玉感动的是，活动当天，南宁办公室的很多同事都主动过来帮忙了。

覃玉后来又被派到桂林，这是当时雀巢的一个业绩不尽如人意、需要整改的市场。他目睹并参与了如何将一个混乱的生意“理顺”，并逐步建立起有效管理流程的过程。之后，覃玉被派去跑了三个月的农村市场，最终又回到南宁去学习与重点客户，比如深圳人人乐这样的大型超市沟通。

“在我离开桂林的时候，姜风祥已经调离广西了，实际上他只带了我一年，”覃玉说，“但带教新人是雀巢的传统，所以他的继任对管培生的计划也有自己的各种考虑和想法。”

这种对新人的调教，一般都是围绕着让他们更全面地去认识雀巢的生意，并且充分认识到自己的潜能和协作能力而设计的。然而，好上司和优秀、热心的同事的言传身教的作用远远超出了教会新人“如何做生意”这一目的。更重要的是，他们会帮助后辈或新进者逐步形成一个积极、与企业文化相符的价值观，并找到真正属于自己的工作方法。

覃玉一直与姜风祥等几位对自己职业生涯产生很大影响的上司保持着联系。最终，当他成长为海南省销售经理时，给自己设立的工作目标是在海南当地留下“一个开心的团队和健康的市场”。这一想法与他之前的经历形成了完美的呼应——后来，他也的确做到了。

对于雀巢内部所推崇的这种职业良性循环，彼得·德鲁克早有过相关描述：“对一个人发展负有最大责任的并非上司，而是他自己。”想要对自己负责，就必须足够重视这份工作，从而清醒地认识到："我必须胜任这份工作。"一旦为了实现这一目标，对此投入大量精力，人们就会创造出日益精彩的激情、挑战和改变，工作才会给人带来兴奋感和幸福感。

管理者费心费力创造出良好气氛的真正目的，并不是去改变人，而是要让个人的能力和聪明才智得到充分发挥——真正好的上司与组织，必须能够帮助员工认识自己，支持、鼓励并培养他们，从而实现多赢。

与合资公司一起成长

在 150 年的历史里，雀巢在收购、并购上一直表现出众，有人认为，这是瑞士人性格中的务实和谨慎导致的。

瑞士人很少会在收购中因为感情冲动给出对方过高的溢价，也不大关心什么被过分渲染的"宏伟蓝图"，他们要的是实际的成果：比如 1+1>2 的协同效应、被收购方有出色的核心技术、市场占有率、持久的发展潜力和大量的优秀人才。因此，只有满足这些条件，并且在价值观上大致与雀巢吻合的公司，才有与雀巢合资或被其并购的可能。

雀巢很重视产品，希望通过收购使自己成为某些目标领域的领导者——为此，它进行的是以市场为导向的收购。这些收购必须因此而获得广义上的协同效应：一些优秀的公司加入雀巢这样更大的组织后，可以通过互补来提高彼此的能力。

从某种程度上来说，这也是一种"创造共享价值"。

价值最大化的合资

瑞士人是欧美企业界公认的优秀雇主，因为他们往往会尊重被收购企业的文化和自主权。而在中国，由于文化差异和市场环境的不同，雀巢从 1999 年开始，选择了通过合资的方式快速发展。正如前文所说，五羊、太太乐、豪吉、徐福记、大山矿泉水及银鹭品牌都陆续进入了雀巢大家庭。

雀巢明智的地方在于，它并不想把合资公司简单改造为雀巢的翻版，它承认合资企业的长处以及它们与雀巢的不同，给予它们足够的独立自主权，尊重它们的管理层对公司的管控，但是又会通过“合规”的推广，来确保整个公司品质与价值观的一致性。

用雀巢在中国最成功的投资之一——太太乐举例来说，1999 年 8 月，雀巢收购了太太乐 80% 的股权。在 2015 年的财报中，雀巢提到，“在中国，我们在雀巢速溶咖啡、雀巢即饮饮料、太太乐调味品和雀巢脆脆鲨巧克力威化上的再投资，推动了增长”。到 2016 年，太太乐的鲜味精类产品产量已经突破 14 万吨，产品线也早已从单一的鸡精发展到了近百个品种。全球有超过 1 亿户家庭、20 万家餐馆在使用太太乐产品。为了形成合力，也因为太太乐在中国调味品市场拥有一个成规模且较为合理的渠道布局，雀巢将自己品牌中美极调味汁的渠道销售也交由太太乐运营。

雀巢当年是看中了太太乐对生鲜（鸡）原材料的加工处理能力和它在复合调味品方面的独创技术——它的创始人荣耀中是工程技术人员出身，曾经管理过以微生物发酵为主的制药工厂，这就使他对太太乐的产品技术研发能力十分重视，并且围绕着“鲜味”发展出了一系列的理论。

“当时，我们做的颗粒状的鸡精是原创的中国式产品，在国外，主流的复合调味品是粉末状或轧成块的，”太太乐创始人荣耀中说，“这种颗粒状的鸡精使用了我们独有的制粒工艺，每个颗粒的结构从微观上看都是最优化的，包含的鸡肉成分十分均匀，这种颗粒与水的接触面积大，溶解快，释放鲜味更加充分。”

雀巢的 CEO 们一致认为，真正成功的收购必须是在双方都有从对方身上学到新东西——收购或者并购成功的关键在于结合彼此的资源、知识与经验。早在对太太乐进行收购前，雀巢瑞士总部的科学家们就已经从工艺技术角度仔细研究过它的鸡精产品，荣耀中在后来访问瑞士雀巢研究中心时，还看到了太太乐鸡精颗粒体在 20 万倍电子显微镜下被拍成的彩色照片。

另外，荣耀中凭借自己对中国市场的理解，一开始就将鸡精定位为与味精竞争的产品，并且提出了一系列关于“鲜味”的理论。

“比如，鲜味是可以计量的，1 公斤鸡精的鲜味是同等重量味精的 2.5 倍，”荣耀中说，“我们定义下的鲜味来自蛋白质，不是合成的物质。”这使得太太乐在自己产品中所提倡的使用自然农副产品原料、增加更为丰富的营养等原则与雀巢关于“营养健康”的大方向也是完全一致的。

“太太乐在产品质量方面也是符合雀巢全球‘合规’标准的，在食品安全的某些方面，太太乐甚至比雀巢更‘苛刻’，”荣耀中说，“这是因为太太乐的产品里每天都要用到鸡和其他生鲜类农副产品，所以它在检验和控制沙门氏菌和微生物这方面有自己独特的技术优势——这也就使得‘鲜味’具有了充分的安全性。”

2001年，雀巢把上海研发中心建在了太太乐的厂区内，这个研发中心主攻的方向是烹饪类产品，也就是“咸味”和“鲜味”的调味品，不但可以支持太太乐自己的研发团队，还负责将前者的一部分核心技术，例如复合调味品的制粒技术，输出到雀巢全球的其他区域里去。

“这确实是雀巢企业文化中非常独特的一点，作为一个拥有150年历史的公司，它有这样的眼光和心胸（选择了尊重太太乐的管理方式），”荣耀中说，“在我们这十几年的合作过程中，不是没有过矛盾和冲突，但那都是互相了解和磨合的过程。最终，雀巢和太太乐都信守了（合资之初的）承诺。”

事实上，除中国有某些特殊之处以外，在全球市场中，雀巢一直都表现出了很大的弹性。尽管大多数时候，它偏好独资经营，但是当合资可以提供更好的解决方案时（比如早期雀巢和通用磨坊组成合资公司销售早餐谷物），雀巢也是能够接受的。

“全球化要求的是全球一致的产品观念，比如品质、营养健康——并且可以利用全球渠道来满足消费者的需求，”汉穆·茂赫说，“但是全球消费者的需求本身并不会变得统一。”因此，一个规模庞大的组织必须在收购策略上表现出一定的灵活性，才能应对各地市场的需求。

从汉穆·茂赫时代开始，针对如何让并购和合资顺利进行，雀巢就明确定下了几条规则：和收购公司的管理层一起工作，并肩作战；给予所有员工相同的机会；避免强制性推行雀巢的做事方法；尽量遵循当地的情况、传统以及每个国家的思维模式。而雀巢本身采用的分散—集中型管理模式则既提供了一致性原则，又提供了运营中所需要的弹性。

“尊重是雀巢在合资或并购中的第一原则，我们会充分了解对方的运作方式，然后也愿意接受彼此的差异化。”雀巢中国人力资源及培训部总监陈云雀说，她曾经在2012年6月作为人力资源方面的整合负责人进驻过徐福记。

“雀巢愿意与之合资或者收购的企业，在大原则和价值观上必定与雀巢是很类似的，因为早期我们会做大量细致复杂的尽职调查工作，”雀巢集团高级法律顾问张文君说，“从2000年到2012年，随着雀巢合资企业的增加，雀巢整个法务部投入了大量的精力，对合资企业的状况进行审核。”

一般来说，雀巢看中的合资或收购必须同时满足三个条件：首先，对方必须财务状况健康，有长远发展目标；其次，双方都要有意愿而且能够从对方身上学到新东西，这就意味着参与合资的企业

雀巢大中华区时任董事长兼CEO穆立
和太太乐创始人荣耀中签署合资合同

必须有自己的核心技术、产品或市场优势。“在合资的尽职调查中，对知识产权的审核就是一个非常细致和需要责任心的工作，”雀巢大中华区知识产权总监吴涛说，“雀巢原本就很重视知识产权，一旦合资成功，瑞士总部、雀巢中国、合资企业这三方在知识产权方面还有一个对标的过程。”

最后，雀巢必须能够把自己的优势带入合资公司，比如财务、市场、人力资源管理等——给合资公司提供财务支持肯定是先决性的条件，但随着时间的推移，雀巢希望为合资公司提供更多帮助，让后者在未来增强创新能力和竞争力。

互助与互补

“毕竟所有和雀巢合资的，都是在某个领域已经能独当一面，做得很成功的企业，雀巢不会因为自己是大股东，就要马上接手业务，但在增加固定资产投资，比如盖新厂、改造原有生产线等方面，雀巢会提供自己在工程和生产方面的技术分析和支持，”陈云雀说，“因为有 150 年的历史，雀巢在这些方面的经验会比较充足。”

针对不同企业的需求，雀巢给予的资源支持不尽相同，但基本集中在资金、研发、人力资源、供应链等和企业竞争力密切相关的方面。而且随着时光流逝，竞争环境发生变化，雀巢还会根据长期发展策略，不断加大投入。

2006 年前后，太太乐自己在做市场调查和消费者沟通时，意识到有很多消费者因为各种原因不吃鸡精，但也都在追求比味精更鲜美、更健康和营养丰富的调味品。

“我们在做消费者调研的时候就问他们，如果不考虑鸡精的话，你第一个想到的鲜味的东西是什么，很多人的回答是蘑菇。”太太乐产品发展推广系统总监马鸿强说，在2006年之前，太太乐就推出过一款蘑菇精，味道不错，但是价格比鸡精高。

“而我们当时的消费者调研显示，人们希望吃到一种来自蔬菜鲜味的、味道更丰富一些，价格要比鸡精略便宜一点儿的调味品。”几乎在同时，雀巢研发中心在北京、上海、广州、成都四个城市进行了和调味品有关的消费者调研，在增鲜调味品方面也得出过类似的结论。

于是，太太乐的研发人员开始考虑，能否从多种蔬菜里面提取鲜味物质和太太乐原有的工艺相结合，推出一款新增鲜调味品——最终，“蔬之鲜”在2009年上市了。这是一种从8种蔬菜中提取鲜味物质，口感更丰富清新的鲜味调料，按照荣耀中提出的鲜味理论，它的鲜度是普通味精的两倍。

“在复合调味品，例如蔬之鲜的研发过程中，太太乐自己的研发人员很有经验，因此主导了整个研发过程，雀巢研发中心更多的是在消费者调研方面给我们提供帮助。”马鸿强说，太太乐推出“酱大师”系列的酱料时，雀巢研发中心的助力就包括了水分子活性实验，“因为雀巢在微生物方面的研究很领先。而太太乐在推汤宝煲这款汤冻状调味品的时候，雀巢研发中心提供的帮助就更加全面了，它为汤宝煲提供了从基础配方到中试生产的全部帮助”。

“雀巢和合资企业会不断互动而且形成共识，如果后者在一些领域需要雀巢帮忙，我们就会进来帮忙，如果对方觉得没必要，那我们就尊重这些企业自己的决定。”陈云雀说，但在一些领域，比如说人力资源管理、人才培养计划这些方面，雀巢的经验非常丰富。因此在整合过程中，雀巢一般会首先将自己特有的培训和人才培养与发展项目引入合资公司，“这是一件皆大欢喜的事情”。

“雀巢提供的很多培训，比如领导力、沟通、销售技巧等，都是我们自己的培训师来做的，互动很多而且能够让对方直接运用到工作中去，E-learning（网络化学习）的内容也很丰富。”陈云雀说。随着培训的开展，雀巢也会逐渐在合资企业中推广自己的人才发展计划。比如，徐福记就是在2012年年底开始了校园招聘，之后在2013年和2014年分别迎来了几十位管培生。

“随后，我们会慢慢帮助业务人员做更详细、更有竞争优势的奖金设计、薪资改良等，”陈云雀说，“在引进管培生、做好接班人计划这些方面，各个合资企业目前基本上是同步的。通过这种共享资源，大家也能够更真实地感受到雀巢的企业文化。”

对于雀巢合资公司的员工来说，一旦人力资源系统做好对接，他们在培训和人事制度中所获得的发展机会是相同的。

前文说过，曾经担任雀巢冰激凌及冷冻食品业务单位副总裁的欧阳凯是从五羊开始自己的职业生涯的。1999年5月，当雀巢获得五羊的绝大部分股份时，欧阳凯刚刚进入五羊不久，他当时在做市场方面的工作。他一开始的疑虑和被大公司并购的公司中的大多数员工是一样的，例如，担心自己能否融入对方的体系，是否会被边缘化。

“很快，我就发现雀巢是非常尊重合资企业的，他们愿意保留五羊的优点，也很重视员工的发展。”欧阳凯说。

雀巢的历任CEO都认为，收购的核心在于人才——人的因素在公司被收购时表现出来的影响，比平时人们所想象得要大得多。所有的管理学家都强调过，在并购或合资中，被收购公司的中高级主管对收购的接受程度，也是影响并购成功与否的关键。

1999 年 6 月，雀巢就派出了人力资源方面的整合人员到五羊与当时的中层一个个面谈，与欧阳凯谈话的人恰好是现在担任雀巢大中华区集团学习及发展总监的朱美玲。这次谈话给他留下的影响如此深刻，以至十几年后回忆起来仍旧历历在目。

“其实我们谈的内容非常简单，雀巢就是想了解我对自己职业生涯发展的规划是什么，然后告诉我公司可以提供什么帮助。”欧阳凯回忆说。但这次谈话首次让他感受到了雀巢的企业文化特点，“他们是尊重员工和看长远利益的”。

欧阳凯当时对自己职业发展目标的回答现在看起来有点宽泛，他说自己“想要成为一个成功的企业管理者”，像所有善于规划的雀巢人力资源管理者一样，朱美玲耐心、娴熟地将这个目标逐渐细化、落地成了他提高自身管理能力所需的各种培训。

一年之后，欧阳凯和同事们就被送去参加雀巢总部组织的市场专业课程了。然后，作为在业务中逐渐展现出管理能力的年轻人，他也参加了早期的 NEXT1 培训。

“在成为品牌经理之后，欧阳凯的下一个目标是要成为区域经理，到那时他就要管理一个区域的全部事务，比如财务、人力资源、工厂等，”朱美玲说，“对他这样的管理者来说，NEXT1 的内容已经不够用了，我们就把他送到瑞士总部的培训中心去接受培训。最后，很多有潜力成为高级经理的人还要去上瑞士洛桑国际管理发展学院提供的顶级管理课程。”

欧阳凯在 2008 年成了当时雀巢冰激凌业务华北区的区域经理，

最终成长为整个雀巢在中国冰激凌业务的负责人。

虽然雀巢在自己的员工评价体系中更看重长远发展，但它始终是商业企业，对自己的员工、各地的合资公司当然有业绩增长的明确要求。

“但雀巢对合资公司的管理和要求，又始终不是让对方只管做好业绩这么简单，”对外经济贸易大学国际商学院教授范黎波说，“雀巢在全球都有合规的要求，这是源于它统一的公司治理原则。”

因此，除了对业绩的要求，在产品质量、市场营销、员工管理等领域，合资企业必须逐步达成雀巢对“合规”的要求。“这点跟瑞士的国家文化有关，瑞士人没有征服欲。”范黎波说，但是对瑞士人来说，他们的社会共识是“无责任就无自由”——瑞士人知道自由的代价，愿意为此负责任，并且具备了寻求解决方案的能力。

“同样，合资公司如果想要更多的自由，就要在各方面‘合规’，这是雀巢在中国管理合资企业的一个原则。”范黎波说。

“雀巢在对食品安全、产品品质、遵守中国的法律和法规、职业经理人的行为、SHE 等问题上都是有‘合规’的要求的。”陈云雀说。其实具体到很多问题上，合资企业和雀巢的要求和出发点是一致的，只是双方需要时间慢慢统一标准。比如说，就在合资后的第一年，徐福记已经开始购买安全鞋、防护罩等装备，在保障员工人身安全方面与雀巢 SHE 部门的要求达成了一致。

要改变员工的工作方法和安全意识，需要一点点推进。东莞地区的工厂普遍面临的一个问题是人员流动性非常强，“经常是我们好不容易把员工培训得有点成效了，过了一年他们就离职了”。所以对于员工的安全防护等问题，徐福记必须反复地对员工进行强调和培训。

“如果培训不到位，你就是购买了防护用品，员工不戴或者没有安全意识也不管用，”陈云雀说，“徐福记的创始人和管理层对员工安全是很在意的，除了不断在培训会上加大投入和加强管理，创始人和管理人员还会亲自出来拍视频，提示员工要注意防护，平安回家。”

在“合规”之后（相当于建立了一套共同语言），合资企业与雀巢之间的管理经验、创新和可持续发展等理念才能真正流动起来，创造出更多的协同效益与价值。

例如，在 SHE 部门为环境持续发展开始推广节水、节能减排之后，2000—2008 年，东莞雀巢就将每吨产品水消耗量减少了 24.32%。这类做法和标准也传递到了合资企业，各个企业都有自己的创新。

在大山的云南山泉生产厂，除在水源地保护上做到“合规”之外，工厂还把生产过程中产生的废水都收集起来，处理成中水后再次利用。这些中水的一个用途是洗车，到工厂装载瓶装水或桶装水产品的运输车辆如果太脏，工厂会免费为他们洗车——这样做既服务了供应商，又保证了运输中的产品清洁度。

雀巢全球的速溶咖啡生产工厂都有利用废弃咖啡渣作为热力燃料的传统，这样做不但节能，还能减少废弃和填埋过程中产生的碳排放。“2014 年，徐福记做了一个关于减少碳排放的新项目，就是在东莞的一个工厂把使用煤原料的锅炉改造为可以烧木屑的，”雀巢大中华区安全健康环境总监龙沛湘说，“这样做，有效地降低了碳排放。”这些木屑是徐福记所在社区中其他企业在生产过程中产生的废料，因为当地有企业在摸索减少社区碳排放的商业化方法，它们负责收集木屑，将其加工为可燃物。在得知这一尝试后，徐福记就买下了这些企业加工的木屑，在自己的工厂做了尝试——这也是履行“社区邻居”责任的一部分。

“雀巢做节能减排这么多年，其实可供节省的空间已经越来越少了，”龙沛湘说，“我们非常需要这种来自合资公司和合作伙伴的分享，有什么好主意都可以拿来大家互相借鉴。”

和雀巢一样，合资企业也是现代商业组织，它们也必须在自己的“经济组织”“人力组织”以及“社会组织”三重角色中取得平衡，也要兼顾股东、顾客、员工、供应商以及工厂所在社区的利益。

“事实上，雀巢和合资企业的大原则都是一致的，就是创造和增加价值，”荣耀中说，“比如说，在尊重、价值观统一、信任这三大前提下，太太乐和雀巢的最终目的是让彼此价值最大化。关于这一点，我们已经做到了。”

不光是合资公司，在中国乃至全球，每个处在不同工作岗位上的雀巢员工、雀巢的供应商和合作者、消费者，甚至雀巢所在当地社区中的“邻居”们，都用自己的理解和独有的方式回应了雀巢CEO们对“创造共享价值”、尊重他人和创新的解读。

没有什么价值，会比员工作为局内人的信赖和自豪感更宝贵了。

“雀巢对产品质量的要求，从合规性、合法性来讲，从来没有变过，而且在不断提高标准，”雀巢大中华区集团质量保证部副总裁邸雪枫说，“从员工的角度来讲，我觉得雀巢是值得信赖的，因为（从我的角度看）它确实在产品质量和安全上努力做到了言行一致和持续改进。”

所有长期为雀巢工作的员工几乎都会像双城工厂谷物生产经理王卫东一样，对自己生产、销售的产品怀有私人情感：“有时候和家人去超市，我会特意转到奶粉、麦片区去逛逛，看到自己工厂出产的产品，心情就会很愉悦、自豪，我觉得这也是一种‘创造共享价值’。”

他们会在和同学、朋友聊天的时候，很自信地告诉别人雀巢生产的产品质量“绝对没问题”——这些信赖是经过了长时间积累和事实验证的。在2008年，中国爆发“三聚氰胺事件”时，双城工厂按照当时政府的要求，把之前生产出来的将近2万吨奶粉（8000多批次）每批抽样送检，工厂法规主任张美群和质量保证部的同事加班加点，花了30天时间才将这些样品送到政府检测机构检测完。她回忆说，这8000多个样品的检测报告出来，雀巢所有的产品全部合格，没有一批有三聚氰胺，“那个时候，我真的很为雀巢自豪”。

这类感情往往也会是由外界反馈引发的。

在雀巢的农业社区中，咖农和奶农都对雀巢农业服务部的农艺师与畜牧专家有着天然的信赖——在过去的十几年中，他们的生活因为雀巢已经发生了实实在在的改变。在普洱服务过的外国专家王道夫、范士良看到咖农按照雀巢可持续发展要求开垦的郁郁葱葱的咖啡种植园时，会感到非常自豪。而农艺师和畜牧专家则在看到农户们盖起别墅，改善生活水平和为下一代的教育加大投入时倍感欣慰。

“在中国，有很多我们的供应商是从非常小的企业，通过一点点努力适应雀巢的要求成长起来的，”雀巢大中华区集团采购部副总裁李申说，“这个过程中，供应商当然付出了很多努力，但它们自己也会说，很少碰到雀巢这样一直鼓励它们坚定信心，不断提高产品质量和管理水平的企业。每次看到这样成长起来的企业，我自己也会为雀巢自豪。”

雀巢绝非十全十美的企业，在150年的历史上，它也曾经历过各种挫折与危机，但因为有长远的战略眼光，雀巢赢得了发展过程中最大的一些赌注，得以维持了自己的业绩增长和业界地位。

全球食品市场从来不乏挑战，雀巢的这一优势能否继续维持下去，还有待观察。然而可以预计的是，在未来的市场上，雀巢将要面临比以往更加激烈的竞争。

管理大师彼得·德鲁克早就对消费者购买行为的实质下过定义。他说，顾客购买的，从来都不是一个“产品”，而是一种需要的满足——顾客购买的是“价值”。这个“价值”未必与产品价格正相关，但会随着顾客心理、年龄和生活环境的变化而不断发生改变。

不管竞争环境如何改变，围绕着每个消费者的日常生活创造出更多价值，会是雀巢不变的目标。而正是通过“创造共享价值”这一观念，雀巢将它身处的世界、面对的市场和自身的内部运作联系在一起，如果能够秉承初心，雀巢的员工、合作者、消费者和身处社区中的居民们，都将会通过它持续不断的经营活动获得共赢。

对于雀巢来说，在150年的历史中，它已经通过“创造共享价值”积累下了大量来自消费者的尊重与信赖，这是它面对残酷竞争时所拥有的最宝贵的财富。正是在这一理念的基础上，雀巢管理者塑造出了独特的工作方法、经营理念和企业文化，使得它通过售卖一杯杯咖啡、一粒粒糖果和一瓶瓶水这样在日常生活中随处可见的“平凡”产品，变成了全球最大的食品公司。

事实上，雀巢是一个非常有趣的案例，它让人们意识到，瑞士这一国家的特性催生了雀巢独特、坚固而且持久不变的企业价值观，这些价值观，经过充分授权和独特的管理方法固定下来，传递给了雀巢遍布全球的每一个员工——唯有员工理解和认同了雀巢的价值观，才能转而为自己面对的消费者创造出无数独特的产品和服务。

然而，在当今这样一个竞争激烈、变化迅速的世界里，一个能够始终引领变革的企业，是否能够在稳固的企业价值观与不断“创新”的经营活动中找到平衡？也就是说，理想主义和现实性到底能不能在一个企业身上完美融合？

答案是肯定的。雀巢已经用自己150年的历史和业绩证明了这一点——而这也正是它用于迎接未来挑战，“以不变应万变”的基本战略。

通过解读和探究雀巢，每一个对“开放”“多元化”“创新”“长远眼光”“成长型思维模式”和“创造共享价值”等概念有所憧憬，并且试图将其纳入自身企业价值观的企业，都有可能获得启发，开始自己通向卓越和打造“百年老店”的奇妙旅程。

“创造共享价值”的奇妙旅程

在采访和写作的过程中，我意识到，本书真正的主角，应该是实践“创造共享价值”这一理念的雀巢员工。

正是这些人——在田间和牧场帮助农民改善农业技术的农艺师，在工厂认真对待每一个产品的员工，在研发单位里推出应季新品或进行基础研究的研究人员，还有那些为了将奶粉、咖啡、糖果和冰激凌等产品送到消费者手中而日复一日努力工作的采购、销售、市场以及各个职能部门的员工，正是他们将这一理念践行在日复一日、勤勤恳恳的实际工作中。

这一理念早已与雀巢员工们的工作生活融为一体，以致在采访中，我总能听到他们在谈论自己的工作成果或面对问题需要做出抉择判断时说道：“这（样做）其实就是‘创造共享价值’。”

通过不断地实践，雀巢的员工还在自己的岗位上为“创造共享价值”加入了新的领悟和内容——最终，正是这些创新和努力成就了雀巢如今的地位，并让雀巢有可能在下一个十年面对激烈竞争时继续保持自己的优势。

我的采访不但涉及雀巢中国的各个职能部门，也包括了雀巢在华的研发中心、工厂系统，以及长期驻扎在黑龙江双城和云南普洱的雀巢农业服务部——事实上，我目睹了雀巢著名的“端到端”（从田间生产到消费者餐桌）食品供应链的完整运转过程。

我还探访了雀巢在中国的合资公司，例如徐福记、太太乐、云南大山、五羊等。

在采访中，我对那些详尽解答我的疑问并真诚讲述自己故事的雀巢员工充满了感谢。遗憾的是，由于本书的篇幅有限，被采访的员工的故事和名字未能全部在书中出现。因此，在这里，我将所有帮助过我的雀巢员工（含合资公司）一一列出，以使读者知晓他们在我撰写本书时起到的重要作用。其中一些人在成书过程中已经调换了职位或者离开了雀巢，为保持内容的连贯性，在本书中我使用了他们接受采访时的职位和头衔：

阿方索	安晓燕	卞　革	蔡贞贞	陈　琨	陈云雀
狄可为	邸雪枫	董玉国	杜　克	冯沛霖	冯自卫
高　丹	葛　倩	郭　薇	郭　迎	汉　斯	韩　硕
韩　飞	何　彤	洪志坚	华德曼	黄圆圆	黄珺来
侯家志	贾本汉	贾　凡	贾　梅	贾建泷	姜冬冬
姜树立	季文武	季建平	柯立勤	连慧萍	李　慧
李　光	李　申	李孙强	李文军	李云萍	廖秀桂
刘金辉	刘　刚	龙沛湘	吕杰龙	陆　明	罗珏成
马世杰	马洪强	梅小侃	宓　慨	南吉硕	欧阳凯
瞿　云	潘　旭	裴红兰	荣耀中	苏　洲	孙　莉

孙天珍 石 欢 滕 红 王军宽 王 雷 王卫东
王 旖 王 遥 王 宙 魏穗芬 卫航宇 吴继萍
吴 涛（女） 吴 涛 邬 特 覃 玉 钱金瑞
谢 敏 许 喆 徐 沆 徐红伟 杨菁华 杨松绿
闫 维 余 恺 张锦达 张美群 张文君 张 兴
张 旭 张振东 张志弘 赵酉酉 郑世友 周洪波
周 楠 周 炜 朱美玲

我要感谢雀巢公司之外拨冗接受我采访的人，他们分别是：

四川省郫县唐昌镇竹瓦小学的全体师生

在黑龙江双城和云南普洱从事种植业与养殖业的咖农和奶农：刀斌、张奎、焉文勇、郎义强、夏云柏

云南省普洱市茶叶和咖啡产业局副局长刘标以及退休政府官员李忠恒

上海市青少年学生校外活动联席会议办公室秘书长邹竑

中国疾病预防控制中心营养与食品安全所副所长马冠生

中国疾病预防控制中心营养与健康所学生营养室主任胡小琪

对外经济贸易大学国际商学院教授范黎波

中国食品工业协会专家委员会副主任单绍骏

水资源教育（WET）项目基金会副总裁约翰·埃特根（John Etgen）

我要特别感谢雀巢大中华区集团事务副总裁董玉国先生和雀巢

中国公关总监何彤女士。董玉国先生是这一项目的发起人，正是他的努力使这本书成为现实。在本书的写作过程中，董玉国先生与何彤女士卓越的职业精神以及雀巢特有的开放、尊重和宽容的态度，是我的采访和写作得以自由、顺利进行的基石。

感谢前同事丁天在云南普洱采访中为我提供的资料和帮助，我的朋友许扬帆、梁爽和杨越男为我的写作也提供了大量帮助。而中信出版社的沈家乐和宋冬雪则最大限度地给予了我来自编辑的支持与信任。

最后，由于写作需要耗费大量的时间和精力，我还要感谢家人的默默支持，如果没有他们的耐心与宽容，我很难完成这一工作。

汪若菡

2017 年 8 月

参考文献

[1] 韩大勇．百年雀巢 [M]. 北京：北京工业大学出版社，2012.6.

[2] R · 詹姆斯 · 布雷丁．创新的国度：瑞士制造的成功基因 [M]. 徐国柱等，译．北京：中信出版社，2014.4.

[3] 杰夫 · 戴尔，赫尔 · 葛瑞格森，克莱顿 · 克里斯坦森．创新者的基因 [M]. 胡建桥，译．北京：中信出版社，2014.4.

[4] 彼得 · 德鲁克，约瑟夫 · 马恰列洛．德鲁克日志 [M]. 王珊珊等，译．上海：上海译文出版社，2006.1.

[5] 迈克尔 · 希尔弗斯坦，约翰 · 巴特曼．顾客要买什么 [M]. 方海萍等，译．北京：中国人民大学出版社，2006.10.

[6] 詹姆斯 · C · 斯科特．国家的视角：那些试图改善人类状况的项目是如何失败的（修订版）[M]. 北京：社会科学文献出版社，2012.8.

[7] 埃里克 · 施密特，乔纳森 · 罗森伯格，艾伦 · 伊格尔．重新定义公司：谷歌是如何运营的 [M]. 靳婷婷等，译．北京：中信出版社，2015.9.

[8] 弗里德海姆 · 施瓦茨．肯定是你：雀巢缔造者的经营理念 [M]. 王薇，译．哈尔滨：哈尔滨出版社，2004.1.

[9] 任丁秋，杨解朴等 . 列国志：瑞士 [M]. 北京：社会科学文献出版社，2012.9.

[10] 劳伦斯 · 艾伦 . 巧克力之战：世界五大巧克力巨头的中国竞争战略 [M]. 冷迪，译 . 北京：中国人民大学出版社，2013.3.

[11] 托马斯 · 弗莱纳 . 瑞士的联邦制 [M]. 王全兴等，译 . 北京：中国方正出版社，2009.10.

[12] 道格拉斯 · 霍尔特，道格拉斯 · 卡梅隆 . 文化战略：以创新的意识构建独特的文化品牌 [M]. 汪凯，译 . 北京：商务印书馆，2013.8.

[13] 高冈浩三 . 像雀巢一样赚钱：雀巢的盈利架构 [M]. 代芳芳，译 . 北京：北京时代华文书局，2016.9.

[14] 柯纳 · 伍德曼 . 与全世界做生意 2：你买的是什么 [M]. 闾佳，译 . 北京：机械工业出版社，2013.9.

[15] 汉穆 · 茂赫 . 早安，雀巢！ [M]. 广州：广东人民出版社，1996.10.

[16] 朱利安 · 巴吉尼 . 吃的美德：餐桌上的哲学思考 [M]. 闾佳，译 . 北京：北京联合出版公司，2016.6.

[17] 丁天 . 寻访行家系列之“咖啡传教士”[J]. 环球企业家，2010（13）.